全国专业技术人员新职业培训教程

数字化管理师 中级

人力资源社会保障部专业技术人员管理司　组织编写

中国人事出版社

图书在版编目（CIP）数据

数字化管理师：中级／人力资源社会保障部专业技术人员管理司组织编写. -- 北京：中国人事出版社，2024. -- （全国专业技术人员新职业培训教程）.
ISBN 978-7-5129-2017-0

I. F272.7

中国国家版本馆 CIP 数据核字第 2024V9P151 号

中国人事出版社出版发行

（北京市惠新东街 1 号　邮政编码：100029）

*

三河市潮河印业有限公司印刷装订　　新华书店经销
787 毫米 ×1092 毫米　16 开本　20.25 印张　305 千字
2024 年 10 月第 1 版　　2024 年 10 月第 1 次印刷
定价：55.00 元

营销中心电话：400-606-6496
出版社网址：http://www.class.com.cn

版权专有　　侵权必究

如有印装差错，请与本社联系调换：（010）81211666
我社将与版权执法机关配合，大力打击盗印、销售和使用盗版图书活动，敬请广大读者协助举报，经查实将给予举报者奖励。
举报电话：（010）64954652

本书编委会

指导委员会

主　　任：褚君浩

副 主 任：安筱鹏

委　　员：王　丛　谢志华　张新民

编审委员会

总 编 审：叶　军

副总编审：杨　猛

主　　编：孙　元

编写人员：王　祎　鲁其辉　诸葛斌　董黎刚　史　楠

主审人员：冯文猛　王海涛　浦　军

出版说明

当今世界正经历百年未有之大变局,我国正处于实现中华民族伟大复兴关键时期。在全球经济低迷,我国加快形成以国内大循环为主体、国内国际双循环相互促进的新发展格局背景下,数字经济发挥着提振经济的重要作用。党的十九届五中全会提出,要发展战略性新兴产业,推动互联网、大数据、人工智能等同各产业深度融合,推动先进制造业集群发展,构建一批各具特色、优势互补、结构合理的战略性新兴产业增长引擎。党的二十大提出,加快发展数字经济,促进数字经济和实体经济深度融合,打造具有国际竞争力的数字产业集群。"十四五"期间,数字经济将继续快速发展、全面发力,成为我国推动高质量发展的核心动力。

近年来,人工智能、物联网、大数据、云计算、数字化管理、智能制造、工业互联网、虚拟现实、区块链、集成电路等数字技术领域新职业不断涌现,这些新职业从业人员通过不断学习与探索,将推动科技创新、释放巨大能量,推动人们生产生活方式智能化、智慧化、数字化,推动传统产业转型升级,为经济高质量发展注入强劲活力。我国在技术、消费与应用领域具备数字经济创新领先优势,但还存在数字技术人才供给缺口较大、关键核心技术领域自主创新能力不足、数字经济与实体经济融合的深度和广度不够等问题。发展数字经济,推进数字产业化和产业数字化,推动数字经济和实体经济深度融合,急需培育壮大数字技术工程师队伍。

人力资源社会保障部会同有关行业主管部门陆续制定颁布数字技术领域国家职业标准,坚持以职业活动为导向、以专业能力为核心,遵循人才成长规律,对从业人员的理论知识和专业能力提出综合性引导性培养标准，为加快培育数字技术人才提供基本依据。根据《人力资源社会保障部办公厅关于加强新职业培训工作的通知》（人社厅发〔2021〕28号）要求，为提高新职业培训的针对性、有效性，进一步发挥新职业培训促进更好就业的作用，人力资源社会保障部专业技术人员管理司组织相关领域的专家学者编写了全国专业技术人员新职业培训教程，供相关领域开展新职业培训使用。

本系列教程依据相应国家职业标准和培训大纲编写，划分初级、中级、高级三个等级，有的职业划分若干职业方向。教程紧贴数字技术人员职业活动特点，定位于全国平均水平，且是相关数字技术人员经过继续教育或岗位实践能够达到的水平，突出该职业领域的核心理论知识、主流技术及未来发展要求，为教学活动和培训考核提供规范和引导，将帮助广大有意或正在从事数字技术职业的人员改善知识结构、掌握数字技术、提升创新能力。

希望本系列教程的出版，能够在加强数字技术人才队伍建设、推动数字经济快速发展中发挥支持作用。

目　录

第一章　数字化组织管理 …………………………… 001
- 第一节　数字化组织架构 …………………………… 003
- 第二节　数字化组织的人力资源管理 ……………… 029
- 第三节　综合实训 …………………………………… 068

第二章　数字化沟通管理 …………………………… 075
- 第一节　建立沟通平台 ……………………………… 077
- 第二节　沟通传递信息 ……………………………… 087
- 第三节　保障沟通安全 ……………………………… 100
- 第四节　综合实训 …………………………………… 108

第三章　数字化协同管理 …………………………… 117
- 第一节　文档协同 …………………………………… 119
- 第二节　会议协同 …………………………………… 130
- 第三节　工作流协同 ………………………………… 136
- 第四节　数字化供应链协同 ………………………… 153
- 第五节　综合实训 1 ………………………………… 165
- 第六节　综合实训 2 ………………………………… 168

第四章　数字化应用开发 ……………………………………… 173

第一节　服务方案选择 …………………………………… 175

第二节　业务方案设计 …………………………………… 183

第三节　业务平台开发 …………………………………… 212

第四节　应用软件运维 …………………………………… 245

第五节　综合实训 ………………………………………… 266

第五章　数据管理 ……………………………………………… 275

第一节　数据搜集与管理 ………………………………… 277

第二节　数据分析与应用 ………………………………… 285

第三节　综合实训 ………………………………………… 306

参考文献 ……………………………………………………… 311

后记 …………………………………………………………… 313

第一章
数字化组织管理

数字经济时代,随着新一代数字技术的快速发展和广泛应用,企业正在经历数字化转型的浪潮。企业需要设计合适的组织架构、建立科学的管理体系、建设配套的基础设施、实施有效的组织管理,才能更好应对内外部环境的要求,支持业务发展。

- **职业功能:** 根据企业现状和战略发展要求,搭建配置数字化组织架构,实现组织结构数字化,组织管理数字化
- **工作内容:** 深度理解数字化对组织多方面、系统性的影响,基于数字化平台搭建适合组织的架构,根据组织发展和管理需要调整架构,为组织数字化转型提供平台支撑
- **专业能力要求:** 组织架构的理解和分析能力、数字化组织架构实现和优化能力、数字化平台的评价和选择能力、数字化管理能力
- **相关知识要求:** 组织架构经典理论、新型组织架构类型知识、网络类硬件设备知识、数字化人力资源管理知识

第一节　数字化组织架构

组织架构是一个企业的基础，直接影响甚至决定企业的资源配置、决策流程和沟通效率，对组织的日常经营和战略实施具有关键作用。深入认识组织架构，是理解组织管理的起点和基础。传统的组织架构可能难以适应当前数字化转型浪潮，企业需要及时调整与优化其架构，同时，企业需要用数字化的手段和工具设计、搭建和维护组织架构，并确保组织架构的灵活性和适应性。

一、组织及组织架构基本概念

（一）组织的概念及构成要素

组织概念有两种理解方式。一种是将组织作为名词理解，指由多人组成，为实现共同目标或任务而结合在一起的实体或结构，如营利性企业及政府部门、高校等非营利性机构等。另一种是将组织理解为动词，指管理的一项基本职能，即将资源整合在一起，以实现组织目标。

如图1-1所示，一个组织的基本构成要素包括环境、战略和目标、工作和技术、人员、正式组织、非正式组织等。这些基本要素相互关联、互为影响，形成了组织的整体。任何组织都在一定环境中生存和发展，从环境中获取资源和机会，也受到环境影响和约束。战略和目标是组织在市场竞争环境中做出的选择，而工作和技术是组织实现战略和目标所需要完成的关键任务及实现方法。人员指为组织做出贡献以换取各种激励的参与者，包括员工、股东和客户等。正式组织和非正式组织是组织内部的两个重要方面，有不同的功能。正式组织是组织的正式结构，明确规定了组织内部成员的角色、职责、权利和沟通流程。非正式组织指组织成员间的非正式关系和互动，涉及组织文化、规范、价值观、领导力等影响组织运行的非显性组织特征。正式组织和非正式组织对组织人员的行为和绩效产生重要影响。

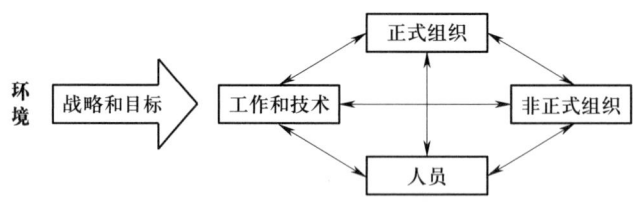

图 1-1　组织的基本构成要素

（二）组织架构的基本概念

组织架构是通过明确组织内部人员、部门之间的关联、互动及其相对地位描述正式组织的基本框架，通常可以用组织架构图呈现。组织架构明确组织中的层级结构、部门设置及人员的职责权限，使组织能够系统、有序地分配工作任务、管理内部资源及控制和协调工作流程。

在企业运行的各种情形下，组织架构都起着至关重要的作用。在企业日常运营过程中，组织架构确保企业内部环境保持规范、稳定和高效，员工各司其职，部门按照既定的职责权限展开活动，各个层级之间的信息流和决策流有条不紊。在不断变化的市场竞争环境下，组织架构又能发挥支撑企业战略、推动企业发展的作用。

不过，组织架构的设计并没有最优解和标准答案，企业在不同发展阶段可以设置不同的组织架构，同时组织架构并非一成不变，企业需要根据内外部环境变化优化调整自身组织架构。

二、组织架构的经典模式

在传统组织设计中，层级结构体系（以下简称层级体系）具有主导地位，也就是纵向将组织划分为不同的层级，包括高层管理者、中层管理者和基层员工。这种架构模式强调职权和职责的明确界定,每个层级都有特定职责和权限,上下级关系明确,同时每个职位都有明确的职责和权限。企业运行基于明确的制度、规则和程序。决策通常始于组织的顶层,自上而下传递。组织内部的沟通和协调主要通过上下级垂直关系。在工业化早期阶段,企业的重要目标是确保效率和稳定性,因此,层级体系成为大多数企业采用的组织设计方案,并沿用至今。层级体系有许多具体的表现形式,包括职能结构、事业部结构、矩阵结构和控股公司结构。

(一)职能结构

职能结构又称 U 形结构。在工业化初期阶段,大多数企业通常只有单一的业务或产品线,因此职能结构相当普遍。如图 1-2 所示,组织根据职能领域进行部门设置,如生产部、销售部和财务部等,且每个部门都专注于其专业领域的工作任务。

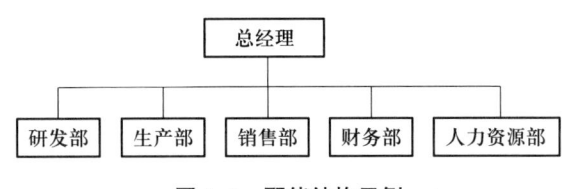

图 1-2 职能结构示例

职能结构强调专业分工,并认为分工是效率的来源,因此各专业领域的任务由各个职能部门负责,以实现专业化分工带来的效率价值。职能结构的优势非常明显,当企业只有单一业务时,职能结构体现出专业化程度高、管理成本低、管理效率高的优势。随着企业规模扩大、业务线增多、需要适应环境变化时,职能模式的弊端就会显现。职能结构缺乏弹性和灵活性,信息流动和决策速度缓慢。职能部门只专注自身领域,部门之间缺乏横向沟通,导致部门间高墙林立,合作意愿降低,且职能部门的管理者和员工埋首于单一领域的具体事务,缺乏全局意识和跨领域知识技能,不易成长为复合型人才。

(二)事业部结构

事业部结构也称 M 形结构,指企业根据产品类别、细分市场或地理区域等特征设立多个事业部。如图 1-3 所示,该公司根据业务类别设立各个事业部,每个事业部仅负责该领域的业务。除总部设立的通用职能部门外,各个事业部也会设立自身的职能部门，使得职能活动和业务活动更为紧密。事业部结构本质上体现了一种分权思想，企业总部保留人事决策、预算控制和监督等通用职能，而各个事业部独立经营、自负盈亏。

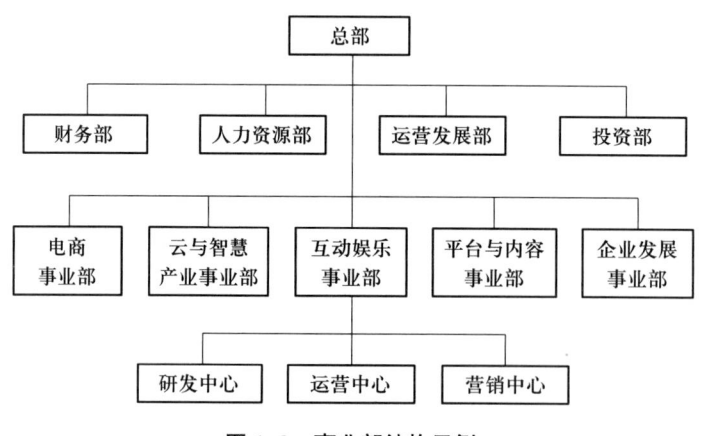

图1-3 事业部结构示例

20世纪中叶，随着大型企业业务的多元化，事业部模式开始流行。这种模式强调灵活和控制的平衡，企业在保持集中控制管理多个复杂相关业务的同时，各个事业部根据自己负责的市场和客户需求独立经营，以增强组织的灵活性，提高市场响应能力。

事业部结构的缺点主要体现在如下方面：①由于总部和各事业部都设有职能部门，易导致人力及管理成本增加；②高度分权可能导致各事业部过于关注自己的利益，而忽视企业整体利益，不仅增加了部门间的协调难度，而且可能妨碍企业整体战略目标的达成。

（三）矩阵结构

为应对复杂的项目管理和快速变化的市场环境，矩阵结构应运而生。如图1-4所示，企业除设立各个职能部门外，还设立多个项目部门或团队，员工同时向职能部门经理和项目经理汇报工作。这种结构结合了职能结构和事业部结构的特点，专业化分工程度较高，能够保证组织的灵活性和市场响应速度。缺点是组织结构可能会变得复杂，员工的权责有所重叠，导致责任不清和决策权分散，其有效性在很大程度上依赖部门和团队之间的良好沟通。

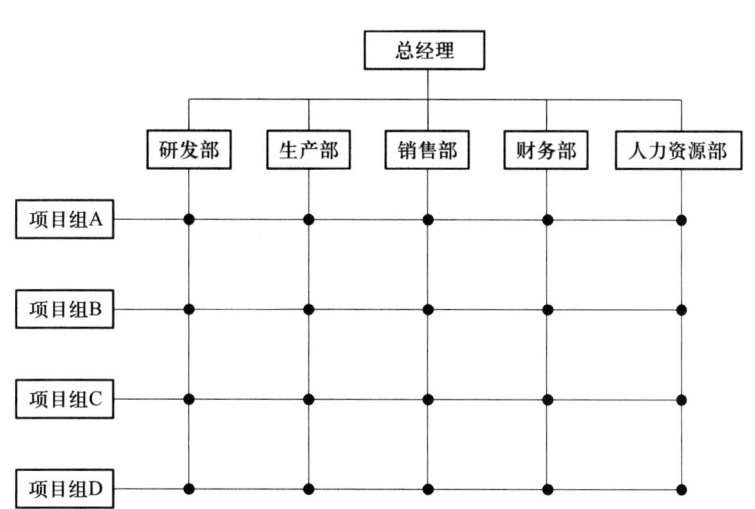

图1-4 矩阵结构示例

(四)控股公司结构

20世纪后半期,大型企业开始迅速扩张,很多企业不再仅仅专注于其核心业务,而开始涉足多个与其原始业务不相关的领域,企业为更好地优化资源配置、降低整体经营风险,开始采用控股公司结构。如图1-5所示,具备控股公司结构的集团型企业一般会拥有多个子公司(通常持股超过50%)或关联公司(通常持股20%~50%)的股份。每个子公司或关联公司是独立法人,都在不同的领域运营。集团公司对子公司进行股权控制,控制其重大战略决策,比如并购、资本支出和战略方向的确定,但并不深度参与子公司的具体业务。集团公司对关联公司的经营活动和决策产生一定影响,但并不拥有对其的控制权。这种结构允许每个业务经营单位根据其特定的市场和业务环境进行独立运作,同时也能使集团公司保持整体的战略方向。

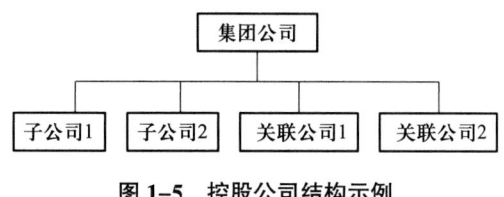

图1-5 控股公司结构示例

控股公司结构强调分权,给予业务经营单位足够的独立性和自主性。每个业务经营单位独立经营,负责特定业务,有自己的组织层级和决策权。集团公司、子公司和关联公司之间可以共享某些资源和服务，如采购、研发或后勤，从而实现规模经济效益。

三、数字化时代组织的新形态

组织架构作为企业的核心骨架，反映其所处时代的社会、经济和技术环境。从20世纪初到现在，随着社会的快速变革，组织架构也经历了从层级化到扁平化，再到网络化的转变。这些变化不仅仅是组织对内部管理方式的调整，更是对外部环境变化的应对和策略。下文对各类新型组织形态进行简要介绍。

（一）扁平化组织

1. 基本概念

传统的层级结构虽然具有高效、稳定等优势，但会对追求灵活和敏捷的企业形成制约。当外部市场竞争加剧，要求企业快速响应市场变化时，传统层级结构就显得捉襟见肘，由此扁平化组织结构开始受到关注和青睐。如图1-6所示，扁平化组织的核心结构特征是减少管理层级。由于层级减少，管理者的管理幅度（又称控制幅度、管理宽幅）会大为增加，也就是其直接管理的下属数量会增加。这时，管理者的角色可能会发生变化，不再像传统意义上的管理者那样直接给出指令，而是成为信息传递者、协调者和赋能者，同时要求员工获得信息或建议后能够自主做出决策。

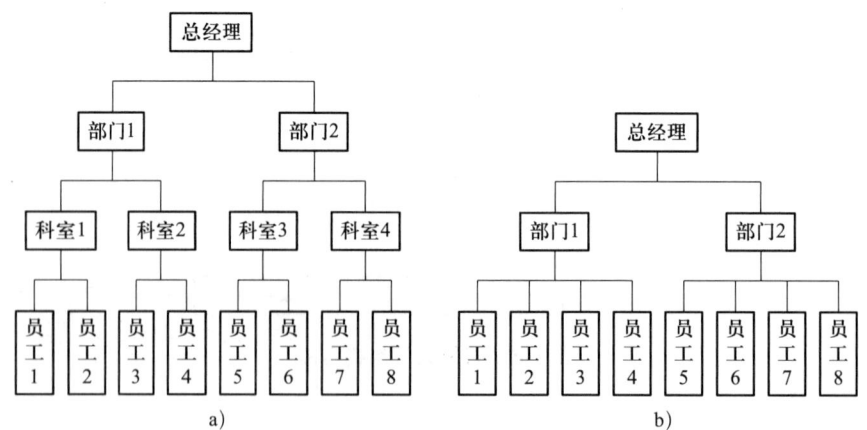

图1-6 不同扁平化程度对比

a）非扁平化组织　b）扁平化组织

2. 主要特征

相对于传统层级结构，扁平化组织更加灵活和敏捷。在传统层级结构中，信息的自下而上和决策的自上而下流动都需要经过多个层级，信息传递缓慢且容易失真，决策迟缓，难以及时响应客户需求和市场变化。而在扁平化组织中，由于管理层级的减少，信息流动快速高效，因此决策也更加快速，能够帮助企业更好地应对市场变化。此外，扁平化组织会鼓励员工自主决策和创新，从而使企业的运营决策能够更多地吸收基层员工的认知，更具有针对性。但扁平化组织也要求员工具备更强的独立性和自我管理能力。扁平化结构尤其适用于追求创新、灵活性和快速响应的企业，如创业型企业或科技企业。

3. 优势

数字时代企业需要以客户为中心，快速做出决策并调整战略以适应市场变化，扁平化结构为此发挥了积极作用：①扁平化结构有助于企业形成以客户为中心的决策。数字时代的企业必须始终关注客户的需求和期望，而扁平化的组织结构减少了管理层级，缩短信息传递路径，使企业能够更快速地响应客户反馈和市场变化。②扁平化结构有助于鼓励创新和试验。数字化企业需要不断创新以保持竞争力，扁平化的组织结构鼓励员工提出新的想法和解决方案，有利于提高决策的创新性和有效性。③扁平化结构有助于提高运营效率。通过去除不必要的管理层级可以加速决策过程，减少决策延迟，提高企业整体的运营效率。④扁平化结构有助于提升企业的灵敏性。层级减少使组织高层能够更为敏锐地感知环境信息，当市场、技术或客户需求发生变化时，这种结构的企业能更快地进行调整。

（二）自我管理型团队

1. 基本概念

传统的层级体系组织中，对员工的管理是自上而下的。新的时代环境中，组织面临急剧变化的外部市场和客户需要，需要调动员工的自主性，以形成自我管理型团队。

2. 主要特征

与传统以个人或部门为单位的组织结构模式不同，团队开始成为组织中的基本单位。团队可以是员工基于共同的目标或兴趣自主组成的跨职能团队，拥有较高的自主权，可以自行决定目标、工作内容和任务。例如，一个游戏企业的部门员工预见到虚拟现实技术的潜力，自发组成一个团队开发虚拟现实产品。其特点有：①团队保持流动性和灵活性。员工可以自主选择参与哪个团队，甚至可以身兼数个团队的成员角色，例如，在某个项目团队中担任程序员，又在另一个项目团队中担任设计师或项目经理，同时员工也可以自主决定何时加入或离开团队。②团队实施自我管理。团队内部可能没有明确的职位说明，成员通过相互协商确定自己的任务分工并共同推进团队的工作，比如，软件开发团队的成员可以协商确定谁负责哪部分工作，编码、测试或文档编写。自我管理型团队没有正式管理者指挥和管理团队的工作，但不排除团队内部会涌现出非正式的引领者。当团队内部出现问题时，一般通过协商解决。

3. 优势与挑战

自我管理型团队具有许多优势。首先，决策更为快速和灵活。团队不受传统层级结构限制，能够根据对市场和客户需求自主决策，提出更为满足客户需求的解决方案，使企业更加以客户为中心，帮助企业适应多样化的客户需求和市场动态性。其次，团队成员来自不同背景和专业领域，不仅有利于员工突破部门局限，而且能促进跨职能的知识共享和思维碰撞，有利于促进团队尝试新的方法和创意，帮助企业提升创新力。最后，团队成员责任感增强，员工能够从工作中获得真正的归属感，通过沟通和互动获得互补性的知识技能，提升工作满意度。

自我管理的团队对企业的文化、岗位设计和管理者角色提出了挑战。首先，自我管理的团队要求企业构建更为开放、信任和协作的工作环境，这与以命令和控制为主的传统企业文化有冲突。其次，传统的岗位描述和角色定义不再适用，团队成员需要更多元的知识技能，以便在多个角色和任务之间灵活切换。这也要求组织在招聘和培训时采取不同的策略，以确保员工具备必要的技能多样性和适应性。最后，管理者的角色需要有所转变，需从命令和监督的角色转变为教练和赋能者，其主要任务是支持团队成员，帮助他们解决问题，而非直接告诉他们该做什么。

数字时代自我管理型团队成为一种颇受关注的组织架构设计，有两个原因，一是这种结构有助于企业更好地适应快速变化的环境,二是数字技术的应用为自我管理的团队提供了强大支撑。数字技术分别从自我管理团队的建设、运行、融合及成长三个方面发挥积极作用。

(1)团队建设方面。社交网络平台打破了部门间的壁垒,能够让员工相互了解、建立联系和协作,使员工可以跨越地理位置、部门甚至组织边界组建团队。使用数字工具和平台进行团队建设活动,帮助新团队成员快速融入和建立信任。

(2)团队运行方面。团队可以利用数据分析工具进行目标设定、方案设计和任务分配。通过即时通讯[①]工具和协作平台,团队成员可以实时沟通,确保任务的顺利进行。使用项目管理工具,团队可以在线跟踪任务进度、分配资源和调整策略。

(3)团队融合及成长方面。社交平台和协作工具为团队成员提供了共享知识、交流经验、达成共识、互帮互助的数字空间。团队成员可以使用数字工具进行实时反馈和评估,帮助团队不断优化和提高效率。

(三)网络化组织

1. 基本概念

如果自我管理型团队是组织内部的微观变革,强调团队内部成员之间的平等、自主和协作,那么网络化组织就是宏观层面上的组织结构创新,打破了传统的组织边界,强调跨组织、跨领域的协作与资源共享。在网络化组织中,不同的团队、企业甚至跨行业的合作伙伴可以形成灵活的合作关系,共同应对复杂多变的市场环境。

2. 主要特征

如图1-7所示,与传统层级结构相比,网络化组织强调的是组织成员或部门,甚至组织之间灵活、动态和非正式的连接和合作。传统层级结构组织中,人员之间的连接和关系大多是正式的、限于边界的,也就是基于传统的上下级关系,并且大多局限于所在的部门、组织边界。比如研发部门的某个员工,其连接对象大多是自己的上级领导和部门同事。而网络化组织打破了这种连接范围的限制,除正式的上下级关系外,人员之间的连接很多是非正式的,即基于兴趣、共同目标或互补能力形成的连接。另

---

① 即时通讯为行业习惯用语。

外，网络化组织鼓励员工或团队进行跨部门、跨组织和跨界合作，以实现共同目标。比如，研发团队可以与公司内部的数据科学团队、用户体验团队合作共同推进研发项目，甚至可以与外部的研究机构建立合作关系。

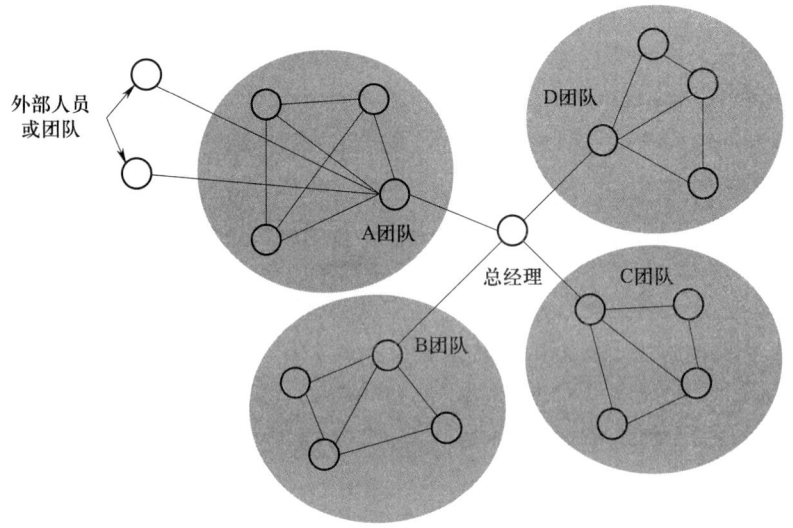

图1-7　网络化组织结构示例

网络化组织的结构特征主要体现为去中心化、去层级化、开放边界的网络结构。

（1）去中心化是指决策权的去中心化。网络化组织中，决策和资源分配的权责并非集中在高层管理者身上，而是分散于企业内部的各个团队或员工之中，团队或员工可以根据专业知识及对特定情况的理解进行自主决策。这种去中心化的结构允许组织快速响应外部变化和市场需求。

（2）去层级化减少了中间的管理层级，形成扁平化结构。团队、员工之间的沟通和协作不是基于规章制度或上级指令，而是基于共同的目标和合作精神。这种模式减少了管理层级，使决策过程更为简洁高效，同时也为员工提供了更大的自主权。

（3）开放边界使组织能够更好地连接外部资源和合作伙伴，形成更为广泛的合作网络，从而更好地应对市场变化和挑战。

3. 优势

网络化组织的优势体现为快速响应、灵活和创新力。由于去中心化和去层级化的特点，网络化组织能够迅速响应市场变化和客户需求，减少了决策的延迟和烦琐的审批流程。开放的边界使组织能够根据业务需求快速调整其结构和资源配置，无论是内部资源的重新组合还是与外部合作伙伴的联动，都能够实现高效协同。跨部门、跨领域的多元化合作也为创新提供了丰富的土壤，使组织能够持续产出创新的产品。

（四）小结

组织架构的演变与其所处历史时期的社会环境密切相关。从20世纪初的层级结构，到21世纪的扁平化和网络化结构，每一种架构都是对当时经济、技术和社会背景的响应。在工业化初期，组织需要明确的权威和责任划分来确保效率。随着全球化和技术的发展，组织开始追求更大的灵活性和适应性。到数字化和互联网时代，组织更加重视创新、团队合作和员工的自主性。

需要注意的是，对组织架构而言，没有完美，只有合适与否。每种组织架构模式都有其独特优势和局限性，关键在于如何根据组织的实际情况、战略目标和文化背景选择最适合的结构。

四、组织架构搭建及权限配置

数字化管理技术及平台作为数字时代企业管理的重要工具，使用时需要关注组织架构搭建、内外部关联组织及人员权限管理三个相关问题。

（一）基本概念

当组织架构图确认后，需要在数字化管理平台搭建线上组织。数字系统应用涉及一些特有概念，这些概念容易与组织管理理论中一些基本概念产生混淆，下文做简要说明。

1. 用户、角色与岗位

用户通常指数字系统中一个具体的个体或账户。系统中的用户可以分为两类：内部成员和外部人员。内部成员指组织中的每个成员，而组织外部的人员包括供应商、客户、顾问、外包团队及其他非正式的合作伙伴，需要访问数字化管理平台以便与内部团队协作。因此，这些外部人员被设定为平台系统中的用户，并被分配相应权限。

内外部用户的分类有助于让组织的数字边界更加灵活和透明,同时更好地管理数字资源并确保数据和资源的安全性。此外,每个用户都有一个独一无二的用户名。当需要对某个真实的人进行特定操作或赋予特定权限时,可直接与用户相关联。

数字系统中的角色对应一组预定义的权限集合,用户被分配到某个角色,从而获得该角色拥有的所有权限。与具体的个体或岗位相比,角色更加抽象,代表了一组特定的任务、权限和职责,不是特定的人。也就是说,角色不是直接与具体的个体关联,而是与一组权限关联。在数字系统中,角色设定可以帮助组织更加灵活、高效地管理权限和流程。例如,系统中可以设定一个"审批者"角色,该角色有审批文档的权限。当某个流程需要审批时,系统会自动将任务分配给拥有"审批者"角色的用户,而不是指定的某个人。这样即使具体的审批人发生变化,流程也可以继续进行,不会因人员变动而中断。

用户和角色间的关系是多对多的。一个用户可以被分配多个角色,一个角色也可以被分配给多人。例如,平台中设立了"开发者"和"测试员"两个角色,这两个角色的权限不同。"开发者"可以访问代码库,创建、编辑和删除代码;"测试员"可以访问测试环境,执行测试用例,报告错误。举例说明,小王是一名资深软件工程师,但她也经常参与产品测试。因此,小王既被分配了"开发者"角色,也被分配了"测试员"角色。小李是一名新入职的软件工程师,他只被分配了"开发者"角色。这个例子中,小王是多角色用户,被分配了多个角色,而"开发者"角色被同时分配给了小王和小李。

组织中的岗位与系统中角色之间的关系也是多对多的。一个岗位可以对应一个或多个角色。例如,一个"财务经理"岗位可以在系统中对应"财务审计"和"预算审批"两个角色。一个角色也可以被分配给多个岗位。例如,"数据查看"角色可以被分配给"销售代表"和"市场分析师"两个岗位。

2. 权限与岗位职责

权限指系统用户或角色被授权执行特定操作或访问特定资源的能力,通常与系统、应用程序或数据相关,如读取文件、编辑文档或访问数据库。权限通常由系统管理员管理,并基于角色或用户进行分配。

岗位职责通常与职位或团队的目标和任务相关，定义了员工的工作内容和预期结果。岗位职责通常由人力资源部门、经理或团队领导确定，并在职位描述、工作合同或团队章程中明确列出。例如，财务经理的职责可能包括审查和批准支出，为履行这一职责，他/她可能会被授予一个系统权限，允许他/她查看和批准支出请求。

（二）组织架构搭建

组织架构搭建指在数字化管理平台或系统中确定正式组织结构的过程，通常涉及定义组织的各个部门、团队、角色和职责，并将这些要素按照组织的实际架构模式进行设置，目的是确保数字工具真实映射组织的实际架构，使数字化管理平台能够有效支持组织的运营和管理活动。例如，在人力资源管理系统中，组织架构搭建有助于确定员工的上下级关系和审批流程。

组织架构搭建包括以下步骤：

1. 识别组织架构类型

根据组织的实际情况，判断所需搭建的数字化组织架构类型。组织架构分析和判断的基本思路包含：①与高层管理层沟通，了解组织的使命、愿景和战略目标；②进行内外部环境分析，了解组织当前面临的机遇和挑战，明确组织的优势和劣势；③结合企业实际情况，以及理论知识确定本企业的组织架构属于哪种类型，明确组织架构本身的优势和缺点。

如果员工按其职能或专业技能进行分组，则是职能结构。如果各个部门或团队负责特定的产品线、市场或地区，则是事业部结构。

2. 梳理部门职能和权责

梳理组织中部门职能和权责的种类、分布、层级和关系是编制组织架构图的前提。在实际操作中，可以通过问卷、访谈、角色画像等调研手段，快速确定岗位清单和部门结构。同时，通过对企业关键业务流程、价值链活动、制度规范的理解，以及访谈中的信息交流和实地考察，确定各部门职能和相互关系。

（1）梳理组织的三种结构

1）层级结构。层级结构是指组织自上而下的管理层级有多少层及各层级的设置情况。梳理层级结构时需要关注各层级管理人员的管理幅度、授权范围、工作量等问题，以及决策流程的路径和权力的分布。

2）部门结构。部门结构是指组织内各部门的构成。梳理部门结构时需要关注部门设置是否合理，每个部门是否有明确的职责，一些关键部门是否缺失或需要优化，是否存在不必要的、与企业主要业务活动无关的部门等问题。

3）职能结构。职能结构是指组织各职能部门及其业务工作。梳理职能结构时需要关注职能重叠、职能冗余、职能缺失、职能割裂（或衔接不足）、职能分散、职能分工过细、职能错位等问题。

（2）梳理各部门及其职能。梳理各部门及其职能的核心思路是"化整为零"，即把部门职能和流程进行拆解与细分，并逐个分析。

1）分解二级职能。将各部门的二级职能，按照职能的整体工作流程分解成三级职能。如图1-8所示，以人力资源部门的二级职能招聘与配置为例，可以分解为以下三级职能：制订人力资源需求计划、制订招聘计划、招聘实施、评估改进等内容。

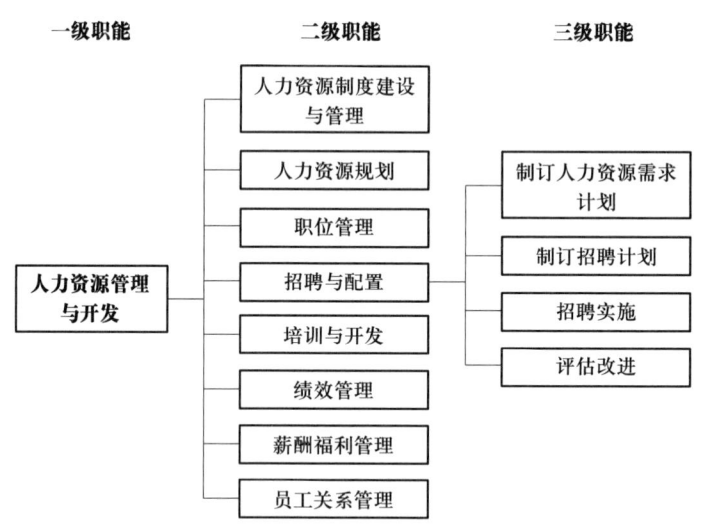

图1-8 人力资源部门的职能分解

2）对各分级与节点进行分析。在梳理三级职能时，可通过戴明循环（plan-do-check-act，PDCA）原理或管理的五大职能（计划、组织、指挥、协调、控制）节点进行分析，以确保职能得到完整的分解，避免产生职能缺失、重叠等问题。

3）将三级职能按照实际工作流程分配至各岗位。一个三级职能可能分配到几个不同的岗位中，例如，文件的拟定、审核就应分配给不同岗位，体现流程中各岗位间的协作。

4）进行最终检查与确认。分配完成后，根据内控等原则，对职能分配进行合理性检查，同时确保三级职能得以完全分配，不存在重复或遗漏。

（3）梳理并明确权责

1）梳理权力与责任。明确组织中每件事务的权力归属和责任归属，以及授权方式、权力监督机制和问责制度。

2）厘清权限。权限问题包括系统管理员的权限、角色定位及部门主管与关系等。

3. 编制组织架构图

编制组织架构图指用图形方式表示组织内部门、团队或岗位之间的关系和层级结构。组织架构图可以清晰地展示组织的内部结构，为在数字化管理平台中搭建组织提供重要信息。通过组织架构的结构示意图，可以初步检验该组织架构的合理性和可行性。绘制过程包含以下关键步骤：

（1）收集各个部门、团队和岗位的详细信息，包括部门名称、领导、主要职责、下属团队和员工数量等。

（2）根据组织的规模和复杂性，选择最合适的架构图类型。常见类型有层级结构图、矩阵结构图等。

（3）使用绘图工具绘制组织架构图。从最高层级的领导或部门开始，逐步向下添加部门和团队，确保每个部门和团队都连接到其上级。

（4）在每个部门或岗位框中，添加相关详细信息，如部门名称、主要职责等。

4. 确认架构图

组织架构图质量直接影响后续在线组织搭建，因此，组织架构图编制完成后，需要进行审核，以确保其准确性和完整性。架构图通常需要经过人力资源管理部门和各职能部门的确认，从而确保所有部门和团队都被包括在内，层级关系明确，没有部门被错误归类或遗漏，各部门、各岗位的职责权限清晰、准确、完整。

5. 搭建数字化组织

搭建数字化组织有以下步骤：

（1）创建组织。在数字化管理平台创建一个组织/企业/团队。系统会默认创建人为"主管理员"。企业主管理员拥有全公司的管理权限，可以登录管理后台，能管理系统中的多项应用，可以给企业设置子管理员、分配对应的管理权限。

（2）添加成员。在创建好的组织/企业/团队中添加成员时可以逐个添加或者批量添加。

（3）权限设置。组织中成员有不同的角色或岗位，反映在线组织中的不同权限。针对组织架构内所有成员，依照一定顺序进行相应的权限设置。

（4）安全设置。数字化组织架构基本搭建工作完成后，还需要对安全保障方面进行设置。

1）人员信息安全管理。对每个成员的基础信息进行安全管理，及时排查员工的异常操作。

2）数据安全管理。成员离开架构后，应及时取消该成员的查看或操作权限。

3）文件安全管理。对组织内的重要文件设置严密的保护措施，只允许内部成员查看、编辑和使用，禁止转发到架构以外。

数字化组织搭建步骤见表1-1。

表1-1　　　　　　　　　数字化组织搭建步骤

序号	步骤	具体操作	
1	关键节点一：创建组织	数字化管理平台→创建组织/企业/团队	
2	关键节点二：添加成员	①组织人数较少（<10）	PC（personal computer，个人计算机）后台/移动端→添加成员（人数少，可以选择逐个添加）
		②个别需求	
		③组织人数较多（>10）	数字化管理平台→模板→填写部门/人员信息→批量导入
3	关键节点三：权限设置	设置子管理员→设置部门主管→设置审批角色→设置各部门成员	
4	关键节点四：安全设置	①信息安全管理	组织成员基础信息的安全管控
		②数据安全管理	成员离开架构后无权解密历史文件
		③文件安全管理	组织内部文件不能任意转发

经过上述步骤，数字化组织初步成形后还需要定义组织关联，即在数字化管理工具中定义和配置组织内外部门或团队之间的关系，确定哪些部门或团队需要共享数据或资源及如何实现这些共享。组织关联通常建立在组织架构的基础上，确保组织的各个部分可以根据实际的工作流程和需求进行交互。

组织关联完成后，一个数字化组织架构就基本搭建完成。但在实际工作中，数字化组织架构从搭建到正式运行，还需要对其进行测试。首先，对数字化组织架构、安全权限和组织成员等方面进行检查。其次，检查无误后，还需上线进行运行测试，通过对运行过程的观察和组织内部的反馈，进一步优化组织架构。最后，通过运行测试就可以进行正式运行和维护，如日常人事异动的管理维护、组织战略变化时相应的组织架构调整等。

（三）关联组织的架构搭建

1. 基本概念

为满足大型组织的管理需求及组织间的协作管理，数字化管理平台通常引入"主干组织"和"分支组织"概念，对两者独立进行权限设置，提供定制化的管理工具。

主干组织通常代表核心组织，具有最高的管理权限和最全面的功能。分支组织是从主干组织中派生出来的子组织，可以有自己的管理权限和功能，但通常受到主干组织的监管和控制。在集团企业，主干组织是指上级单位、总公司，分支组织是指下级单位、分/子公司。

搭建关联组织架构，可以达到如下目的：

（1）统一管理与决策。母公司通常需要对子公司进行统一的管理和决策，以确保整个集团的战略方向和目标一致。

（2）资源共享。通过关联组织架构，母子公司之间、子公司之间可以有效共享资源，如数据、人力、技术等。

（3）加强协作。关联的组织架构有助于明确各个子公司之间的职责和协作关系，使跨部门或跨子公司的协作更加顺畅，从而打造开放、便捷、高效的协作平台。

（4）风险管理。母公司可以更好掌握子公司的运营状况，及时发现并应对潜在的风险和问题。

（5）内部控制与合规。确保子公司遵循母公司的内部控制程序和合规要求，强化内控并减少合规风险。

2. 上下级组织关联

进行上下级组织架构搭建时，要先将这两者在数字化管理平台中进行关联，具体流程如下：

（1）主干组织发起关联邀请。主干组织的主管理员邀请子公司/下级单位进行关联。

（2）分支组织提交关联申请。分支组织的主管理员通过二维码、链接等方式，提交关联申请。

（3）主干组织接受关联申请。收到分支组织提交的加入主干组织的申请提示后，打开申请加入组织的列表并同意关联，把分支挂到合适的位置，并设置别名，操作完成后，代表关联成功。

关联成功后，分支组织成员（全部或部分）将自动同步到主干组织的通讯录架构，主干成员可以直接和分支成员相互沟通，实现协同。

3. 权限设置

在主干和分支组织互相关联后，要设置上下级组织的访问权限，实现通讯录互访和流程互访。

（1）通讯录互访。主干组织和分支组织具有访问对方通讯录的权限。主干组织和分支组织需要设置相应的通讯录查看权限，通常由主干组织对分支组织设置其通讯录访问权限。通过限制分支成员查看主干通讯录范围及在主干通讯录中选择性隐藏某个分支完成权限设置。完成后，上下级组织可以在通讯录中查看对方的员工信息，包括姓名、职位、联系方式等，同时平台允许员工可以使用搜索功能快速查找其他组织的员工信息。

（2）流程互访。主干组织和分支组织具有访问对方工作流程的权限，具体步骤如下：

1）创建共享流程。如果两个组织需要共同参与某一工作流程，如采购审批、报销审批等，可以创建一个共享流程，供两个组织共同使用。

2）设置审批人。在共享流程中，可以设置特定的审批人。这些审批人可以是主干组织、分支组织或同时来自两者的员工。

3）流程触发。当一个组织的员工发起一个共享流程时，相关审批人无论属于哪个组织，都会收到审批请求。

4）流程查看。员工可以查看自己参与的所有流程，包括自己发起、待审批和已完成的流程。如果有权限，还可以查看其他组织的流程。

（四）外包部门、实习员工、保密部门等特殊架构的搭建

搭建关联组织架构时，不仅需要关注内部主干、分支组织，而且需要进行某些特殊架构的搭建，下文主要以外包部门、实习员工及保密部门为例进行说明。

1. 外包部门

企业外包人员与内部成员的职责分配、管理模式不同，因此企业需要采取有效恰当的管理模式对其进行管理，在保障团队协作效率的同时，降低重要信息泄露的风险。

外包员工加入企业后，可配置人员类型为"外包"。对外包人员，设置组织架构可见范围、名片页字段可见范围、沟通协作权限、文件操作权限等。

在数字化管理平台上新增部门后，进入编辑部门页面，开启【限制本部门成员查看通讯录】，根据实际需求，设置该部门成员的可见部门/人，例如，某企业需要把合作伙伴加入本企业架构中，方便合作沟通、审批的发起等操作。系统管理员可以给合作伙伴单独设置一个部门，并开启【限制本部门成员查看通讯录】，以及将【只能看到指定部门/人】设置为相关对接的部门或人员。该合作伙伴可以在企业架构中发起一些与合作相关的审批（审批端需要进行相关权限配置），并且快捷找到对应联系人，方便双方之间沟通交流。

2. 实习员工

将实习员工作为外部联系人或外部协作人员加入组织通讯录时，根据他们各自的工作内容和职责，设置相应权限。例如，可设置部分查看或操作权限。如果有多名实习生或外部协作人员需要进行协作，可以考虑创建一个外部协作群组，再邀请相关人员加入。

3. 保密部门

企业可以根据法规要求或保护敏感信息的要求设置保密部门。例如，公司成立一个秘密产品研发小组，并将该团队设定为保密部门，以确保产品研发信息不被泄露。

保密部门的架构搭建基本流程为：①在管理后台创建保密部门；②在部门权限设置中选择【隐藏本部门】或类似选项，确保只有该部门的成员可以查看部门内的通讯录和数据；③对保密部门内的文件和数据设置适当的分享权限，以防文件数据外泄。

（五）权限管理

权限管理又称访问控制，原本是信息系统管理中的重要概念，用于确定不同用户可访问的信息系统资源及其行为权限。随着企业在各项活动和领域中广泛深入应用数字技术，企业的各种资源成为信息系统中的数字资源，各项工作流程需要借助信息系统和信息技术实现，因此数字系统中的权限管理成为关键的管理工作。

组织架构中，人员因职级位置不同、职能不同、角色不同，所掌握的资源获取、使用与管理权限也各不相同。由此需要进行权限管理，即在数字化管理工具中定义和配置用户或团队可以访问和修改哪些数据。

权限管理有两个方面的目的。首先确保员工可以访问工作所需的资源。例如，销售团队通过访问客户数据库跟踪潜在的销售机会，而财务团队需要访问财务数据来完成报告。其次保障数据安全。权限管理限制只有那些有权限的部门或团队才能访问特定的数据或资源。例如，两个团队正在合作一个项目，权限管理可以确保只有这两个团队能够访问项目相关的数据。

组织架构搭建为权限设置提供了基础。在数字化管理平台中，通常会为每个部门、团队或角色分配与其职责对应的权限。例如，人力资源部门有权访问所有员工的个人信息，而销售团队则只能访问客户数据。

1. 权限设置的一般要求

数字化管理中的权限有多种类型，最常见的有查看权限、使用权限、管理权限等。职位不同、角色不同的人员，所掌握的权限也各不相同。除了组织内部人员的权限需要进行设置，管理者还需要考虑组织外部人员享有的权限。

（1）组织内部成员的权限

1）查看权限

①拥有管理类权限人员：

主管理员：拥有所在组织架构内的所有内容的查看权限。

子管理员：可以登录组织管理后台，管理和查看主管理员分配给自己的内容；未被分配权限的内容则无法进入查看。

②员工：可以查看自己管理范围内的数据。部门主管能看见本部门及子部门的数据，而普通员工仅能看到自己的数据。

2）使用权限。组织内部成员依据本身职位、角色等被赋予类型程度不一的使用权限，每个部门的内部人员只能拥有自己部门架构内资源的使用权限。

3）管理权限。管理员可以为下属成员分配权限。可支持分配的权限有可编辑、仅可查看、可查看/下载、可管理等。

①企业负责人：企业负责人有全公司管理权限，可登录管理后台，管理企业通讯录、考勤打卡、审批、日志、公告等应用；可设置组织子管理员、分配对应的管理权限；拥有该组织架构内所有内容的查看权限。

②后台管理员：只有主管理员、子管理员、企业负责人才可以登录企业管理后台，可添加/修改/删除部门主管、普通员工等。

③部门主管：部门主管可以添加、编辑或移动部门中的员工；审批流程中主管可作为审批人，有新的部门成员申请加入时，主管会收到通知，并拥有决定权。

（2）组织外部成员的权限

1）查看权限。组织外部成员仅能看到组织内部成员所设置允许外部成员查看的指定内容。

2）操作权限。企业外部合作人员/共享人只能查看且无法编辑修改组织内信息，可新增访问记录。

（3）流程特有角色的权限

为确保组织流程的连续性、效率和灵活性，需要识别流程中起到核心作用的关键岗位，并在数字化管理平台将这类岗位预设为某类角色，实现角色与具体人员的分离，确保组织的关键流程和功能不会因个别员工的变动或缺席而中断。例如，在审批流程中，不再指定具体的审批人，而是指定审批角色。当某个部门的财务人员发生变动时，只需在审批角色管理界面中，将新的财务人员添加为审批人角色，并移除离职或调岗人员。流程中的审批人无须逐个修改。

2. 特定场景下的权限设置

不同管理场景下有不同权限需求，如部门主管可查看本部门的考勤、绩效、工作汇总等，普通员工则没有这些权限。对组织中各个不同的角色，需要进行不同的权限设置，具体步骤如下：

（1）明确设置需求。对内部员工，设置基本的操作、使用和查看权限。对管理岗位人员，应根据其所在岗位分配其对应的管理权限。对组织外部人员，确定其权限类型、时长，既满足内外部沟通协作的需求，又保障组织的信息安全。

（2）细化设置方法。将权限细化，根据成员关系、职位设定和管理职权等，分配具体角色权限，并在数字化管理平台上进行相应设置，见表1–2。

表1–2　　　　　　　　组织内不同角色的权限设置

分类	角色	负责的工作/事项	管理权限
内部	负责人	组织中的最高决策人/创建架构的人	可设置主管理员、子管理员，拥有组织内全部管理权限
	主管理员	后台搭建的主要负责人，管理整个架构的人	可登录后台，管理除企业负责人外的所有岗位员工
	子管理员	各部门主管等	可登录后台，管理主管理员分配的部分
	员工	普通员工	仅有工作范围内的查看与使用权限
外部	外协人员	短期项目合作人员、外聘专家、实习生等	仅有架构内人员所授予的部分查看、操作权限
	客户	各行业外部人员	仅有架构内人员所授予的部分查看权限

从本质上说，权限管理既是在数字化平台上对组织的层级和岗位职责进行明确和实施，又是对信息和资源访问的核心控制机制。

五、组织的数字基础设施

组织的数字基础设施是其数字化转型和创新的基石,包括数字硬件设备、数字软件应用、网络和通信技术、数据管理和安全工具等。网络类硬件设备,即具有联网功能的硬件设备,与数字化管理平台实现数据互通后,能够高效支撑企业的日常运行管理。这些设备连接数字化组织架构,实现管理信息和数据在组织内无障碍流转,从而提升组织的管理水平和整体运营效率。本节重点关注这类智能硬件设备的应用。

(一)组织中常见的智能硬件种类

应用于企业日常办公的智能硬件设备包括智能门禁、智能会议、智能办公、智能网络等,详见表1-3。

表1-3　　　　　　　　　　智能硬件种类

系列	大类	细分	特色	应用场景
智能门禁系列	考勤机	指纹考勤机	无须联网,离线打卡	无法使用或没有智能手机的人群
		人脸考勤机	无须接触,多人打卡	无法使用或没有智能手机的人群,且指纹磨损大的工作类型
		蓝牙考勤机	无须联网,精准打卡	Wi-Fi信号较弱的环境
	门禁机	指纹门禁锁	支持多种开锁方式:指纹、蓝牙、远程等	常用于会客室、适用于财务室、总裁办公室、员工宿舍等较私密的场所
		人脸门禁机	关联考勤+智能接待访客+打通组织架构,离职人员自动取消开门权限	多访客的企业门禁,如大堂处、企业门口等
	前台	智能无人前台	智能接待各种访客、联动门禁系统、一键导出来访记录	用于各组织前台
智能会议系列		视频会议机	扫码开会、统一账号、安全加密	会议室开会,多地会议共联
智能办公系列		打印机	无须联网,手机直连打印无须在场,异地远程打印加密文件,安全打印	适用于各类组织
智能网络系列		路由器	智能流控,按需分配:根据部门智能划分优先上网级别	适用于各类组织

（二）网络类智能硬件设备的使用情况

在联网情况下，智能设备的功能会有所增强，除了实现基本功能，还通过网络连接提供更高级的功能。下文以一个具体案例说明网络类智能硬件设备的使用情况。

1. 案例背景

某电子产品制造企业专注于提供国内外声学测试方案，是获得国家认证的高新技术企业，公司业务包括研发、制造、销售到技术服务的全链路运营，经过多年沉淀，公司与国内外一线品牌达成深度合作。应企业发展需要，公司园区内涵盖产品研发、生产基地、办公场所及完善的生活配套设施。一应俱全的园区提升员工生活质量的同时也给公司的考勤打卡带来了困扰。公司通过定位、Wi-Fi等较普遍的打卡方式无法真实有效地对员工打卡情况进行管理，随着公司产品技术的提升，现有的网络办公环境已经无法满足业务拓展需求，涉及高新技术研发机密，公司不免产生对数据安全方面的担忧。

2. 痛点分析

（1）办公环境安全防护薄弱。公司研发与制造产业涉及知识产权保护，由于网络办公设施落后，员工信息数据安全意识薄弱，外部人员可随意接入公司网络，一旦发生技术文件、数据泄露，对一家通过技术壁垒打造核心竞争力的企业来说是致命打击。另外，园区依赖传统安防，安保偶有离岗间隙，外来人员可直入园区甚至进入公司大楼内部，仅依靠安保人员无法有效保障园区内的安全。

（2）传统安全管理无法满足多样化业务场景。当外部洽谈人员到访时，需要邀约员工与园区安保、办公楼安保一一交涉，导致洽谈人员等待时间过长，造成时间浪费和人员低效，不利于接下来的业务合作推进。安全管理的低效侧面反映出企业整体办公环境及管理思维的落后，这种落后短期内不会直接对业绩产生影响，然而从长远看，不利于企业发展。

（3）真实考勤统计难。由于园区兼具办公与生活的功能，企业常用的定位、Wi-Fi打卡无法有效管理员工出勤情况，员工在宿舍打卡的情况时常发生，久而久之，员工懈怠，公司整体出勤风气受影响，增加管理负担且不利于公司发展。

3. 解决方案

企业梳理安全管理需求后，最终通过引入智能办公系统全面实现数字化安全管理，数字硬件设备改变员工办公方式，带来高效、有序、流畅的办公体验，与数字化管理平台打通，用数据赋能企业管理升级。

（1）建立网络安全壁垒。通过数字化管理平台中的网络安全系统，为公司全域网络部署安全防护，办公楼、员工宿舍、访客分别使用不同网络，员工通过个人工作台中的智能办公网络一键上网，且每个人都拥有自己的专属密码，当外部访客入园进行业务洽谈或协作办公时，可指引其使用访客网络，员工下班后进入宿舍大楼则自动连接宿舍网络。通过网络区分确保办公场景下、访客场景下、生活场景下的用网安全，使业务在安全范围内高效运转，为企业核心数据提供安全保障。

（2）优化安全管理制度。智能门禁和智能停车系统通过在线管理方式为外来人员提供门禁权限和停车位预约，以避免客户等待时间过长，节约时间成本，从而提升业务沟通效率。此外，智能门禁限制无关外来人员随意进出园区，减少安保人员的人力成本投入，并提升园区安全管理效率。

（3）人脸打卡保障考勤真实性。智能门禁通过人脸识别的形式打卡，要求员工必须真人到场打卡，真实掌握员工出勤情况。打卡数据与数字化管理平台中的考勤管理应用打通，管理员可一键导出当日、当周、当月考勤数据，也可定向搜索某位员工的个人出勤数据，通过数据，企业能够直观了解各部门员工的工作状态，例如，某部门员工过去一个月经常迟到，管理员可通过部门主管及时了解情况，并帮助员工解决问题，进而提升整体办公效率。

4. 核心搭建步骤

该企业通过联网的智能门禁系统加强办公环境的安全管理，门禁权限配置、考勤数据报表等满足企业数字化安全管理的个性化需求，以下为智能门禁使用的核心步骤：

（1）智能门禁安装环境。智能门禁需要联网通电使用，因此要求设备安装现场满足通电通网的要求。

（2）关联组织架构。智能门禁安装后，在数字化管理后台进行架构绑定，并为门禁设置名称。

（3）关联考勤组。组织架构绑定完成后，打开数字化管理平台中的考勤设置，添加智能考勤机，新增考勤组，将打卡方式设置为考勤机打卡。

(4)员工信息录入。进入智能门禁系统,点击【信息录入】,可通过消息发送一键通知所有员工在线录入人脸信息,未及时录入的员工可再次通知,直至监督完成。

(5)个性化权限设置。如图1-9所示,管理员通过数字化管理后台进入智能门禁管理系统,在【开门权限】中添加权限组,在指定范围内根据部门、成员进行权限分配,在【开放周期】中进行开放时间配置,能够满足企业针对不同场景下对门禁权限的个性化需求。

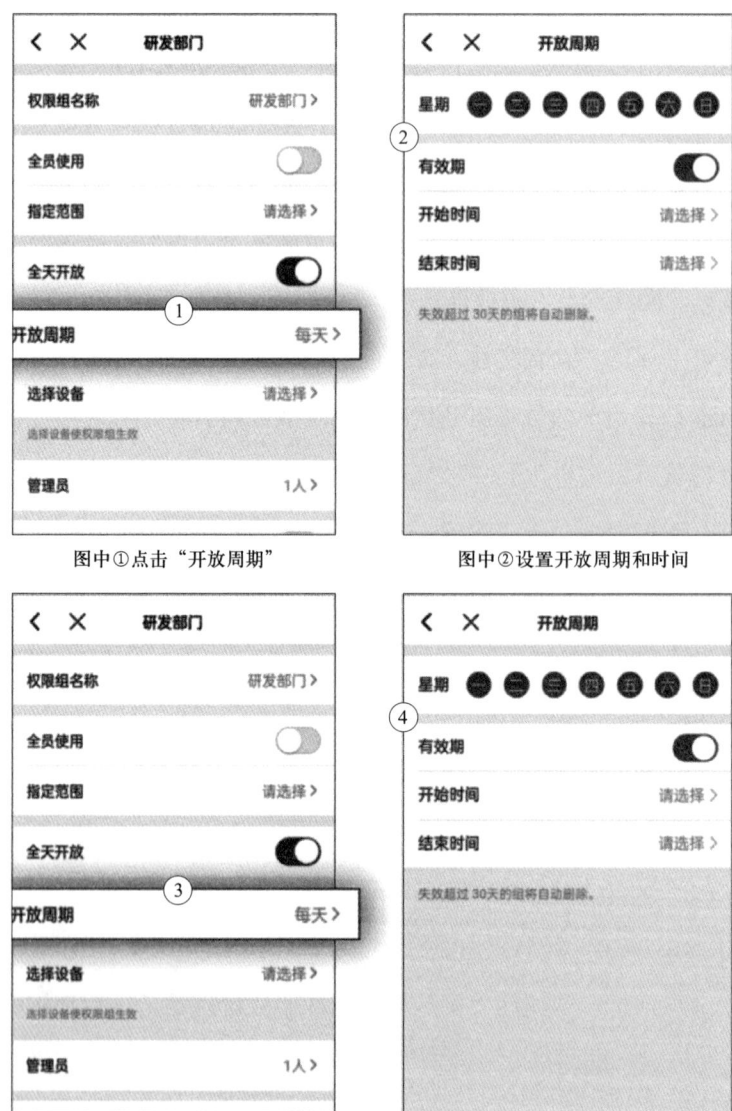

图中①点击"开放周期"　　　　图中②设置开放周期和时间

图中③点击"开放周期"　　　　图中④设置开放周期和时间

图1-9　设置门禁权限示意图

5. 小结

智能办公系统通过联网与数字化管理平台打通之后，不仅具有基本的功能，而且能提供更高级的服务，解决了企业传统管理方式下的安全风险、管理弊端等问题，成为企业高效管理的重要辅助。

第二节　数字化组织的人力资源管理

人力资源管理是组织管理其员工的过程，涉及招聘、培训、评估、激励和保留员工的各个方面。随着技术进步和数字化的发展，组织架构可能经历重大调整和变革，由此也要求对人力资源管理理念和实践进行相应变革。

数字化人力资源管理不仅是传统人力资源管理的延伸，而且是一种高效、灵活、数据驱动的全新管理方式，即通过使用先进的数字技术工具和平台，对组织的人力资源进行管理、分析和优化的过程。数字化人力资源管理表现出数据赋能、流程自动化、实时反馈、个性化体验等显著特征。企业通过实施数字化人力资源管理可以更好地管理员工，提高员工满意度，降低流失率，并提高整体的组织效率和生产力。本节将结合考勤、培训、薪酬和绩效等基本功能阐述数字化人力资源管理的具体内容。

一、数字化人力资源管理概述

（一）人力资源管理基本概念

人是企业最重要的组成要素。人力资源管理就是组织对人员的整体管理，明确员工的角色和职责，并确保员工个人发展与组织整体目标相协调。人力资源管理的目的

是为企业创造价值，从战略、业务、员工的角度支撑企业发展。

（二）数字化人力资源管理的兴起

随着技术发展及商业竞争环境的变化，企业人力资源管理实践面临重大挑战和机遇。从外部环境看，云计算、物联网、大数据、人工智能等技术进步为企业人力资源管理实践提供了先进的工具和平台。同时，高度竞争的市场也要求企业更快、更灵活地构建和调整人员队伍，以快速适应市场变化。从内部环境看，企业快速增长的规模、灵活多变的业务、多样化的工作模式及员工的期望都需要更高效、更具有响应性和适应性的人力资源管理。传统的人力资源管理限于招聘、培训和绩效等常规事务性工作，效率低下、决策迟缓，无法有效支持组织的战略落地和发展。企业需要从理念、方法、工具等方面变革人力资源管理，数字化人力资源管理应运而生。

数字化人力资源管理是基于数字技术和数据的新型人力资源管理活动和实践。例如，利用在线招聘网站、社交媒体和人工智能技术招聘员工，或者使用在线平台或虚拟现实技术培训员工，抑或通过分析员工数据了解员工的工作模式和职业偏好，为人力资源管理决策提供支持。

（三）数字化人力资源管理的价值

数字化人力资源管理体现出如下价值。

第一，数字化人力资源管理的效率大幅提升。通过数字工具和平台实现了许多常规性人力资源管理任务和流程的自动化，如招聘、考勤、薪酬管理等，从而大幅提升人力资源管理效率。自动化流程减少了人工参与，使人力资源部门能够专注更有价值和创新性的工作。

第二，数字化人力资源管理决策质量更优。企业更多依赖数据辅助决策，例如，利用大数据分析和人工智能技术，深入分析员工数据，了解员工的工作状态和需求，为人力资源管理决策提供更加准确和科学的支持。

第三，数字化人力资源管理提供更好的员工体验。通过数字平台和工具，为员工提供更加个性化、便捷和交互性的体验，如自助服务、在线培训等。不仅能够帮助组织更好地了解员工的需求和期望，而且使员工可以根据自己的需求和偏好定制学习路径、职业发展计划。

第四，数字化人力资源管理能够更好地支持业务和战略。数字化人力资源管理与组织的总体战略和目标对齐，为业务和战略提供了强大的支持。首先，基于数据的人力资源分析工具为业务部门提供关于招聘、绩效和员工满意度的信息，进而帮助其获得更深入的业务洞察。其次，数字化人力资源管理使组织能够快速调整，以适应不断变化的市场环境。最后，通过自动化和优化人力资源管理流程，组织不仅可以提高运营效率，而且可以节约成本。

二、数字化考勤管理

（一）概述

数字化考勤管理是指利用数字技术对员工出勤进行记录、分析和管理的过程，旨在为组织提供完整、准确且及时的员工考勤数据。

与传统依赖于物理方式的考勤管理相比，数字化考勤管理具有以下特征和优势：

首先，数字化考勤管理作为一种以数据为驱动的管理模式，利用先进的生物识别等技术进行自动考勤记录，对考勤数据的处理和存储更为实时、准确和高效。

其次，数字化考勤管理更为灵活，能够根据不同的工作场景和考勤要求，进行灵活的调整配置。

最后，数字化考勤管理的数据分析能力有助于组织管理创新。一方面，实时和历史的考勤数据为管理者提供员工出勤模式、工作习惯和时间管理能力等信息，通过深入分析能够更精准地进行人力资源分配和调整；另一方面，考勤数据作为员工绩效考核的基本指标，为绩效评估提供了更加全面和客观的数据支持。

（二）考勤工具

1. 考勤数据采集工具

考勤数据采集是考勤管理的第一步，指运用考勤机和移动应用等工具获取员工考勤数据。考勤机包括指纹考勤机、人脸识别考勤机等，这些设备可自动记录员工的上下班时间，为组织提供第一手考勤数据。员工也可通过手机应用进行打卡，这种方式特别适用于远程工作员工或外勤员工，为组织提供了一个灵活的数据采集方法。

2. 考勤数据存储工具

许多现代的考勤系统都提供云端存储服务，不仅保障了数据的安全性，而且确保了管理者随时随地访问考勤数据。不过，对云存储有顾虑的组织，可能会选择将考勤数据存储在本地数据库中。

3. 考勤数据分析工具

管理者通常借助考勤系统的内置分析功能或者外部数据分析工具，对考勤数据进行深入分析，识别出勤模式、预测未来的出勤情况等。此外，考勤数据可以与绩效管理系统集成，为绩效评估提供客观的数据支持。考勤数据可以帮助管理者更好地评估员工的工作表现，确保绩效评估的公正性和有效性。基于考勤数据分析，系统可以设置预警，例如，当员工连续迟到或缺勤时，管理者会收到通知并及时干预，以确保组织正常运行。

（三）考勤模式的配置

常见的考勤排班方式有排班制、固定班制、自由工时。接下来从场景描述、痛点分析及解决方法三方面对其进行介绍。

1. 排班制

排班制是根据预定时间表轮换员工的模式。在排班制中，员工会被分配到不同的工作班次，如早班、中班和晚班。这种制度适用于需要24小时不间断营业或延长营业时间的企业或机构，如制造业、餐饮业、交通运输业、零售业等。

（1）场景描述。某饮用水制造集团规模约2 000人，公司下设近20个部门，不同部门因为工作需要分别设置不同的考勤方式，见表1-4。

表1-4　　　　　某饮用水制造集团的考勤排班方式

序号	部门	考勤排班方式
1	董事长办公室	固定班制
2	审计监察部	固定班制
3	总部职能部门	固定班制
4	制造总部	排班制
5	研发中心	排班制
6	国际事业部	固定班次外出打卡
7	饮水机事业部	固定班次外出打卡

在该企业考勤管理中，实行排班制的制造车间考勤最难管理。以其中一个生产车间为例，该车间有4个班组及1位考勤管理员，设有3个出勤班次（白班、夜班、长白班）。班组长需根据生产任务调整工人每天的出勤时间，工人在考勤设备上打卡，考勤管理者根据打卡记录统计工时并进行薪资结算。这种管理方式易出现虚假考勤、统计错误等问题，造成车间考勤管理混乱，影响生产效率和员工积极性，并导致薪资结算困难。

（2）痛点分析

1）考勤数据乱。每个车间的出勤规则和班次都有所不同，员工常常调班，考勤易出错、难汇总，导致考勤数据混乱。

2）数据核对难。考勤管理者与员工的工时统计结果不一致，需要进行大量的沟通解释工作，数据核对费时费力。

3）管理成本高。每个车间的考勤需专人负责，投入产出比低。

（3）解决方法

考勤管理员通过数字化考勤系统，梳理并设置不同班组的考勤规则，员工在线打卡，数据自动上传、汇总，实现了数字化考勤管理，提升了考勤管理效能。

1）梳理考勤规则。收集所有的出勤班次，在考勤管理工具中设置3个班次（白班、中班、夜班），按3个班次的要求设置好上下班打卡时间。某饮用水制造集团总部出勤班次见表1-5。

表1-5　　　　某饮用水制造集团总部出勤班次

序号	部门/小组	考勤方式	排班规则
1	吹塑车间A班	排班制	白班7：30—14：30 中班14：30—22：30 夜班22：30—次日7：30 三班交替
2	吹塑车间B班	排班制	白班7：30—14：30 中班14：30—22：30 夜班22：30—次日7：30 三班交替
3	DSR业务部	自由工时	随时打卡
4	F壁炉	固定班制	周一至周五7：30—16：00

2）设置考勤组。考勤组负责人以车间班组为单位设置4个考勤组，并按照车间考勤要求设置，由班组长负责调整考勤组名称、考勤班次、参与人员、打卡方式、加班规则等。

3）优化数据结果确认方式。如图1-10所示，员工可在考勤管理系统上查看当日考勤记录，如有异常可及时反馈，避免月底数据沉积、核对出错。管理员可为考勤结果设置多种确认方式，如设置每月考勤确认，将需要确认的考勤信息整理至数字化管理平台中，提醒员工核实并签字确认，确认结果可自动生成考勤存证，实现在线化考勤确认，有效降低沟通成本。

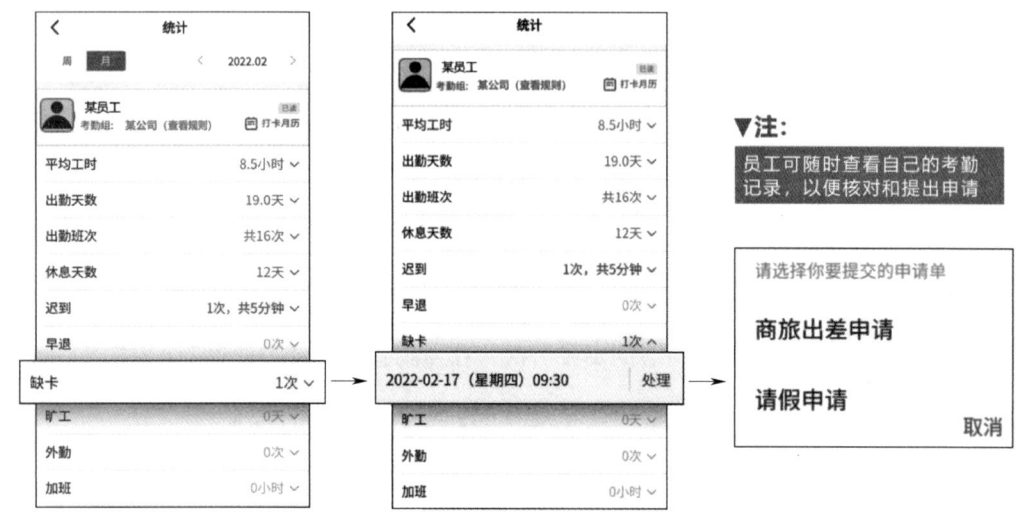

图1-10 员工端考勤数据示意图

（4）小结

数字化考勤管理系统通过自动上传和汇总数据，结合清晰的考勤规则和灵活的考勤组设置，实现了准确且高效的考勤管理。员工可随时查看考勤记录并及时反馈异常，同时在线化的考勤确认大大降低了数据核对的错误率和沟通成本，提高了员工满意度和参与度。通过自动化和优化的考勤流程，减少了人工干预和核对，从而有效降低了管理成本，缩短了时间。

2. 固定班制

固定班制是一种常见的排班模式，员工每日工作时间固定，如每天上午9点到下午5点、固定双休，适用于工作内容和时间相对稳定、无须24小时运营的行业。

（1）场景描述

某文化产业投资集团为国有企业，规模约500人，业务涉及文化金融、文化创意和文化科技等多个板块。该企业各部门业务不同，考勤时间、考勤规则也各不相同：集团总部的考勤时间是周一至周五8：30—17：00，周末双休；企业内的退休返聘员工无固定考勤时间，也无须打卡；长期出差的员工无固定打卡地点，需要进行外勤打卡。

企业主要使用指纹考勤机，考勤数据由负责人手动统计，如遇不明确数据，需跟部门负责人电话沟通确认，统计完成后再发送至员工一一核对，待所有员工确认无误后再进行财务核算，整个过程需要耗费整个人力部门约一周的时间。企业长期处在多种考勤规则并行的情况下，无法对员工进行统一管理。

（2）痛点分析

1）多人打卡易迟到。临近上班时间，考勤机前打卡人数较多，然而指纹考勤机的打卡速度较慢，一次只能实现一人打卡，导致许多员工"被迟到"。

2）个性需求难实现。部分员工没有硬性考勤要求，需单独同人力部门沟通并修改考勤报表。员工个性化考勤需求会增加沟通成本，造成双向工作负担。

3）外勤管理不规范。员工出外勤时无法进行指纹打卡，缺卡后又需要补卡，业务人员因考勤问题而分散精力，造成生产效率降低。

（3）解决方法

通过数字化考勤管理系统，提升考勤效率，解决考勤管理难题。

1）梳理考勤规则。设置出勤规则，在考勤管理系统中设置8：30—17：30的考勤班次，列出各部门出勤班次。某文化产业投资集团考勤方式见表1-6。

表1-6　　　　　　　　　某文化产业投资集团考勤方式

序号	部门/小组	考勤方式	排班规则
1	长三角外派	排班制	长三角班次9：00—17：30 默认班次8：30—17：30
2	职能部门	固定班制	周一至周五8：30—17：30 周六、周日休息

2）设置考勤组。添加考勤组，设置考勤类型为固定班次，工作日设置为周一至周五，法定节假日自动排休，按照公司考勤要求设置考勤范围后，员工即可在手机上的考勤终端打卡，无须排队，避免了因无法使用考勤机造成的迟到。

3）退休返聘员工的特殊处理。增加考勤白名单，白名单中人员无须进行打卡，减少管理员在系统中修改原始数据的操作，月底导出考勤报表时无须对报表进行额外加工。

4）外勤人员的管理办法。外勤人员由于其工作地点的特殊性无法按照内勤人员的考勤标准统一管理。对此，企业可在考勤管理系统中设置外勤打卡规则，如通过员工所在地点、照片等具有时效性的信息进行打卡考勤，减轻外勤人员往返公司的交通压力。

（4）小结

数字化考勤管理系统满足了该组织灵活多样的考勤管理需求。通过设置明确的考勤规则和考勤组及为特殊员工群体提供特殊处理，降低了沟通成本。数字化考勤管理系统能够满足灵活的考勤需求，为外勤人员设置特定的打卡规则，满足了企业的管理需求，也确保了外勤人员考勤管理规范、高效。

3. 自由工时

自由打卡是一种灵活的考勤方式，依赖于数字化考勤系统，例如手机应用或其他在线平台，使员工可以在任何地点和时间进行打卡。该打卡方式适用于打卡时间不固定、以工时为考勤依据的工作岗位，如装修、家政、物流等。

（1）场景描述

某安防工程建设企业规模为200人以上。该企业项目部门每年至少新增20个异地管理项目，由于建筑行业多为劳务派遣和临时用工，部门内成员数量庞杂且流动性大。管理者无法实时掌握每个项目的派遣人数，全凭劳务公司上报；考勤依靠项目人员拍摄现场照片并上传至公司项目群，再进行考勤统计。

（2）痛点分析

1）数据统计效率低。公司同时管理20多个项目组，考勤数据汇总量大，人工计算、统计效率低，统计结果滞后。

2）数据真实难保障。人工核算考勤结果难免存在失误、虚报、瞒报等现象，导致人员真实在岗情况模糊不清,且易引起劳务纠纷。

3)异常打卡难解决。项目现场时有突发情况,导致员工无暇顾及考勤打卡,有时到了下班时间,员工依旧在现场忙碌,难免忘记拍照上传,便会产生异常打卡记录。

在建筑工地,员工考勤不仅决定他们的薪资,而且与其人身安全挂钩,一旦发生紧急事故,考勤人数是排查人员安全的重要依据。如果因考勤数据不准确造成人员意外伤亡,企业要承担的不只是财务损失,由此造成的负面影响将对企业未来发展产生不可预估的后果。

(3)解决方法

1)设置考勤组。在考勤管理系统中,根据公司项目分别配置考勤组,考勤类型设置为自由工时,根据实际情况设置工作日,项目部员工每日进行考勤打卡,根据考勤规则及打卡结果自动生成考勤报表。

2)设置考勤方式及人员识别方式。根据每个项目所在地点,设置考勤打卡范围。如果需要严格管理人员打卡情况,可开启拍照打卡和人脸识别,确保打卡真实性,如图1-11所示。

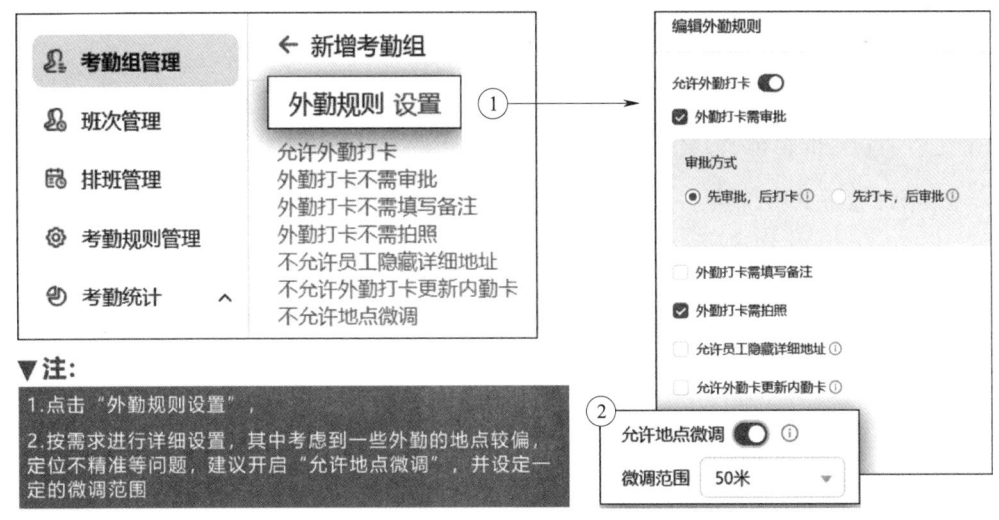

图1-11 外勤管理设置

3)设置考勤提醒。管理员可在考勤管理系统中设置打卡提醒,由系统自动推送,提醒员工进行打卡。员工也可根据实际需要在考勤管理系统中个性化设置多种考勤提

醒方式，避免忘记打卡。

（4）小结

数字化考勤管理系统通过人脸识别和拍照打卡等技术手段，确保了打卡的真实性和准确性，大大减少了虚报、瞒报等不真实情况，为企业提供了可靠的考勤数据。考勤管理系统允许企业根据实际需求设置考勤组、考勤方式和工作日等，满足了不同项目和不同员工的考勤需求，提供了高度的自定义性。无论是固定的工作时间、自由工时，还是外勤人员的考勤，该解决方案都能够满足。特别是在应对多项目、多地点、多种工作模式的考勤管理中，数字化考勤管理展现出了强大的适应性。

三、数字化培训管理

（一）概述

培训管理作为人力资源管理的一个重要组成部分，是指对员工的知识、技能和态度进行系统评估、规划、实施和评价，以支持组织当前的经营和未来的发展。对员工而言，通过参与培训可以获得职业发展的机会，实现个人成长目标。对组织而言，通过有效的培训管理，企业可以确保员工具备胜任其岗位所需能力，从而提高组织的竞争力，增强在动态环境中的适应性。

数字化培训管理是指利用数字技术和工具为员工提供工作所需技能和知识的过程。数字化培训管理的特征及其价值表现如下：

1. 培训管理的系统性

数字化培训管理系统通常提供一个集成平台，涵盖从需求分析、课程设计、实施到评估的整个培训流程。这种系统性确保了培训的连续性和一致性，同时使培训活动更好地支持企业的总体目标和战略。

2. 个性化和针对性

数字化培训管理可以根据每个学员的学习历史、偏好和需求提供定制的学习路径和资源。个性化和针对性确保了学习内容的相关性和实用性，从而增强了学习内容的吸收和应用效果。

3. 组织和管理的效率

数字化培训管理系统提供自动化工具，如自助报名、在线评估、实时反馈等。这些自动化工具大大提高了培训的组织和管理效率。

4. 培训方式的灵活多样

数字化培训管理支持多种培训方式,如在线课程、模拟、视频、讨论和项目学习。多样性的培训方式满足了不同学员的学习需求,同时提供了丰富的学习体验。

5. 支持员工进行更有效的学习

数字化培训管理系统通常内置先进的学习技术,如自适应学习、游戏化和社会化学习功能。这些技术支持深入、参与度高和持久性的学习,使员工提高了学习效率。

(二)基于能力的培训管理

基于能力的培训管理是基于能力的人力资源管理理念在员工培训管理领域的具体表现。相对以职位为核心的人力资源管理,基于能力的人力资源管理具有以下显著特征:首先,基于能力的人力资源管理从以职位为核心转向以人为核心,更为重视员工的内在品质、价值观、态度等;其次,将人的能力提升和潜能开发作为核心目标,人力资源管理基点由单一的职位转向"职位+能力"的双重支撑体系;最后,基于能力的培训管理即以能力为核心对员工进行培训开发,制订员工职业发展计划,基于组织的核心能力及员工的核心专长与技能进行员工培育,制定一体化培训开发解决方案,培训关注的焦点在于培养员工掌握并应用实际工作中所需的知识和技能。

能力模型又称胜任力模型,是基于能力培训管理的基础。该模型列出了某个职位或任务所需的关键能力,包括知识、技能、价值观、自我认知、个性等多个方面的指标。胜任力模型为培训提供了一个清晰的框架,培训内容和活动都围绕这些能力设计,确保培训内容与组织的目标和需求一致。

使用胜任力模型的步骤如下:

第一步,定义胜任力模型。明确定义某一职位所需具备的关键能力。

第二步,识别能力差距。评估员工的现有能力,与胜任力模型进行对比,确定存在哪些能力差距。

第三步,设计培训内容。基于胜任力模型,设计培训课程和活动,确保培训内容直接关联到所需能力。例如,如果胜任力模型中强调团队合作,那么培训中可能会包括团队建设活动或合作项目。

第四步，实施培训。基于胜任力模型进行培训，包括课堂培训、在线学习、现场培训、线上线下混合培训等。

第五步，评估培训效果。完成培训后，评估学员是否真正达到胜任力模型中的能力层级，涉及考核、测评、模拟、实际项目或其他形式的评估。

第六步，持续改进。基于评估结果，对培训内容和方法进行调整，确保培训内容始终与胜任力模型和组织的需求保持一致。

第七步，更新胜任力模型。随着组织的发展，能力需求也会发生变化。定期回顾和更新胜任力模型，以确保始终与组织的实际需求保持一致。

（三）具体模式

数字化培训按照培训交付方式分为同步培训、异步培训、线上线下混合培训三种模式。

1. 同步培训

同步培训是学员与培训师同一时间参与的培训方式，可以实时互动和交流，如传统线下培训、在线研讨会、实时网络课程、直播讲座等。

其优点表现为：①实时互动。学员可以即时提问，与培训师和其他学员进行实时交流。②即时反馈。学员可以立即获得对其问题和疑虑的答复。③固定结构。有固定的学习时间和进度，有助于学员保持学习的纪律性。

其局限性表现为：①学员必须在指定时间参与学习，可能与其他活动冲突；②线上同步培训依赖于技术条件，若网络不稳定或出现其他技术问题会影响学习体验。

同步培训主要适用于需要实时互动和即时反馈的学习场景，如新技能培训、研讨会等。

2. 异步培训

异步培训是指学员可以在任何时间、任何地点进行学习，不需要与培训师或其他学员同步。常见形式包括录播视频、在线课程等。

其优点表现为：①灵活性。学员可以根据自己的时间和速度进行学习。②自主学习。学员可以根据自己的需求选择学习材料和进度。③广泛访问。学员可以随时随地访问学习资源，不受时间和地点限制。

其局限性表现为：①缺乏互动。学员无法与培训师实时交流互动。②自律要求高。学员需有较强的自律性和自主学习能力。

异步培训主要适用于不需要实时互动的培训，如自我学习、技能提升等。

3. 线上线下混合培训

线上线下混合培训结合同步培训和异步培训的优点。

其优点表现为：①结合了同步培训的互动性和异步培训的灵活性。②多样化学习。提供多种学习方式和材料，满足不同学员的需求。③实践机会。线下活动提供实践和交流的机会。

其局限性表现为培训组织管理较为复杂，技术要求较高，需要实现线上和线下的学习整合。

线上线下混合培训适用于需要深度学习和实践的培训，如管理培训、综合技能培训等。

（四）数字化培训的流程

关于数字化培训的流程，本节基于通行的 ADDIE 培训流程模型进行介绍。该模型包括以下几个步骤：

1. 分析培训需求

根据分析培训需求了解员工当前知识技能水平与期望知识技能水平之间的差距。具体来说，可以通过员工调查问卷、访谈、现场观察、管理者反馈、绩效考察等方式了解员工当前的知识技能。根据企业的战略目标、岗位要求及员工自身情况确定员工培训目标。

数字化培训可以实现数据驱动和自动化的需求分析，通过数字工具收集和分析员工的工作表现、岗位需求、职业规划、绩效评估等数据，使用 AI[①] 技术自动识别员工的技能缺口。

2. 设计培训方案

设计培训方案是规划培训的教学策略、内容、学习活动和评估方法，以确保培训的有效性和连贯性。基于培训目标和需求分析结论，确定培训涵盖的主题，进而选择合适的培训方法和模式，最后设定培训效果的评估方法。

---

① AI（artifical intelligence）中文译为人工智能。

数字化培训可以借助数字技术和交互平台制定更具有吸引力的交互式学习内容，并提供模块化的课程体系，根据员工的个人需求和学习进度设计个性化学习路径。

3. 开发培训内容

开发培训内容即基于培训目标开发培训课程、教材及素材，例如，为新产品创建销售培训视频，需要编写脚本、制作视频、设计幻灯片等。设计课程实施方案，包括互动元素，如测验、模拟、案例研究、行动学习等。

企业可以开发更多的电子学习模块和课程，并集成多媒体，为培训内容增加视频、动画、模拟和VR/AR体验。

4. 实施培训方案

实施培训方案即组织并管理所需资源，开展培训方案的实施，包括选择合适的培训师资、沟通培训目标、配备所需资源、管理和监督培训交付。

数字技术为培训交付提供了更灵活的方式和渠道，一方面学员可以通过在线学习平台随时随地学习，培训师资可以远程或者视频异步授课，分布各地的学员可以同时参与，学习培训不受地域所限。另一方面在线学习平台可以追踪学员的学习活动和进度，并提供实时帮助。

5. 评估培训效果

评估培训效果是运用科学的理论、方法和程序，收集培训过程及结果数据，以确定培训项目的优势、价值和质量的过程。评估结果既是对整个培训活动实施成效的评价与总结，又是优化后续培训活动的依据。

数字化方式使培训效果的评估更为及时准确。数字平台可以收集和分析学习数据，评估培训效果。培训师、主管能观察并追踪学习进度和成果，并给予及时指导和反馈。

（五）线上线下混合培训设计示例

下文以某公司销售人员的培训为例进行说明。

1. 培训定位与目标

公司确定本次培训的对象是新入职的销售人员和中级销售人员，旨在提高学员销售能力和客户关系管理能力，并提高销售转化率。

2. 培训项目设计

基于培训目标设定如下课程内容：

（1）销售基础理论。

（2）客户心理学。

（3）销售策略与技巧。

（4）行业趋势和成功案例分析。

主要采用视频讲座、在线模拟销售场景、实地考察与实际操作练习等培训方式。

3. 学员选拔

参训学员的选拔标准确定如下：

（1）销售经验：至少 1 年。

（2）学历：大专及以上。

（3）面试表现：沟通能力、团队合作精神、学习意愿。

选拔过程采用笔试结合面试的方式，测试学员的销售知识和实际销售技巧。

4. 线下选题

实际销售场景：如客户拜访、产品演示、销售谈判等。

互动活动：角色扮演、团队讨论、实地考察。

5. 混合式学习

培训以线上和线下结合的方法展开。线上学习包括视频讲座、在线销售场景模拟及电子教材。线下学习包括实地考察、小组讨论和实际操作练习。

6. 效果评估

评估标准包括销售技巧、客户关系管理能力、销售转化率等。评估采用笔试、模拟销售场景及客户反馈的方式。

7. 推广复制

根据培训结果和学员反馈，总结本次培训的经验和教训。将本次培训的成功经验推广到其他部门或公司，实现培训的复制和扩展。

（六）培训软件的类型及基本操作

1. 培训软件或平台的分类

（1）课程创建和制作工具。进行培训前，首先需要创建培训内容。这些工具能够帮助培训师制作互动性强、有吸引力的课程，包括音频、视频、动画和课件等。

（2）学习管理系统。用于管理、记录、跟踪、报告、自动开展和提供课程、培训或发展计划的平台，同时也是培训内容的分发平台。

（3）学习体验平台。相较于传统的学习管理系统，该类平台更注重个性化学习和学员体验，是传统学习管理系统的有效补充。学习体验平台不仅能帮助学员更快更好地吸收新知识、提高工作效率，而且能激发学员的兴趣，从而让学习过程更加有趣。

（4）在线培训平台。专为在线教育和远程培训设计，让学员无论身在何处都可以进行互动和学习。

（5）模拟和虚拟现实培训软件。提供沉浸式的学习环境，适用于实践和互动要求高的培训课程。

（6）社交学习平台。强调学习过程中人际互动，促进学员之间互动和讨论，鼓励学员分享经验和知识，通常具有论坛、博客、问答和其他社交媒体的功能。

（7）基于内容发现和推荐的学习平台。这类平台使用AI技术对学员行为进行分析，根据学员的学习经历、偏好和需求推荐个性化的学习内容，并能够动态调整和更新推荐内容，从而适应学员不同阶段的学习需求，使其能够更高效地获取和吸收知识，从而满足其持续学习和自我发展的需求。

（8）考核测评平台。用于测试和评估，允许培训师或企业管理者创建、管理和发布考核测试，以评估学员所掌握的知识和技能。

（9）学习分析和报告工具。自动收集学员的学习数据，跟踪学员的学习进度、测试成绩和其他关键绩效指标，提供可视化的数据分析结果和学习报告，帮助学员了解自身的学习模式和学习效果，为学员和培训师提出基于数据的个性化建议。

（10）培训项目管理工具。培训项目管理工具是针对培训设计的解决方案，可以帮助企业和培训机构计划、组织、执行和跟踪培训项目。这些工具确保培训项目按照预定的时间表和预算进行，同时确保实现既定目标。

2. 培训软件的基本操作

在培训平台投入使用前，管理部门需要对其进行配置、调试工作，熟练掌握操作环境和系统功能。在系统初始化阶段，还需对学员端的功能顺序、风格样式等进行配置。

（1）访问与登录。通过网页访问培训学习平台的登录页面，输入用户名及口令，进入管理后台。

（2）权限管理。权限管理包括角色设置和权限管理。不同的角色和权限，决定了该账号是学员还是管理员，也决定了权限范围。

（3）课件管理。数字化学习课件支持不同的文件格式。如图1-12所示，管理员可以在平台上新建并发布课程，根据不同的学习场景或培训对象进行分类管理。

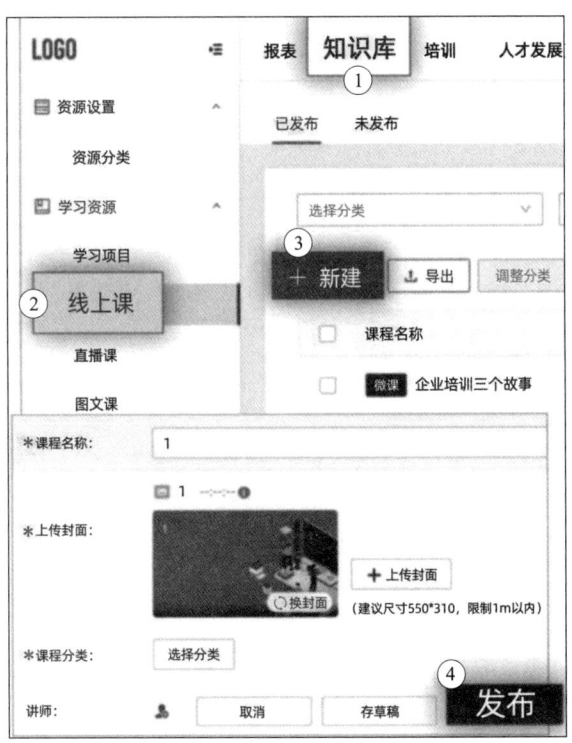

图1-12　新建并发布课程

（4）考试管理。如图1-13所示，针对不同的学习项目或考核任务，管理员需要建立并设置考试任务，包括考试信息、考题内容、考核标准、考生范围等。

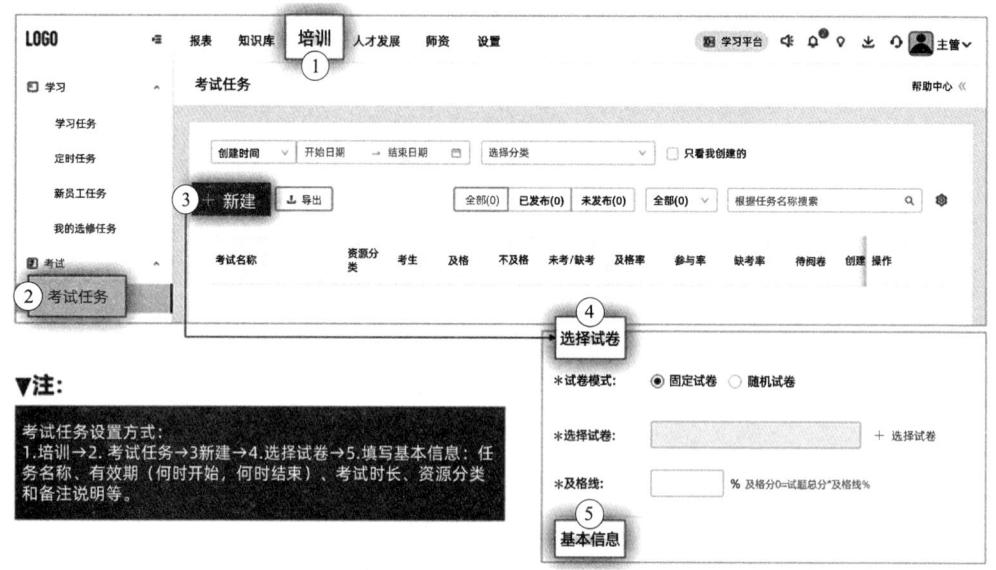

图1-13 考试任务信息设置

（5）讲师管理。如图1-14所示，通过讲师管理模块，管理员可以对讲师资料、授课记录、讲师等级等信息进行编辑管理。

图1-14 讲师信息管理

3. 数字化培训课程与员工能力层级的智能关联

下文以"销售经理"岗位为例,说明如何实现培训课程与员工能力层级的智能关联。

假设某企业的销售经理胜任力模型包含以下几个方面:

(1)专业知识。掌握销售管理的知识,了解公司产品。

(2)沟通能力。有效与客户、团队和上级沟通,确保信息流畅。

(3)客户关系管理。维护和深化与客户的关系,提高客户满意度。

(4)团队领导力。领导和管理销售团队,确保实现团队目标。

(5)市场分析能力。对市场趋势进行分析,制定相应的销售策略。

(6)谈判技巧。与客户进行有效谈判,确保公司利益。

首先,定义不同的能力层级。"初级能力"定义为新晋销售经理,需要掌握基础的销售技能和团队管理知识。"中级能力"定义为有一定经验的销售经理,需要进一步提高市场分析能力和谈判技巧。"高级能力"定义为资深销售经理,需要具备高级领导力和战略思维。能力层级的具体描述见表1–7。

表1–7　　　　　　　　　　能力层级的具体描述

	初级	中级	高级
专业知识	对销售流程和基本技巧有初步了解,熟悉公司产品和服务	对公司产品和行业有深入的了解,能够独立处理复杂的销售问题	对公司产品和行业有全面的了解,是团队中的专家,能够为团队提供指导和建议
沟通能力	能够与客户进行基本的沟通,但可能在处理复杂或敏感问题时不够熟练	能够与各种客户进行有效沟通,处理复杂或敏感问题时显得更为熟练	与各种客户都能进行高效沟通,能够妥善处理复杂或敏感问题
客户关系管理	主要负责维护现有客户关系	不仅能维护现有客户,而且能主动发掘新的客户资源,对客户需求和反馈能迅速反应	不仅能维护和发展客户,而且能建立长期的合作伙伴关系
团队领导力	以执行上级的指示和任务为主,尚未展现出明显的领导特质	能够指导和带领团队成员,展现出一定的领导特质	具有强大的领导力,能够指导和激励团队成员,确保团队目标的实现

续表

	初级	中级	高级
市场分析能力	对市场的了解主要基于公司提供的资料	能够独立进行市场分析，对市场趋势和竞争对手有较清晰的认识	对市场有深入的了解，能够预测市场趋势，为公司制定战略提供建议
谈判技巧	在与客户的谈判中可能显得较为被动	在与客户的谈判中更为主动，具备一定的策略和技巧	在与客户的谈判中展现出高超的技巧，能在谈判中获得最大利益

其次，设定不同能力层级对应的课程体系或模块。初级课程包括"产品知识培训""销售技巧入门""基础团队管理"等，中级课程包括"客户需求深度挖掘""高效谈判技巧""市场趋势分析"等，高级课程包括"战略销售管理""高级领导力培训""高级市场分析与决策"等。

再次，进行课程与能力层级的智能关联。当受训的销售经理登录数字化培训平台时，系统首先基于其工作经验、历史销售业绩或学习经历，识别其能力层级。根据识别的能力层级和预期的培训目标，系统自动推荐相匹配的课程。

最后，系统可以通过反馈机制优化课程推荐。当销售经理完成课程学习后，可以提交反馈建议。系统根据反馈及学员的考核结果自动调整课程推荐，确保更准确地匹配销售经理的能力层级，以取得更优的培训效果。

四、数字化薪酬管理

（一）概述

薪酬是员工为企业提供劳动而得到回报的总和。薪酬有狭义和广义之分，狭义薪酬主要指员工获得的经济性报酬，通常以现金或实物形式支付，具体包括基本工资、奖金、现金补贴、福利、带薪休假、股权激励等。广义薪酬又称360度薪酬，不仅包括经济性薪酬，而且涵盖非经济性薪酬。非经济性薪酬主要包括工作认可、工作环境、发展机会、能力提升、职业安全等。因此，薪酬管理不仅关注员工的经济回报，而且关注其非经济需求，从而满足员工个人需求并支持组织长期发展。

薪酬管理是企业为吸引、激励和留住员工，根据企业的经营策略和人力资源战略，对员工付出的劳动进行评价和报酬的一系列活动。其涉及薪酬的定义、设计、实施和调整，旨在确保薪酬的公平性、竞争性和合理性。

1. 薪酬管理的内容

薪酬管理包含以下主要内容：

（1）薪酬体系。薪酬体系指企业根据其业务需求和人才战略，为员工提供的薪酬结构和框架。常见的有职位薪酬体系（根据职位级别和职责确定薪酬）、技能薪酬体系（根据员工技能和资质确定薪酬）和能力薪酬体系（根据员工能力和绩效确定薪酬）。科学构建薪酬体系能确保企业薪酬结构与行业标准相符，同时也能满足员工的期望。

（2）薪酬水平。薪酬水平指企业为其员工提供的薪酬与市场或行业平均水平的对比。企业一般通过市场薪酬调查确定薪酬水平，确保企业薪酬具有竞争力。具有外部竞争性的薪酬水平能够帮助企业吸引和留住人才，确保企业持续发展。

（3）薪酬结构。薪酬结构指企业内部不同职位和级别之间的薪酬差异，通常基于职位的责任、技能需求、工作复杂性等因素确定。薪酬结构反映出企业薪酬内部的一致性（内部公平性），合理的薪酬结构能够对员工起到激励作用。

（4）薪酬形式。薪酬可以采取多种形式，如基本工资、奖金、补贴、福利等，可以分为直接薪酬和间接薪酬两类。直接薪酬与员工的工作量密切相关，工作量可以按工作时间计算，也可以按产出计算，称计时工资、计件工资；间接薪酬不与工作产出直接相关，常以非货币形式提供。薪酬形式的多样性能够满足员工多样化需求，提高员工的满意度和忠诚度。

（5）薪酬调整。企业往往需要根据内外部因素，如经济状况、市场变化、员工绩效等，对员工薪酬进行相应调整，从而确保薪酬的公平性和竞争力，同时也是对员工绩效的认可。

（6）薪酬控制。薪酬控制即确保薪酬的支付在企业预算和承受范围内。企业通过制定薪酬预算和监控薪酬支付，避免过度的人力成本支出，从而确保企业财务健康。

（7）薪酬审计。薪酬审计是对企业的薪酬制度、政策和实际支付情况进行系统、独立的检查和评估。通过内部或外部专家进行，涉及对薪酬数据的收集、分析和解释,以及对薪酬政策和实践的评估。目的是确保薪酬制度公平、合理和合规,检查是否存在过度支付或欠支付的情况,确保薪酬政策与企业的战略目标一致。通过薪酬审计,企业可以及时发现并解决薪酬管理中的问题,优化薪酬结构,提高薪酬管理的效率。

2. 薪酬管理的原则

薪酬管理有以下几个核心原则:

(1)公平原则。员工对薪酬公正性和公平性的感知是薪酬制度设计和管理的核心。确保每位员工认为其薪酬是公正的,是制定薪酬政策的首要任务。

(2)竞争力原则。为在人才市场中脱颖而出,企业薪酬标准必须具有吸引力。这样不仅有助于企业吸引优秀人才,而且有助于留住优秀人才。

(3)激励原则。薪酬制度应当能够鼓励员工更好地工作。这意味着不同职务和级别的薪酬应有明显差异,以体现薪酬的激励作用,激发员工积极性。

(4)经济性原则。虽然提高薪酬可以增强企业的竞争力和激励性,但也会导致人力成本增加。因此确定薪酬水平时,必须考虑企业的经济承受能力。

(5)合规原则。薪酬制度必须遵循相关法律法规,只有合法合规的薪酬制度才能得到顺利实施和推广。

(二)数字化薪酬管理的价值

传统薪酬管理存在明显的局限性,如耗时耗力、核算不准确、效率低下、薪酬计算规则复杂、容易出错等。随着技术进步,越来越多的企业转向数字化薪酬管理,即利用数字化管理平台或薪酬软件进行薪酬管理,能够充分利用数字技术优势提高企业薪酬管理活动的有效性。

数字化薪酬管理具有如下特征:

(1)简化流程,减少人工参与。减轻了人事部门的日常事务负担,使其能够更专注于战略性的人力资源管理工作。

(2)提高效率与准确性。数字化薪酬管理通过自动化流程,确保了薪酬数据快速、准确处理,大大减少了因手工操作导致的错误。

(3)强化管理与控制。企业可以实时监控和管理各下属单位的薪酬发放,确保整体的薪酬管理策略得到一致和有效的执行，帮助企业更好地遵守相关法律和规定，规避潜在的法律风险。

（4）增强透明性与公平性。数字化系统确保所有薪酬数据公开透明，使员工能够清晰地了解自己的薪酬构成，从而增强薪酬的公平性和员工的信任感。

（5）满足个性化需求。数字化系统允许根据各单位或个人特性进行个性化设置，满足不同的薪酬管理需求。

（6）助力决策分析。系统提供的报表和统计数据为管理者提供了有力的决策支持，帮助他们进行深入的薪酬结构和策略分析，推动企业提升人力资源管理水平。

（三）薪酬管理软件

薪酬管理软件的功能分为基础功能和高级功能。

薪酬管理软件的基础功能包括执行薪资计算、发放等基本任务，具体如下：

（1）基础信息管理。基于员工的信息档案核算和发放工资，包括基本信息、职位、班次、劳动关系等。

（2）数据导入/导出。允许从其他系统导入数据或导出数据到其他系统。

（3）自定义工资结构。企业可以根据自身需求添加自定义薪资构成，如基本工资、考勤扣款、补贴、个税、五险一金等。

（4）薪资计算。根据考核指标计算员工的应发薪资，包括基本工资、奖金、津贴等。自动生成工资条，供员工查看工资明细。

（5）税务管理。确保合规地进行自动计算和扣除各种税项。

（6）福利管理。管理员工的福利待遇，如社会保险、住房公积金、商业保险、年度奖金、福利补贴等，核算员工的福利待遇。

（7）薪资核算。检验薪资计算的准确性，核对员工个人信息和考勤信息是否准确，核对奖惩情况、社保和公积金扣除情况。

（8）工资发放记录。系统记录每位员工的工资发放明细，方便核对和统计。

（9）报表生成。按需提供月度、季度和年度的薪酬报表。

（10）工资错误反馈。员工可以在系统内直接提交工资错误反馈，简化反馈流程。

薪酬管理软件的高级功能主要涉及更深入的薪酬策略分析、模拟和优化。包括以下功能：

（1）薪酬建模。企业可模拟不同的薪酬策略和方案，预测这些策略对企业财务和人力资源的影响。

（2）市场薪酬比较。对市场薪资水平进行调查和比较，了解行业和地区的薪资潜在水平，为公司薪资设定提供参考。

（3）绩效与薪酬整合。系统能够根据员工绩效评估自动调整薪酬，确保薪酬与绩效之间的紧密关联。

（4）人力成本分析。系统提供人力成本报表，管理者可根据企业、部门和个人层面进行人力成本分析，从而更全面地了解人力成本和产出情况。

（5）高级数据分析和可视化。提供高级的数据分析工具和可视化图表，帮助企业深入了解薪酬数据的趋势、模式和关联。

（6）薪酬预算和控制。管理企业的薪资预算，控制薪资总额和薪资变动幅度，确保薪资管理符合企业的财务和预算要求。

（四）薪酬管理软件的基本操作

薪酬管理软件的基本操作流程包括初始配置、薪资计算、发送电子工资条和生成人力成本报表四个步骤。

首先，初次使用薪酬管理软件需要对系统进行初始配置，主要包括自定义薪资计算规则、社会保险信息准备、个税信息准备等。

其次，完成基本配置后就可进行薪资计算，这是薪酬管理的核心部分，主要包括生成薪资表、核对算薪人员、定薪调薪、核算薪资、获取个税反馈五项操作。通过这一过程，既可以确保员工的薪资计算准确无误，又兼顾个税等法定要求。

再次，完成薪资计算后，可以在系统中生成并发送电子工资条，提升人事管理效率。电子工资条的生成和设置灵活多样，发送方式有全部发送、单个发送和定时发送，并支持员工确认与反馈。通过电子工资条的及时发送和反馈收集，可以提高员工对薪酬管理的满意度。

最后，软件支持历史薪资数据的管理和各类人力成本报表的生成。管理者可以通过薪酬看板和成本看板实时掌握部门成本统计数据，进行成本分析，从而帮助企业实现精细化的薪酬成本控制和决策优化。

五、数字化绩效管理

（一）概述

绩效通常指个人、团队或组织在特定时间内的工作成果或表现。在组织中，绩效管理是一个持续的过程，涉及为员工设定明确的目标、评估他们的工作表现，并根据需要进行调整。

绩效管理是对员工绩效进行规划、评估和反馈的系统性过程，是持续、周期性的，核心在于确保个人、团队和组织的行为与组织的目标和战略保持一致。绩效管理不仅用来评估员工绩效，而且与其他人力资源管理活动相结合。绩效管理强调与员工的双向沟通，确保员工明确绩效期望，并为其提供自我评估和反馈的机会。此外，它为管理者提供了关于员工绩效的重要信息，以支持决策制定，如晋升、培训和奖励。简言之，绩效管理旨在提高个人、团队和组织的效率，实现组织的目标，同时确保对员工绩效进行全面评估和反馈。

绩效管理对组织至关重要，不仅是衡量员工工作表现的工具，而且是推动组织发展的驱动力。

首先，绩效管理确保了组织的战略目标与员工的日常工作紧密相连，使每个员工都明确自己的角色和对组织的贡献。这种明确性有助于提高员工的积极性。

其次，绩效管理为组织提供了持续、系统的反馈机制，使管理层能够及时了解组织的运行状况和潜在问题，帮助组织快速调整策略，应对外部环境变化，确保组织始终保持竞争力。

再次，绩效管理是员工职业发展的重要保障。通过绩效评估，员工可以了解自己的长处和需要改进的地方，从而更好地规划自己的职业生涯。同时，组织也可以根据绩效评估结果，为员工提供更有针对性的培训和发展机会。

最后，绩效管理是组织文化建设的重要组成。公正、透明的绩效管理系统可以提高员工对组织的忠诚度，促进组织内部的团队合作和沟通，创建积极、健康的工作环境。

（二）绩效管理工具

在绩效管理理论和实践演进过程中，代表不同理念和思想的绩效管理工具层出不穷，下文介绍目标管理、关键绩效指标、目标与关键成果、平衡计分卡、360度评估这几种常见的绩效管理工具。

1. 目标管理

目标管理注重基于目标进行绩效管理，强调企业应该与员工共同设定明确、可衡量的目标，并基于这些目标评估员工绩效。其核心理念是员工个人目标和绩效评估必须与组织目标一致，由此才能提升组织整体的绩效及员工的积极性。如何确保员工个人目标与组织目标对齐，有效的方式是让员工参与目标设定的过程，即管理者和员工共同制定清晰明确、易于量化的目标。

目标管理操作流程大致如下：

第一步，目标分解和设定。

各级管理者基于企业的整体战略方向和总体目标，层层分解，确定本部门的明确目标。员工层面，主管领导和员工共同制定员工个人的工作目标，并确保与部门目标一致。例如，某家居设备企业下一年的战略方向是增加15%的市场份额，那么其销售部门的目标就可能设定为"下一年度实现5 000万元的销售额"，由此，销售主管就会将部门目标分解为每个员工各自的年度工作目标，如明确的销售额目标或获客目标。

第二步，目标实施与监控。

确定目标后，就要为每个目标制订详细的行动计划，配备相应的资源、技术，并培训员工使其具备实现目标所需要的技能知识。然后，在整个目标周期定期检查各项工作进展，对目标进行监控。

在上述销售团队的例子中，该阶段销售主管需要为团队制定详细的销售工作方案，分配所需资源，提供各项知识和技能培训，每周或每月检查销售额的变化及与预定目标的差距，并定期为团队成员查找、分析问题，以及提供优化建议。

第三步，绩效评估。

目标周期结束时，管理者需要对员工完成目标的情况进行评估。假设团队内某销售人员预期的年度目标是实现100万元的销售额。经过期末评估,其实际销售额为120万元,即超额完成了目标。当然,仅完成目标是不够的,目标的质量和效率也会被管理者考虑在内。例如,管理者了解到该销售人员在客户服务方面存在一些问题而导致某些客户流失,那么管理者就会认为该员工在客户服务方面还需要改进。

第四步,反馈和奖励。

企业应对员工目标的实现情况给予绩效反馈和奖励。对员工进行绩效反馈,可以使其了解工作中存在的不足,以帮助其弥补。奖励是对员工工作成果的认可,可以激励员工更加努力工作。

2. 关键绩效指标

关键绩效指标(KPI, key performance indicator)是将企业战略成功的关键要素转化为可量化、行为化的一套定量化考核指标体系。该工具为组织提供了明确的业绩衡量标准,能帮助组织确定是否在实现其战略目标上取得进展。

关键绩效指标的优势如下:①为组织提供明确的目标和期望,确保所有员工都知道他们的工作目标;②通过持续监控和评估关键绩效指标,组织可以识别出哪些领域需要改进,从而提高整体绩效;③关键绩效指标为管理层提供了有关组织运营的关键信息,帮助管理层做出更明智的决策;④明确的关键绩效指标可以提高员工的参与度和动力。

然而,关键绩效指标不重视过程把控、内部协同和长期组织能力的培育,容易引发"短期主义"和"唯财务业绩论"。如果关键绩效指标设置不当,员工可能会采取不正当手段来实现目标。为更有效使用关键绩效指标,组织应该确保关键绩效指标与其战略目标紧密相关,并定期对其进行审查和调整。

3. 目标与关键成果

目标与关键成果(OKR, objectives and key results)本质上是一种目标设定和管理方法,本身并没有覆盖绩效管理中的所有方面。很多组织会将OKR与其他绩效管理工具和流程结合起来,创建一个完整的绩效管理系统。

OKR的核心理念是通过设定和跟踪目标,确保员工个人和团队都能够聚焦于最重要的优先事项,并强调透明性、协作和持续反馈。OKR有三个组成要素:①目标是组织或个人希望实现的宏大愿景；②关键结果是与目标相关的一组指标，用于衡量目标的实现程度；③行动计划是对应于每个关键结果的具体任务。目标表述通常清晰、简洁，是关键结果的指引。关键结果具体、可衡量，并有明确的时间设定，为目标提供明确的实现路径。行动计划则是实现关键结果及目标的具体方式。

OKR的流程是一个系统化、周期性的目标管理过程，其典型流程如下：

第一步，设置目标与关键结果。

高层管理团队或领导者首先为整个组织或部门设定明确、有挑战性的目标。基于上层目标，中层管理者和团队成员进一步细化并设定他们的目标，确保与上层目标对齐。基层员工的目标则由员工和管理者共同制定。与目标管理自上而下的目标设定不同的是，OKR中员工个人目标的设定会更注重员工个人的自主性。有些公司在与员工充分沟通组织及部门目标的前提下，允许员工基于公司目标制定自己的个人目标。这确保目标设定更加实际，增强了员工的归属感，提高了员工的积极性。

OKR强调组织和个人应集中精力于少数关键目标，因此一般最多设置5个目标，且每个目标关联3~5个关键结果。与其他绩效工具不同的是，OKR中的目标不一定是量化的，并且强调具有一定挑战性，如设定"让我们的产品成为目标客户心目中的首选"。挑战性目标设定的目的是激发员工的积极主动性和创造力。而关键结果应该是量化、有时间限制的，能够明确衡量目标达成的程度，例如，上述目标关联三个关键结果分别为"目标客群净推荐值达到95%""目标客群市场份额达到50%""某社交媒体平台上产品相关转发破10万次"。

第二步，沟通与共享。

OKR中员工并非被动执行者，而是目标设定的积极参与者。OKR强调员工对目标设定的参与和认同，因此组织目标设定后，会通过OKR沟通会议，确保每个人都了解组织目标。此外，整个公司所有部门和岗位的OKR都通过系统对全公司公开，由此增强团队之间、部门之间的协作，帮助员工构建全局观。

第三步，执行与跟踪。

在OKR周期内，团队和员工执行任务，以实现设定的关键结果。管理者需要定期检查进度，如每周或每月进行一次OKR进度检查，确保目标在正确轨道上实现。OKR

要求不断审查实现团队和组织目标的进度,因此,员工设定短期目标,每周报告进度,每周回顾自己的成就。

第四步,评估与反馈。

OKR周期结束时评估团队和员工的关键结果,看看哪些已经达成,哪些还未达成。与其他绩效工具不同,OKR的结果通常不直接与绩效工资挂钩。团队在评估后会召开反馈会议,讨论成功和失败的原因,以及未来可以改进的地方。

第五步,迭代与更新。

基于上一周期的评估和反馈,为下一个周期制定新的OKR。这是一个持续的循环过程,确保组织始终保持对目标的关注,并不断进行自我优化。

以某互联网公司为例,其采用OKR作为其目标管理流程,每季度开始前,公司制定该季度的目标。随后,公司与员工进行目标沟通,员工基于这些目标制定个人目标。在季度初,员工会公开展示其目标。整个季度中,公司对这些目标进行持续监控。季度结束时,对目标进行评分和沟通,然后进入下一个季度的目标制定和沟通流程。

OKR的优势表现为:①与传统的KPI相比,OKR更加简洁和明确。每个团队或个人最多设置5个目标,每个目标下设3~5个关键结果。这确保了员工不会被大量指标淹没,而是可以集中精力在最重要的事务上。②OKR鼓励公开透明。整个公司所有部门和岗位的OKR都是公开的,这有助于确保所有员工都与公司的整体目标保持一致,增强了团队之间的协作。③员工参与度高。OKR不仅是自上而下的目标分解,而且鼓励基层员工参与目标的制定。这样既确保了目标更加实际,也增强了员工的归属感。

OKR的主要缺点在于适用性局限和对沟通的要求高。OKR更适合高新技术企业和知识型岗位,因为这些公司和岗位的工作内容与目标更加灵活多变。对生产经营稳定的传统制造业,OKR可能不是最佳选择,因为这些公司的工作内容和目标相对固定,不需要频繁调整和更新。OKR强调绩效管理的过程管控和沟通,这意味着管理者和员工要具备较强的沟通能力。在实际操作中,不是所有员工和管理者都能快速理解和实施OKR,这可能会让OKR的推行变得困难。

综上所述,OKR适用于那些需要快速响应市场变化、鼓励创新和跨部门合作、强调员工参与和个人成长的组织。

4. 平衡计分卡

平衡计分卡的核心理念是突破财务指标的局限,为组织提供全面、平衡的绩效评估框架。平衡计分卡包括四个维度:财务、客户、内部流程、学习和成长。财务维度关注收入、利润、投资回报率等传统财务指标。客户维度关注客户满意度、市场份额、客户保留率等。内部流程维度关注组织内部的关键业务流程,如生产效率、产品质量等。学习和成长维度关注员工的能力、技能培训和知识管理。在评估组织绩效方面,平衡计分卡确保组织在追求财务目标的同时,也关注其他非财务关键领域,如客户满意度、内部流程效率、员工的学习和成长等。这种平衡的视角有助于避免组织过于偏重某一方面而忽视其他重要领域。

5. 360 度评估

360 度评估是一种行为导向的绩效评估方法。为实现评价信息客观、全面、可靠,360 度评估的来源包括三个层次:周边反馈,包括上级、同事、下级、内外部客户;组织反馈,即正式任务环境下的团队评价;自我反馈。

通过对被评价者全方位、多维度评估,将结果反馈给员工,帮助员工了解自身在哪些方面存在不足,以开发员工潜能、塑造员工行为、提高工作绩效。操作时注意:评价维度要明确,评价方式要民主,评价权重要有所差异,关联长期发展而非短期绩效。

(三)数字化绩效管理的价值

传统绩效管理存在过于主观、时效性差、缺乏灵活性等问题,一定程度上不利于组织在数字时代的竞争和发展。数字化绩效管理能够很好地解决传统绩效管理面临的问题,利用先进技术和工具,如数据分析、人工智能和自动化流程,为组织提供实时、精确和客观的绩效数据。这种即时的数据访问使管理者能够更快速、更灵活地做出决策,并为员工提供及时反馈。此外,数字化绩效管理还提供了个性化的绩效跟踪和目标设置,使员工能够根据自己的需求和能力进行自我管理和激励。这种方法减少了人为偏见和误差,提高了绩效评估的公正性和透明度。最重要的是数字化绩效管理能够与其他数字化人力资源工具和系统无缝集成,为组织提供全面、统一的人才管理解决方案，从而提高整体的人力资源管理效率和有效性。

（四）绩效管理软件

绩效管理软件是用于支持绩效管理过程的具体应用程序或平台，大致可分为以下几类：

1. 专业绩效管理平台

这类软件专门为绩效管理设计提供了一系列工具，帮助组织设定、跟踪和评估员工的绩效。与综合性人力资源管理系统中的绩效管理模块不同，这些工具更关注绩效管理的具体方面，如目标设定、360度评估和发展计划。某些软件会提供强大的目标跟踪和绩效评估工具，帮助团队和个人更好地了解自身的工作进展和成果。此外，这些平台通常具有较强的可定制性，允许组织根据自己的需求调整绩效管理流程。

2. 支持 OKR 方法的绩效管理平台

这类软件为支持 OKR 方法而设计，帮助组织设定明确、可衡量的目标，并跟踪关键结果的进展。使用 OKR 方法的组织通常更加注重结果和创新，而这类软件提供了必要的支持和工具。

3. 实时绩效管理解决方案

在快速变化的商业环境中，实时反馈和沟通变得越来越重要。这类软件强调实时绩效管理，提供了一系列工具，实时追踪员工任务完成情况，支持员工之间的即时交流，从而实现快速的绩效管理。此外，这些平台提供了一系列数据分析和报告工具，帮助组织更好地了解绩效管理的效果。

（五）绩效考核软件基本操作

1. 基础设置

要在绩效管理系统上执行绩效管理全流程，需要先在系统中设置公司的绩效考核体系，包括以下几方面内容。

（1）满分分值设置。

【满分分值】常规情况下考核评分为百分制，即 100 分，如果有特殊情况可以点击【修改】，设置为其他分值。

【评分步长】是最小评分单位，如评分为1、2、3、4…，步长值就是1；如评分为1.5、2、2.5、3…，步长值就是0.5。

（2）设置等级分布规则。等级分布规则决定了公司绩效分布的方式，常见的两种分数分布规则包括按分数评定等级和按排名强制正态分布。

【按分数评定等级】预设好各等级对应的分数分布区间，考核任务在得出最终分数后会自动生成等级，可根据实际情况进行"编辑"调整。

【按排名强制正态分布】该方法是根据正态分布原理，预先确定评价等级及各等级在总数中所占的百分比，然后按照被考核者绩效的优劣程度将其列入其中某一等级，可根据实际情况进行"编辑"调整。

2. 配置考核指标

绩效考核指标是绩效考核体系的关键内容，企业需要根据战略目标、组织结构、岗位设置等制定合适的绩效考核指标，然后在"指标库"中选择"新建指标"录入这些指标，以供后面设置绩效考核模板时使用。新建考核指标如图1-15所示。

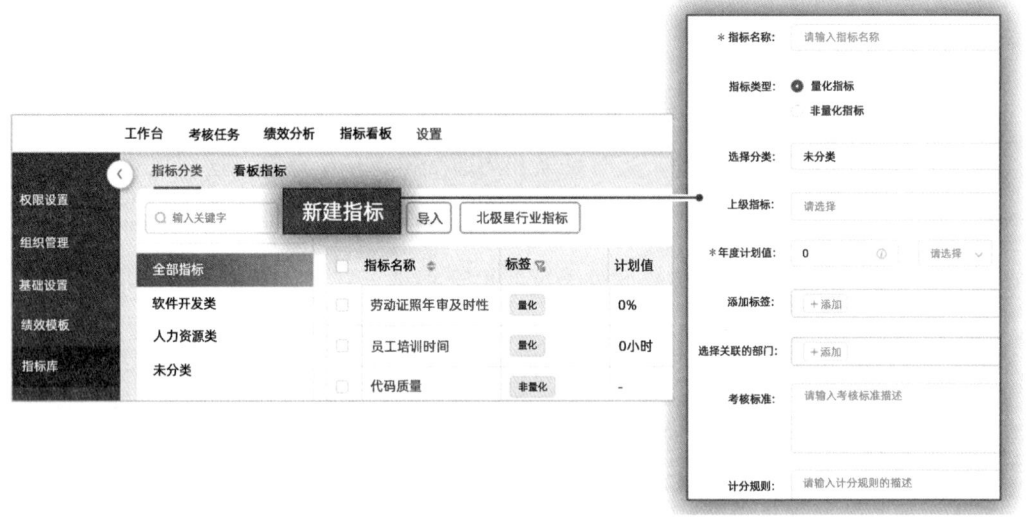

图1-15 新建考核指标

【指标类型】分为量化指标和非量化指标，工作中关键行为及无法设定数量化绩效目标的工作结果，设计为非量化指标。

【考核标准】用于确定指标的评价标准以及信息提供者。

【计分规则】用于确定指标的计算方式、公式。

【设定目标值】用于设定指标的目标值，如销售额的目标值为1 000万元。

【完成值录入人员设置】可以由"被考核人录入"或"指定人员录入"，非量化的指标可以选择"不需要录入"。

3. 创建绩效模板

录入好考核指标后，需要将绩效考核的相关规则配置到绩效考核模板中，包括绩效考核周期、被考核者/考核者、考核流程、考核内容（指标）等，便于考核管理员通过绩效考核模板快速发起考核任务。根据业务需要，不同的部门、岗位、员工都可以配置不同的绩效考核模板。绩效考核模块如图1-16所示。

图1-16　绩效考核模块

（1）设置基础信息。配置绩效考核目标的第一步是设置基础信息，包括考核周期、评分流程、考核人、被考核人等内容。

【考核周期】指多长时间对员工进行一次绩效考核，一般可以分为月度考核、季度考核、半年度考核和年度考核。另外，可根据企业行业的不同，选择自定义考核周期。

【模板类型】指考核人与被考核人之间的互评关系，评价人一般包括上级、同事、下级、自己。

简易模板：自评＋上级评

360模板：自评＋互评（同级，下级评价）＋上级评自定义模板：支持对不同指标使用不同的评分流程，例如，指标1：自评+上级评；指标2：自评+互评+上级评；指标3：指定人员评。

【考核任务发起人】设置考核任务的发起人员。

【默认被考核员工】可以按照部门、角色、员工指定该考核任务对应的被考核人，也可以设置不参与考核的指定人员，如公司的实习生。

（2）配置考核指标。选择合适的绩效考核指标、明确各指标的权重、制定客观的评价标准，是考核指标设计的关键环节，配置考核模板时需要选择对应的绩效考核指标。

1）配置指标规则。可以通过"修改设置"修改考核指标规则和考核指标，包括指标类别权重、满分分值、评分分值范围、基准分。修改考核设置如图1-17所示。

图1-17　修改考核设置

2）指标类别权重。可开启或关闭"类别权重参与指标计算"的规则。如【关闭】该项规则时，考核总分的计算公式为：∑指标得分×指标权重。如【开启】该项规则时，考核总分的计算公式为：∑指标得分×指标权重×类别权重。开启类别权重如图1-18所示。

【满分分值】可选择跟随系统的分值配置（系统分值参见上述"基础设置"中的"满分分值设置"），也可以单独为此考核模板配置满分分值。

【评分分值范围】0~100分：每项指标打分为0~100分；0~100×指标权重：例如，某指标权重为10%，那该指标的最终分数是1~10分。

开启类别权重的示例

类别名称	类别权重	KPI指标	指标权重	指标得分	指标加权得分
业绩绩效	60%	出勤	20%	60	60 x 20% x 60%=7.2
		销售业绩	60%	80	80 x 60% x 60% = 28.8
		客户转介次数	20%	100	100 x 20% x 60%=12
		小计	100%	–	48
行为考核	40%	客诉完结率	50%	80	80 x 50% x 40%=16
		领导力	50%	100	100 x 50% x 40%=20
		小计	100%		36
合计	100%	考核总分：∑ 指标得分 x 指标权重 x 类别权重 =84			

图 1-18　开启类别权重

【基准分】可为该模板设置一个基准分，所有该考核模板对应的考核打分从基准分起算，考核总分 = 基准分 + 实际打分。

3）配置指标类别。指标体系由普通类别、加分类、减分类和工作事项组成。普通类别指考核对象为 KPI 指标；加分类指标用于对某些需要奖励事项的考核，需要根据事项的性质给予加分以进行奖励，如"业务改善及有效建议""工作创新"等；减分类指标用于对一些重要前提事项（必须完成的事项或不能发生的事项）的考核，如"责任客户投诉次数""涉税事项"等；工作事项是考核对象为被考核人自行添加的工作事项，如"辅导 16 位新员工完成入职培训""协助完成销售部门内勤工作"等。

4）添加指标。指标类别设置好后，在每个类别下添加对应的绩效考核指标，可以在"指标库"中进行挑选。

（3）配置考核流程。绩效考核流程是绩效考核模板的重点，涉及确认考核任务、执行考核任务、考核任务评价和考核结束四个子流程，且需要分别设置，配置考核流程如图 1-19 所示。

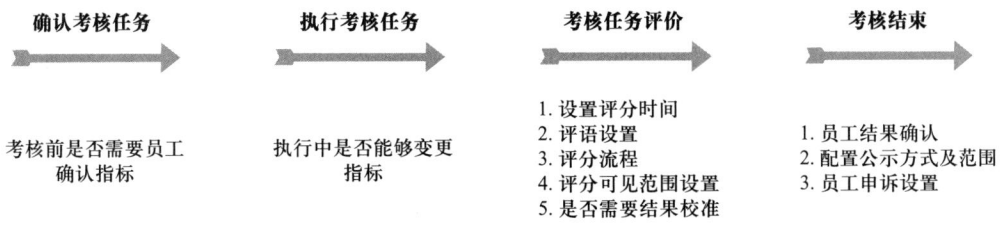

图 1-19　配置考核流程

1）确认考核任务。绩效管理要想达到程序公平，就要保证每一个程序都是公平的，程序的公平和结果公平同等重要，所以选择指标和设定目标值时，应让被考核人参与指标确认。

2）执行考核任务。当执行过程中考核项有变动，希望灵活修改时，可选择开启变更指标功能。

3）考核任务评价。根据在配置绩效考核模板时选择的模板类型，在评分环节将会显示对应的评分流程。可以选择开启或关闭自评分，同时可以设置上级评分参与人、权重、结果校准等规则。

4）考核结束。考核结果的确认可以设置截止时间和是否需要公示、申诉。

完成对上述绩效考核模板配置的操作后，该模板便可以直接发起考核。

4. 数字化绩效考核执行流程

在系统上完成基础配置、创建好指标与考核模板后，就可以通过系统开展绩效考核的全流程操作。

（1）发起考核任务。首先针对被考核人发起考核任务，并选择对应的绩效考核模板、考核时段、参与被考核的员工。

绩效考核任务发起后，就开始进入正常的考核流程。考核流程包括考核指标确认、考核任务执行、考核评分和校准、考核结果确认四个阶段。

（2）确认绩效指标。配置绩效考核模板时，若选择了指标，则发起考核任务后，被考核人将会收到考核指标确认的提醒，并在系统中加以确认。被考核人可以修改目标值、完成值等选项。

如果配置绩效考核模板时开启了确认指标并设置了审核人为上级主管，那么发起考核任务后在指标确认阶段，被考核人核准后还需要主管对核准后的内容进行审核，主管可选择核准或驳回，如图1-20所示。

（3）执行考核任务。绩效管理过程中，只有实时刷新和跟踪绩效指标执行进度，才能有效保证绩效目标实现，被考核人可以通过系统对指标进度进行实时更新和记录，主管也可以实时在线查看和跟踪进度。

第一章　数字化组织管理

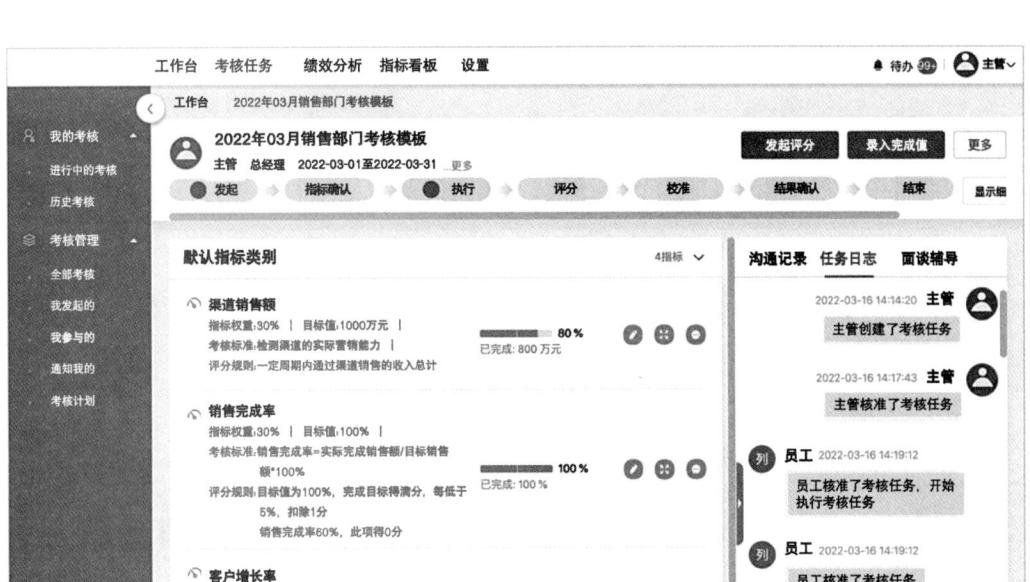

图 1-20　考核指标填写和确定

（4）考核评分和校准。如果配置绩效考核模板时设置了需要员工自评，那么在评分阶段被考核人可以对自己的考核指标进行评分，如图 1-21 所示。

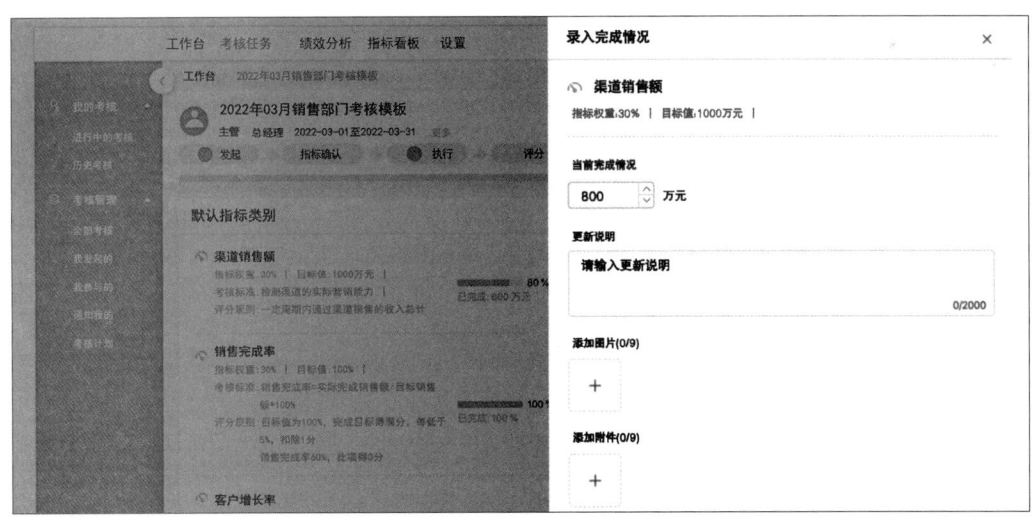

图 1-21　员工自评

被考核人自评结束后，相关评分人将收到对被考核人进行评分的消息提醒。评分人通过系统对被考核人的绩效完成情况进行打分，还可以对每个指标添加评语、上传

065

相关附件。有多个评分人时将按照设置的评分顺序依次进行打分，系统还将按照设置的评分人权重自动计算总分。

评分流程结束后，如果在配置绩效考核模板时设置了需要校准，那么相关人员将会收到校准消息的提醒。校准人可以对被考核人的绩效结果直接进行修订，包括评分校准和绩效等级，系统将记录所有校准记录，以便后期进行跟踪回溯。

（5）考核结果确认。完成绩效评分和校准后，被考核人将看到自己绩效的最后得分和绩效等级，并需要对考核结果进行确认，如图1-22所示。

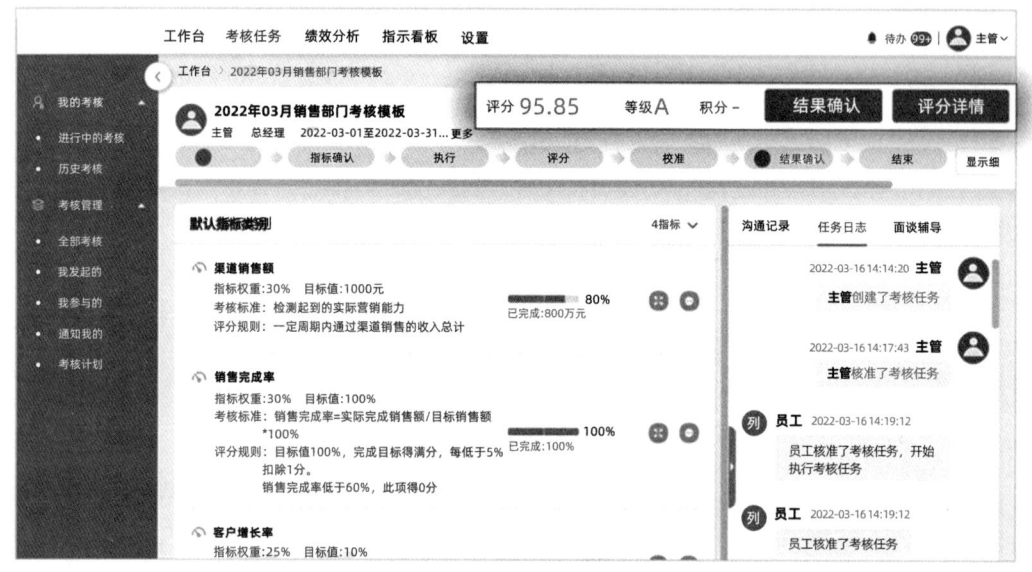

图1-22　员工确认考核结果

如果在配置绩效考核模板时设置了可以申诉，那么被考核人可以对不满意的考核结果进行申诉，填写申诉理由并提交。

5. 绩效结果分析与应用

绩效管理系统将记录所有绩效过程中产生的绩效数据，并从不同维度进行分析和可视化呈现，为管理者提供管理决策支持。

（1）员工绩效档案。可以按照部门、角色、任务进行绩效档案的汇总，并可根据考核任务完成数、考核任务次数、累计平均分等进行排列。

（2）考核结果分析。可以按照部门、角色、任务进行绩效结果的汇总和分析，从考核等级分布、考核分值分布、员工绩效排名、部门绩效数据等不同维度呈现数据分析结果，如图1-23所示。

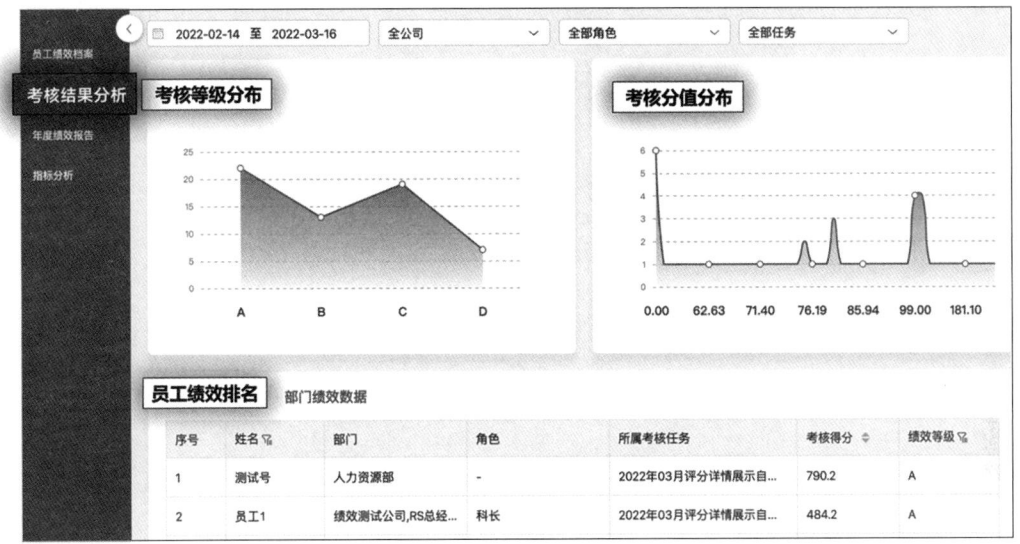

图1-23　考核结果分析

（3）年度绩效报告。以全年维度查看绩效报表，可以看到所有员工的年度绩效分值、各个月度绩效分值，如图1-24所示。

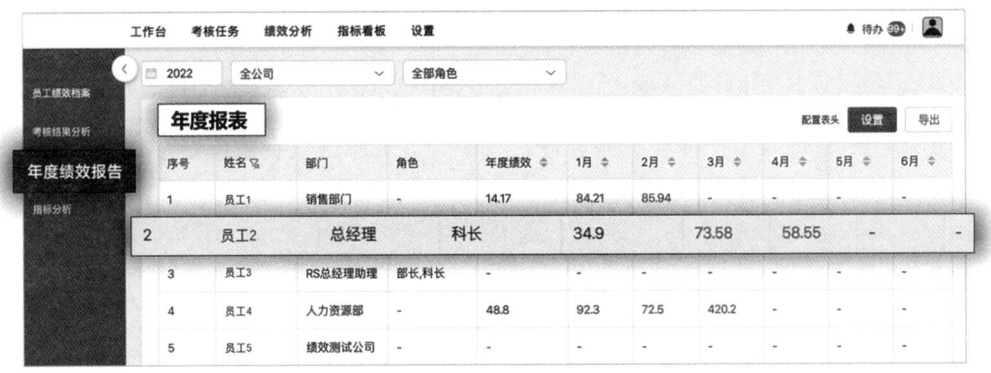

图1-24　年度绩效报告

（4）指标分析。可以按照部门、角色、项目进度基线时间进行绩效指标的汇总和分析，从指标分值分布、指标完成值、指标分值排名等维度呈现指标分析结果。

（5）指标看板。为实现绩效目标与公司战略目标的高度融合，可在看板上显示部

分绩效指标，实现从公司战略目标到部门绩效指标，再到个人绩效指标的穿透，更加直观地呈现出公司战略目标的实现路径和绩效指标的完成情况。

第三节 综合实训

实训时长：90 分钟

（一）实训目的

1. 掌握上下级组织实现总公司和子公司之间的组织架构关联。

2. 掌握通过函数自动计算复杂考勤数据的方法。

（二）实训内容

某投资集团公司旗下的 26 个子公司分布在省内不同区域、不同业态，总公司目前有 300 余人，另有 1 400 余人分布在各个子公司内，集团实行人、财、权统一管理机制，集团统一管理人事任命、财务管理，其中人力资源部负责整体数字化组织架构构建及集团考勤薪酬核算。目前公司面临的问题是：如何让集团公司能够看到 26 个子公司的人员情况，并实现快速找人和办公协同？子公司的人事任命、用印、报销等核心流程，如何通过集团公司的数字化工具进行高效管理？

另外，全集团 1 800 余人的考勤管理非常复杂，特别是特殊的考勤数据计算，如特殊餐饮补助、加班工资、统计加班额外晚餐补贴。人力资源部希望能自动计算这些特殊考勤，降低人工计算的差错率，报表下载后即可使用。

1. 集团公司与子公司之间的组织关联

有上下级关系的组织可以使用【上下级组织】进行组织关联，使集团与子公司绑定为一个组织体系。

（1）打开数字化管理平台，找到【通讯录】，点击通讯录的【管理】按钮，页面跳转至通讯录管理页，下滑可以看到【上下级组织】功能按钮，如图1-25所示，点击该按钮，页面跳转至配置界面。

图1-25　上下级组织

（2）上下级组织的关联关系分为"主干组织""分支组织"两部分，"主干组织"指的是主体组织，这里可理解为集团，"分支组织"即其他和主干组织有关系的分支机构，在这里可理解为子公司。集团公司统一管理的视角中，点击配置界面中的【我是主干企业】，即可邀请分支组织建立关联；如操作人员是子公司，则需要选择【我是分支机构】并加入，同意邀请，则可形成基于主干组织的"集团－子公司"沟通协作体系。

（3）点击【我是主干企业】，可以看到组织可关联的人数额度，在页面下方，有【邀请关联】的功能按钮，点击该按钮，跳转至企业专属的"邀请分支组织进行关联"二维码，可邀请分支组织的管理员扫描该二维码进行关联；或者点击【分享】按钮，将此二维码分享到子公司组织架构管理员处，管理员点击进行关联。

（4）子公司有权限的管理员扫描二维码或者点击关联组织的分享按钮，选择自己所属的公司提交，主干组织管理员审核通过后，分支组织成员将自动加入主干组织。

（5）"分支组织"完成以上步骤，提交申请后，"主干组织"的管理员需要在"上下级组织"管理页面内进行审核。管理员点击通讯录的【管理】按钮，页面跳转至通讯录管理页，点击【上下级组织】，页面跳转即可看到"分支组织"的申请，管理员点击【同意】,选择该分支在"主干组织"架构的位置,并设置别名,如"一公司""二公司"等,点击【完成】即可完成组织关联。在该页面内,可以看到组织关联的"分支组织",以及分支组织的人员数量情况。如果需要解除关联,点击【分支组织】即可调整上级部门,以及通讯录查看权限。

(6)上下级组织关联完成后,"主干企业"的通讯录会显示所有"分支组织"的名称及组织架构内部门分布、人员数量,实现通讯录互通;同时,"分支组织"也可访问"主干组织"的工作台,使用相关应用,如公告、审批等,实现工作台及应用互通;集团公司和子公司之间找人也变得简单,可以访问上下级的所有通讯录,搜索员工姓名或者工号找人。

2. 特殊考勤数据的自动化计算

(1)打开数字化管理平台的"工作台",点击【考勤打卡】,在"考勤打卡"功能里面找到【考勤统计】中的【报表设置】,需要在"报表设置"中找到【字段管理】,完成字段、函数公式的自定义编辑;依次点击【报表设置】【字段管理】,页面跳转进入字段管理界面点击【新增字段】即可自定义考勤字段名称,如图1-26所示。

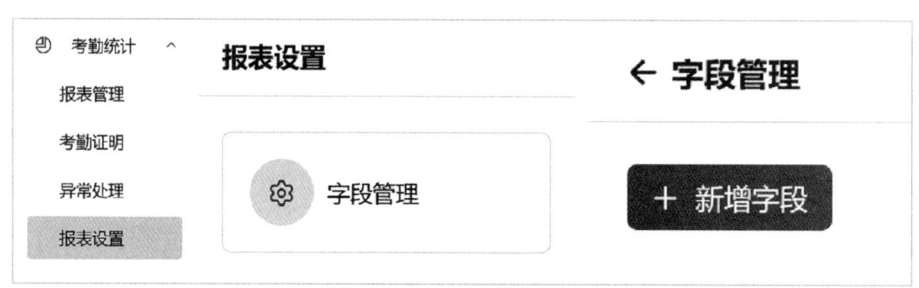

图1-26 字段管理

(2)在"新增字段"页面点击【进入考勤专家模式编辑】,页面跳转后,可见"自定义公式"界面分为两个区:左边是"编辑区",右边是函数区,由"运算符""字段""函数"构成,自定义公式如图1-27所示。

(3)点击【新增字段】,输入名称为"加班计算",输入字段说明为"加班时长计算规则",点击【字段分组】的空白框,选择分组为"加班统计",点击【进入考勤专

图 1-27 自定义公式

家模式编辑】，依据以下格式编写公式："#加班时长#（小时，工作日，全部）*1.5 + #加班时长#（小时，休息日，全部）*2 + #加班时长#（小时，节假日，全部）*3;"，如图 1-28 所示。

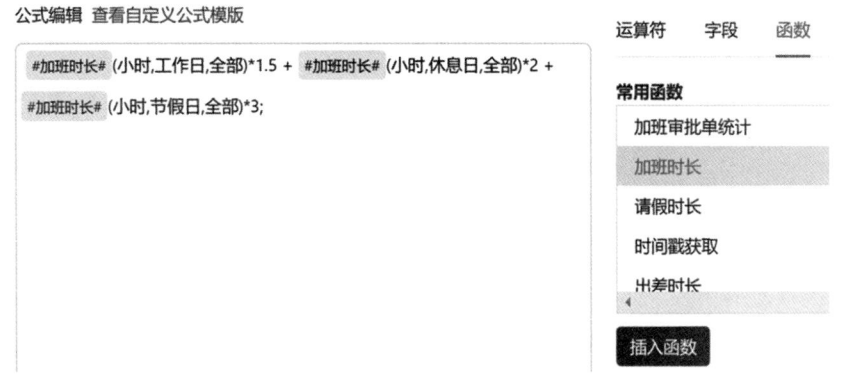

图 1-28 公式编辑

点击【新增字段】，输入名称为"加班餐饮补贴"，字段说明改为"下班时间晚于 17 点且加班超过 2 小时，发放额外晚餐补贴"，同时将"分组"设置在"餐饮补贴分组"，点击【进入考勤专家模式编辑】。依据以下格式编写公式，如图 1-29 所示。

```
if((#加班时长#(小时,所有类型,全部)>=2) and (#时间比较#(最晚打卡时间,小于等
于,"19:00"))){
return 1;
}
return 0;
```

图1-29　函数编辑

（4）完成函数编写后，自定义字段会出现在序列中，此时，需要把自定义字段添加到考勤报表中，使其能够自动生成数据，并呈现于考勤表中。点击【考勤统计】中的【报表管理】，找到"月度汇总"，点击【编辑】。页面跳转到编辑报表界面，点击【添加列】，在【关联字段】中依次添加上述环节两个自定义计算字段，选中字段后，点击【保存】，将这两个字段添加到报表中，并调整合适的位置，点击【保存】即可完成自动生成自定义考勤报表，如图1-30所示。

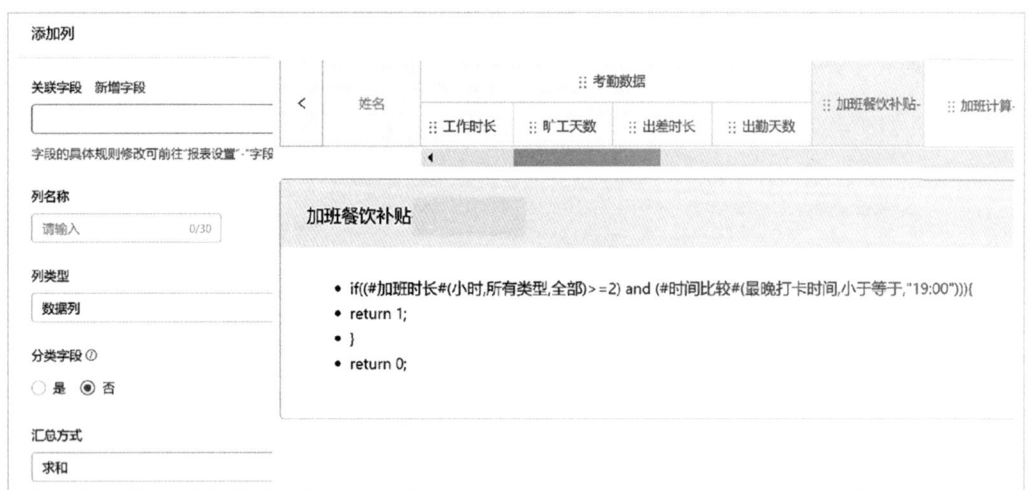

图1-30　字段添加至考勤报表

【思考题】

1. 为什么说组织架构应该与企业战略对齐？
2. 请思考并描述在数字化时代，组织可能需要进行哪些架构上的调整，以适应快

速变化的市场和技术环境。

3. 结合具体案例分析数字化考勤管理的优势。

4. 结合具体案例分析如何为组织选择合适的薪酬管理软件。

5. 结合具体案例分析绩效管理软件的实际应用步骤。

第二章
数字化沟通管理

数字化时代,越来越多的组织通过搭建数字化沟通管理体系,打造沟通与协同深度融合的场域,从而改善组织工作关系,提升组织的整体运行效率。

数字化沟通平台汇集多种沟通媒介,融合多种沟通方式,打造扁平化、去中心化的组织沟通场景,是数字化时代组织沟通协同的新方式。通过沟通群内置专业性高、种类丰富的群插件和智能机器人,数字化沟通平台能够满足组织沟通的多样性和个性化需求,并通过层层加码的安全设置,保证组织沟通中的信息安全。

本章详细阐述数字化沟通平台应包含的具体内容和适应场景,总结其在文化场景、工作场景和业务场景中的创新实践经验。在沟通数据安全问题上,本章重点阐述数字化沟通安全的管理办法和系统设置。

- **职业功能:** 打造统一沟通平台,建立安全沟通环境
- **工作内容:** 根据组织沟通的实际需求进行个性化信息分层,并根据不同的沟通场景进行细分,提升工作专注力;通过软硬件相结合及人工智能的应用打造统一化沟通媒介,降低沟通中的内耗成本,提升组织沟通协作效率;运用信息加密技术,配合安全沟通机制,建立组织沟通安全屏障
- **专业能力要求:** 理解数字化沟通平台及其核心功能的设计逻辑,分析企业内外协作的沟通场景诉求,熟练应用群机器人及消息

组插件,熟练配置各类沟通工具组合

- **相关知识要求:** AI+组织社交知识、熟悉新时代沟通场景细分中的管理知识(如组织文化建设、工作沟通群管理知识、业务沟通群管理知识等)、沟通风险防范和管理知识

第一节　建立沟通平台

沟通是企业内部凝聚的助推器，也是企业与外部环境建立联系的桥梁，沟通与整个管理工作息息相关。在数字化技术飞速发展的今天，如何实现数字化技术赋能沟通，打造沟通与协同深度融合的场域，从整体上提升组织运行效率，是值得不断思考的问题。

数字化沟通平台将跨应用、跨平台的软件通知消息集成于同一页面，具有配置、通知、推送功能。本节重点从沟通平台建设的意义及其推送信息功能的概述两个维度进行阐述，帮助读者初步构建对数字化沟通平台的认知。

一、沟通平台建设意义

沟通平台建设意义主要体现在促进沟通一体化，实现跨时间、跨地点的可视化及助推沟通高效化三方面。

（一）促进沟通一体化

沟通作为信息共享的关键，是管理过程中极其重要的环节。随着经济社会的不断发展，实现沟通的方式与媒介也趋于多样。大型组织可以使用纸质文件、电话、手机、电子邮箱、社交软件及 IM（instant message）软件等方式进行沟通，虽然极大程度地满足了组织的沟通需求，但媒介串联和聚集的困难也为沟通管理带来了新的难题，例如，由于组织内各部门对沟通媒介使用习惯的差异，使沟通信息较为分散，从而导致组织内形成无形的沟通屏障，阻碍了组织沟通的整体协同。

如图 2-1 所示，搭建统一的数字化沟通平台，使各类应用和软件入口被弱化，组织内部沟通与外部沟通汇聚于此，有效解决了由沟通媒介种类繁多带来的沟通信息碎片化问题。日常所需用到的沟通媒介及沟通方式可借助该平台得到集中与整合，实现沟通信息传递一体化。同时，借由该沟通平台，可将来自不同沟通对象、不同沟通媒介、不同沟通方式、不同发出时间的全部信息集中呈现给特定个人，使原本碎片化的信息趋于完整集中，避免了登录不同软件查看是否接收到新信息的繁杂过程，有效解决了过去由于信息分散、习惯差异等造成的沟通阻碍问题，实现了数字化技术赋能沟通发展。

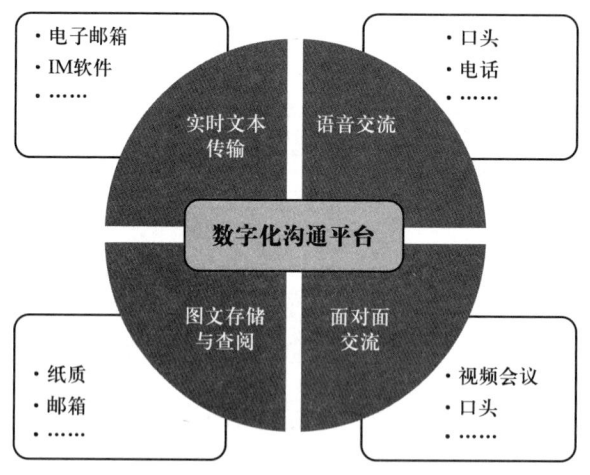

图 2-1　沟通媒介与沟通方式的整合

（二）实现跨时间、跨地点的可视化

信息的发出与接收是沟通发生最关键的两个步骤，信息能否被准确无误接收对整个沟通流程来说至关重要，因而如何处理沟通信息以提升沟通效能是目前亟待解决的关键问题。目前大众普遍使用的沟通工具仅能满足信息简单传达的需求，无法实现对信息的进一步处理。例如，面对一些数量巨大的数据时，信息接收者很难直观地读取信息，甚至会发生信息理解错误的状况，双方数据信息传递的准确性与完整性难以保证，使沟通质量大打折扣。

数字化沟通平台的突出特色之一是可跨越时间、空间界限，运用可视化的方式将抽象事物具体化，从而实现"跨时间、跨地点可视化"。沟通"跨时间、跨地点可视化"流程如图 2-2 所示。信息可视化是一个跨学科领域，其侧重于抽象数据集，能将抽象事物通过可视化形式呈现出来，并且能通过交互式映射方式，提高人的感知能力。数字化沟通平台通过与计算机交互，可跨越时空界限将抽象的数据以一种更直观的方式显示出来，进而增强人们对抽象信息的认知程度。当平台用户发出信息沟通信号时，平台将快速识别信息类型，判断其是否存在处理需求，借助内部的算法技术对传递信息中如数据、代码、表格等抽象信息进行转化，随时随地以文字、图表等更为"可视"的方式呈现给信息接收者，最大限度增强了信息可读性，减少了部分信息在理解过程中的阻碍，从而推动了沟通实现"跨时间、跨地点可视化"。

图 2-2　沟通"跨时间、跨地点可视化"流程

（三）助推沟通高效化

效率是组织发展中最关键的要素，也是每个组织应当持续关注的问题。传统的沟通模式具有传递周期长、传递范围窄等缺点，引发了一系列问题。例如，在采用传统沟通方式过程中，信息自上而下开始传达，需从管理层逐级传递到普通员工耳中，往往经历信息首次传达、书面呈现及员工间口耳相传等步骤，其中的每一环节在信息表述上或多或少掺杂了个人习惯，因此存在严重的信息过滤现象，使传递失真现象频发。这极大阻碍组织工作的流程畅通，导致整体沟通效率低下。

数字化沟通平台基于数字前端和互联网，通过推送卡片和插件的形式，实现随时随地的数据提交与查看，不断创新人们的互动方式。数字化沟通平台主要通过简化沟通流程及拓展沟通网络两个方面协同实现沟通效率的提升。数字化沟通平台可缩短信息传递周期，优化沟通流程，提升信息传递的时效性。一方面，数字化沟通平台可实现沟通的一键传递，使信息能够实时送达，保证了沟通的即时性；另一方面，由于平台作为信息发出者与信息接收者之间唯一的媒介，可有力避免由于层层传达所产生的信息过滤及失真问题，保证了信息的有效性。

数字化沟通平台可拓展沟通网络，满足多样沟通需求。由于平台具有超越空间界限的特点，使沟通不再局限于物理距离的远近，通过数字化沟通平台可与任何想要传递信息的对象进行沟通。同时，数字化沟通平台建立在数字化组织架构上，可同时满足组织内部单向沟通、双向沟通等多种需求，也可进行跨组织的谈判、合作与沟通，满足组织内外所有人际沟通需求和团体沟通需求。

沟通效率提升如图 2-3 所示。

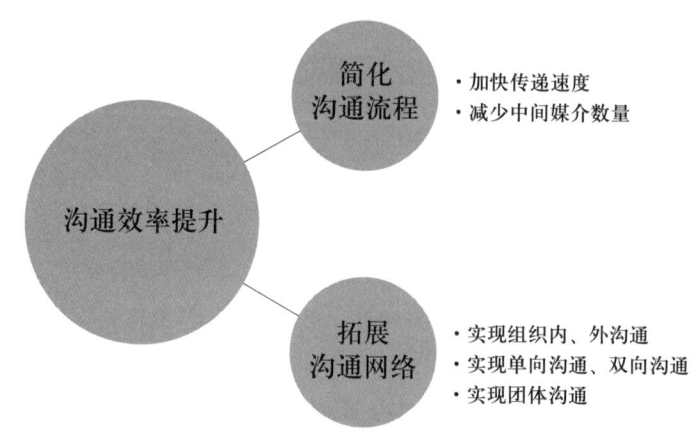

图 2-3　沟通效率提升

二、推送信息功能

数字化沟通平台以数字赋能在帮助组织提高业务敏捷性方面发挥积极作用，其中信息推送功能让组织业务流程更加顺畅，降低了沟通成本。数字化沟通平台基于信息推送系统，利用智能算法、应用工具和搜索系统等，为组织成员提供了互动式参与、结构化集成、协同化作业、智能化检索、差异化接收和精准化推送等服务，各个功能模块之间相互通信、协作，进而使数字化沟通平台更好地实现信息推送服务，促进成员间高效沟通，降低组织交际成本。在数字化转型过程中，通过搭建数字化平台以实现信息自动推送是企业尤为重视的一环。

（一）互动式参与

互动式参与是数字化沟通平台推送信息功能之一，其中较典型的是回复卡片工具，数字化沟通平台通过提供回复卡片，可以让参与者通过选择预设的回复内容进行互动式参与。互动卡片是即时交互、多人协同、数据驱动的轻量级卡片，它能够将原本复杂的应用解构成一个个轻量级卡片在数字化沟通平台的各个场域运行。用户可以在卡片上完成互动协同，提高用户的沟通效率，同时有助于业务更好地触达用户。

在使用回复卡片时，组织成员还可以根据实际沟通情景进行个性化设置。主持人或管理员可以在会议或聊天窗口中设置一些预设的回复选项，设置好回复卡片后，组织成员就可以通过简单点击或滑动选择自己想要的回复内容，然后将其发送到会议或聊天窗口中。这种互动式参与好处在于可以让组织成员更快地表达自己的观点，而且不会出现语音或文字输入时的误解或延迟。同时，通过预设的回复选项，还可以让组织成员对某个特定话题或问题进行更深入的讨论，从而提高沟通效率。

（二）结构化集成

结构化集成是数字化沟通平台推送信息功能之一。通过对平台上各类交互信息进行结构化，并有机集成于平台本身，使得信息标准化、可视化，其目标是建立产品创新的支撑系统和工作平台，主要对企业在设计、管理和制造过程中产生的大量数据进行统一管理，实现正确、高效的数据交换和共享。

首先，在数字化组织沟通过程中，组织借助数字化沟通平台保证了各个部门摆脱信息传输的迟滞性，如图 2-4 所示，数字化沟通平台将组织中各个部门的信息进行互联互通，打破各个部门间的信息壁垒。此外，数字化沟通平台进一步打通了打卡、绩

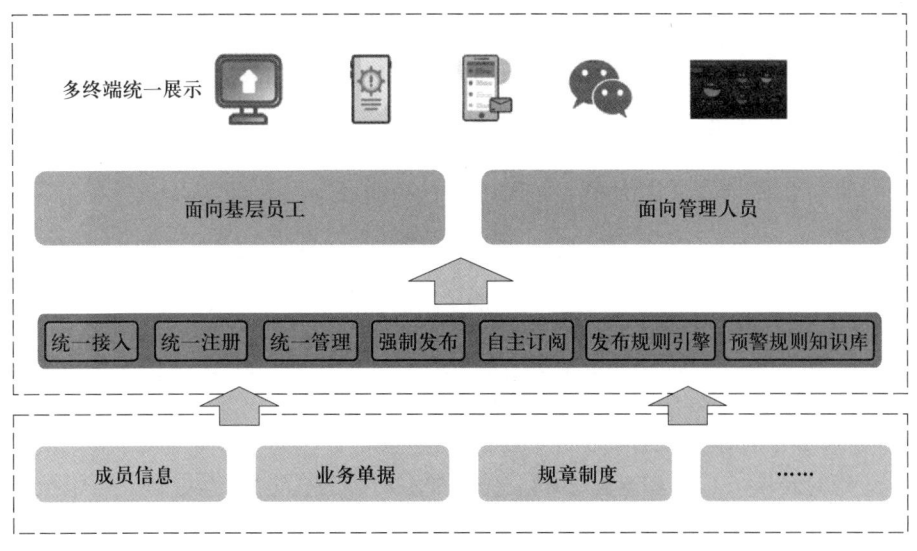

图 2-4　平台信息集成应用

效等辅助性功能模块，促使信息使用者能够掌握尽可能全面、准确的信息，提高决策的准确性和可靠性。数字化沟通平台的应用实现了信息端到端传输，避免了信息在一层一层传达过程中造成的信息衰减。

其次，数字化沟通平台实现了对信息的实时采集，保证信息使用者能够在第一时间掌握各业务的最新消息，以便及时做出符合组织利益的决策。一方面，数字化沟通平台弱化了各类应用和软件的入口，将各类信息集成到群聊中，通过推送卡片和插件形式，随时随地提交数据、查看数据；另一方面，数字化沟通平台通过信息上云的功能，让信息发送者和信息接收者实现了信息同步，保证了信息的实时性。

再次，数字化沟通平台实现了流程信息的可视化，通过精细化的项目运行和管理，打造了透明化的管理方式。组织管理者通过任务栏进入管理页面，点击"新建任务"即可编辑组织成员的工作内容，之后添加执行人并进行项目流程发送。组织管理者可以通过登录数字化沟通平台对项目统计进行流程信息的可视化管理，平台的流程信息以表格形式呈现，并以百分比形式显示其总进度。此外，数字化沟通平台还会形成每一天的流程信息数据，统计项目的完成情况。

最后，数字化沟通平台根据业务需求，将非结构化信息转化为结构化信息，利用不同的规则对原本杂乱无章的信息进行分类，使信息接收者能够从数字化沟通平台更直观、准确地获得所需信息，促进信息有效利用的同时，也便于留存信息。

（三）协同化作业

协同化作业也是数字化沟通平台推送信息功能之一。例如，支持多人在线实时协同编辑的文档便是协同化作业功能的体现，可以让组织成员快速完成内容创作、方案讨论等输出工作。编辑文档时，参与者可以看到其他人的修改和评论，并实时更新自己的文档内容；可以在文档中插入丰富的内容，包括图片、视频、名片、地图、日期等，让文档更加生动、形象。此外，共享文档还支持插入脑图、流程图等绘图工具，让工作文档的表现形式更加丰富多彩，并且平台还支持智能动态更新，可以自动更新文档内容，保持文档的最新状态。例如，在文档中插入的日期会自动更新为最新日期，插入的地图会自动更新为最新地图。

此外，数字化沟通平台新增的划词评论功能，可以让组织成员在文档中选定某个词汇或段落，发表自己的评论或建议，其他参与者可以看到这些评论，并进行回复或讨论，促进团队成员之间的沟通和协作。此外，共享文档还可与平台的其他功能进行关联，如@团队成员、插入群聊、插入项目看板等功能，可以让文档编辑过程变成一次头脑风暴、沟通协作的全过程，让组织在数字化沟通平台内既可协同完成数据收集、分析、展示全过程，也可根据自身业务特点自建模板。

（四）智能化检索

智能化检索是数字化沟通平台推送信息功能之一。区别于传统的信息检索，智能化检索是基于已集成的信息库，信息接收者通过关键词对所需信息进行快速搜索，大大降低了信息获取的时间成本和机会成本，例如，供应链部门需要掌握采购、生产、仓储、销售等各个部门的信息，才能对资源进行协同和调配。基于数字化沟通平台集成的信息库，信息使用者只需要按照生产的关键特征值，对信息进行检索和多重嵌套的组合条件查询，就能够查看供应链各个环节的详细信息，最后通过搜索结果的历史记录，可一键查看对应条件的搜索结果。信息检索功能可以帮助用户在海量信息中快速找到需要的内容。数字化沟通平台组织成员可以在聊天记录和共享文件中按照人员、日期、关键词、主体等条件进行筛选，以查找相应信息。如图2-5所示，平台不仅支持在移动端和PC端上操作，而且支持中文搜索和英文搜索。

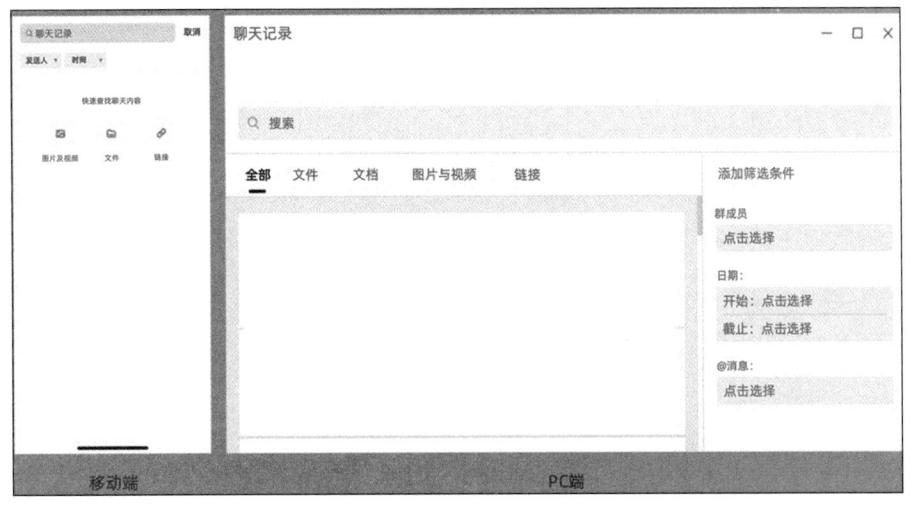

图2-5　平台信息检索功能

此外，数字化沟通平台将组织沟通中有价值的信息收集起来，并进行整理，以便进行后期回溯。如果组织能够有意识地留存日常沟通的有效信息，将来面对相同或类似工作时，组织成员便可通过在共享文件中进行检索，获得所需资料，从而使组织运行越发高效顺畅。例如，小 C 是刚入职公司人力资源部的员工，公司以往对新员工进行一套系统性的培训，这种培训尽管能够起到一定作用，但是费时费力，还无法进行回溯。小 C 面对领导下达的招聘指标及对业务部门岗位职责不明晰的压力，一时间无所适从，而利用数字化沟通平台，小 C 在群文件中通过关键词检索发现了上一任同岗位员工留存的工作文件，其中不仅有其负责招聘岗位详细的岗位说明，而且有公司招聘的相关流程、注意事项及部分候选人的招聘进度等资料。正是得益于这些信息，小 C 才能在逐步摸索中快速掌握人力资源相关信息，完成了个人招聘指标。

数字化沟通平台通过收集组织沟通过程中产生的关键文件和信息，自动完成信息留存工作，并协助组织搭建留存信息的分类和共享云端，保证知识和经验的长期安全储备。

（五）差异化接收

差异化接收是数字化沟通平台推送信息功能之一。差异化接收包括两个方面内容：一方面是对信息的重要程度进行划分，另一方面是对信息类别进行划分。当前组织成员面对庞大信息流时，常觉得无从下手，频繁的信息通知让他们疲于应对，大量冗余信息严重干扰了他们对有用信息的准确分辨和正确选择，"信息过载"成为影响工作效率的重要因素之一。因此，差异化接收在降低组织成员信息处理成本、提升组织效率中发挥了重要作用。

日常工作中的消息，按照消息的重要程度和紧急程度可划分为四种类型：紧急且重要，紧急但不重要，不紧急但重要，不紧急且不重要。对信息接收者而言，将信息进行全盘接收会最大限度分散其时间与精力，数字化沟通平台根据组织成员职责与岗位的不同对信息进行分级，筛选出重要、紧急的信息，保证信息接收者能够及时关注相关消息。

为区分消息轻重程度，数字化沟通平台通过"@我的消息""稍后处理""特别关注"等功能，让组织成员可以通过信息内容、发出人或紧急程度等不同标准划定信息的优先级，并通过区别化的消息通知服务，保证组织成员能够第一时间接收相对重要的消息。

为区别消息缓急程度，数字化沟通平台通过即时提醒消息、重要事务提醒等功能，让组织成员可以通过强提醒、短信或电话等方式紧急联系他人，如通过弹窗、即时提醒消息图标和聊天框闪烁等方式，提醒信息接收者查看。

专注模式是一种对不同属性的沟通进行区分的功能，可以帮助组织成员高效地进行沟通。在专注模式下，数字化沟通平台会自动对好友聊天进行分组，并预置"置顶""单聊""群聊""消息通知"等不同类型。组织成员可以根据自己的需要自定义分组，收纳不同类型的消息，从而解决对话窗口的无序问题。

在专注模式下，数字化沟通平台还提供了一行快捷工具栏，点击对应图标就能快速查看提及、红包、特别关注、文件传输等类型的消息。此外，专注模式还支持分组快速切屏、分组快速改名、分组快速排序、快速移动对话、快速设置对话等功能，可以帮助用户更快速地进行操作，如图 2-6 所示。

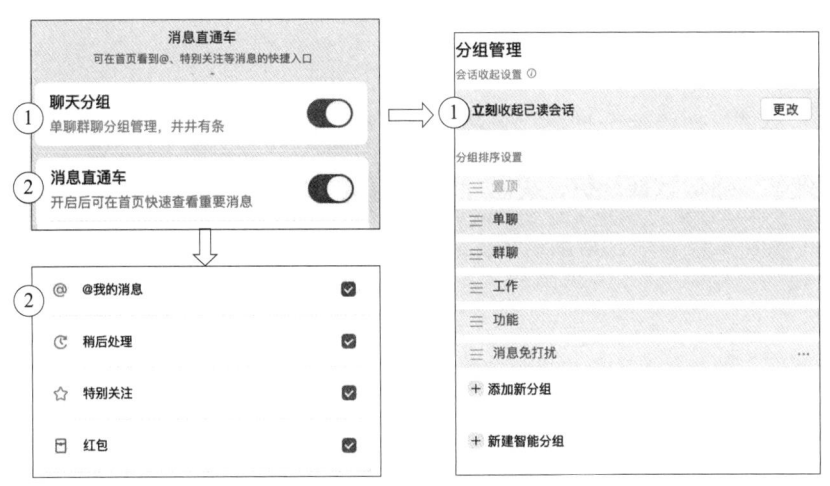

图 2-6 专注消息设置

此外，组织成员接收的信息往往是繁杂的，包括组织成员间的沟通、会议通知、活动推送、组织公告等，信息的快速刷新导致他们容易遗漏重要消息。数字沟通平台基于信息来源、信息类型，将不同类别的信息归纳分组，成员可根据自身需求，将某些类别消息进行折叠，或者通过"消息免打扰"弱化其通知，又或者选择某一时段关闭接收某一类消息。

数字化沟通平台可以保障组织在复杂工作场景中也能高效地找到沟通对象、信息文件和相关组织。一方面提升处理信息的效能，另一方面实现千人千面的信息分类及按需分类。

（六）精准化推送

精准化推送是数字化沟通平台推送信息功能之一。精准推送功能是一种基于用户属性和行为数据的智能推送技术，可以根据不同用户的需求和偏好，将相关的消息、任务等内容精准推送给目标用户。

数字化沟通平台会根据组织成员在平台上的行为和历史数据，为其打造一个全面画像，包括用户的部门、职位、地域、兴趣、偏好等信息。基于成员画像，平台可以将消息精准推送给特定人群。例如，可以根据成员的部门和职位推送相关任务和工作安排，也可以根据成员的兴趣和偏好推送相关资讯和活动信息。除了基于成员画像进行推送，数字化沟通平台具有个性化推送功能，可以根据成员的实际需求推送相关任务、日程、提醒等信息，也可以根据成员喜好推荐相关资讯、课程、活动等内容。

此外，数字化沟通平台具有强大的数据分析与反馈功能，可以对推送效果进行实时监测和评估。通过数据分析，我们可以了解组织成员的兴趣和行为特点，不断优化推送策略，增强推送效果，帮助组织实现高效、精准的消息推送。

第二节 沟通传递信息

越来越多的组织选择使用移动端进行日常工作处理、业务交互、消息发布，以加强组织内部协作，提高生产、服务效率，组织成员也更愿意接受和适应移动端的相关应用。在数字化沟通平台围绕组织流程构建起来的沟通网络，衍生出的"群"不只是一群人的概念，而是"一群特定目的""一群相同角色"的运营工作。组织通过数字化沟通平台，对多种沟通工具、插件等进行组合，畅通了组织内部沟通渠道，增强了消息发布的准确性和即时性，强化了组织流程的可视化管理。

一、群机器人

群机器人是指可以在群内使用的机器人，在当前数字化沟通平台中，群机器人是独立存在的一个应用类型，组织可以直接将其应用于内外部的日常协作，也可以通过技术手段对其进行二次开发，打造符合组织实际的个性化群机器人，且无须和微应用或者群等场景进行强制绑定。在数字化沟通平台中，群机器人可以拥有唯一的 ID，因此开发者可以根据需要创建一个群机器人，或者创建多个群机器人以应对不同的场景需求。在群聊场景中，群机器人可以推送应用通知，为用户提供对话式服务。

（一）群机器人类型

群机器人是数字化沟通平台中的高级扩展功能，可以将第三方服务信息聚合到群聊中，实现自动化信息同步。常见使用场景包括聚合源码管理服务，如 GitHub、

GitLab 等，可以实现源码更新同步；聚合项目协调服务，如 Trello、JIRA 等，可以实现项目信息同步。此外，群机器人还支持 Webhook 自定义接入，可以扩展更多功能，如将运维报警、自动化测试结果报告、工作和生活日程安排等提醒功能聚合到群聊中。根据创建身份权限和复杂度，目前群机器人主要有应用机器人和群自定义机器人两大类。相比群自定义机器人，应用机器人需要进入开发者后台创建，复杂度较高，而群自定义机器人普通用户即可创建，操作简单方便。

1. 应用机器人

应用机器人需要应用子管理员身份，进入开发者后台创建，且创建的应用机器人归属数字化沟通平台，具备应用的全部能力，包括分发、调用 OpenAPI、订阅事件等，是平台推荐和鼓励的最佳形式。应用机器人具有完整的收发消息能力，不仅支持单聊和群聊，而且支持 Stream Mode，开发过程极其简单。此外，应用机器人还支持以应用身份调用全部的 OpenAPI，例如，调用上传图片文件到数字化沟通平台，获得 MediaID 后用于 Markdown 消息中图片展示，支持发送互动卡片消息，具有更强大的消息交互能力，如图 2-7 所示。

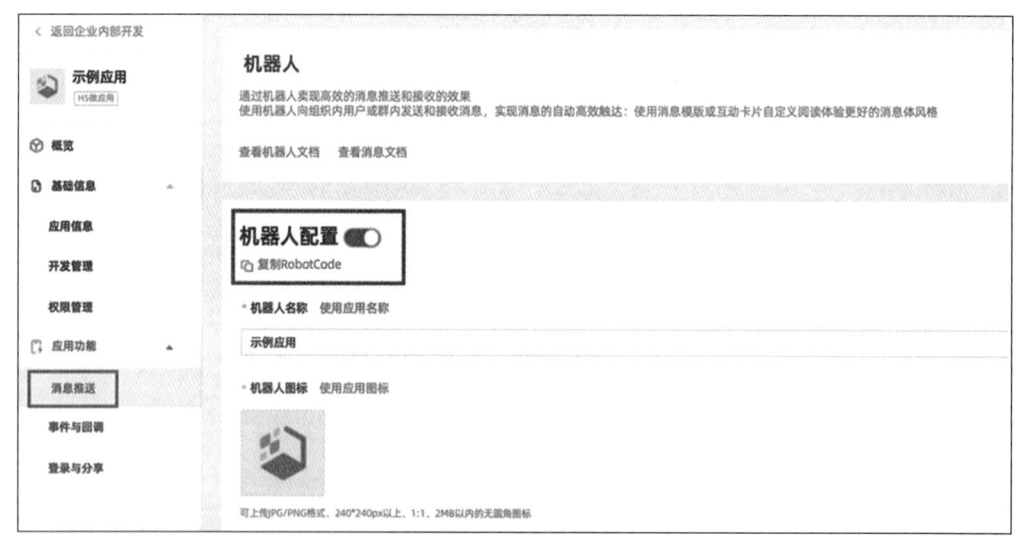

图 2-7 应用机器人

在开发可回复消息的机器人时，可以使用数字化沟通平台提供的 API 接口实现机器人的各种功能，如发送消息、接收消息、处理 @ 机器人的消息等。此外，还可以参考数字化沟通平台提供的机器人开发文档和示例代码。

2. 群自定义机器人

群自定义机器人即群 Webhook 机器人，可以在群设置中创建和管理。群自定义机器人支持在企业内部群和普通群内发送群消息，既不支持发送单聊消息，也不支持通过机器人接收消息。

用户可通过如下步骤创建群自定义机器人：选择需要添加机器人的群聊，然后依次单击群设置＞智能群助手；在机器人管理页面选择自定义机器人，输入机器人名字并选择要发送消息的群，同时可以为机器人设置机器人头像；完成必要的安全设置，勾选【我已阅读并同意《自定义机器人服务及免责条款》】，然后点击【完成】；开启【Outgoing 机制（可选）】；点击【完成】后，该机器人便被安装进群。

数字化沟通平台中的群自定义机器人可以进行安全设置，最多可以设置 10 个关键词，消息中至少包含其中 1 个关键词才可以发送成功。例如，添加一个自定义关键词：监控报警，则这个机器人发送的消息，必须包含监控报警，才能发送成功。

当前自定义机器人支持文本（text）、连接（link）、markdown 三种消息类型，根据自己的使用场景选择合适的消息类型，以达到最好的展示样式。

（二）群机器人应用

群机器人以对话交互形式，通过知识库查询、文本匹配检索、自然语言处理、机器学习等前沿技术，理解用户问题的含义，并且以自然语言的方式回复用户，而如何答复是一种典型的机器人模拟人类推理的过程。

数字化沟通平台中的群机器人应用分为组织内部团队协作、自动化办公流程、数据监控告警及客户服务四类。具体而言，首先，群机器人可以帮助团队进行任务分配、进度跟踪、提醒通知等工作，促进团队协作，提高沟通效率；其次，通过集成各类应用和服务，群机器人能够自动完成一系列办公流程中的操作，如审批、报销、请假等，提高办公效率，降低人力成本；再次，群机器人可以监控关键业务指标、服务器状态等，及时发现异常并给相关人员发送告警信息，帮助企业快速响应和解决问题；最后，群机器人可以实现智能客服功能，回答常见问题、提供产品介绍、解答疑问等，提高客户服务水平和满意度。

以下是群机器人在组织沟通过程中的实际应用场景：

（1）自动回复。群机器人可以根据预设的规则和关键词，自动回复群成员的消息。这在处理常见问题、提供常用信息或接收反馈信息时非常有用。

（2）消息推送。群机器人可以将重要的通知、提醒或公告推送到群聊中，确保群成员及时获得相关信息。

（3）任务分配。群机器人可以根据预设的规则，将任务自动分配给群成员，并跟踪任务的进度和完成情况。

（4）数据查询。群机器人具有数据查询功能，如查询销售数据、人事信息等，帮助群成员快速获取所需数据。

（5）会议安排。群机器人可以协助组织安排会议，包括预订会议室、发送会议邀请、提醒参会人员等。

（6）报表生成。群机器人可以根据预设的模板和数据，自动生成报表，减少重复劳动和人工错误。

（7）投票调查。群机器人可以帮助组织投票和调查，收集群成员的意见和反馈。

（8）签到考勤。群机器人可以协助组织进行签到和考勤管理，提供便捷的签到方式，并记录签到情况。

（9）健康管理。群机器人具有健康管理的相关功能，如定时提醒喝水、伸展运动等，帮助群成员保持健康。

数字化沟通平台中的群机器人对组织沟通效能的提升主要体现在以下三个方面：一是效率提升，群机器人通过担负组织中的重复工作，解放生产力和劳动力，提升组织效率；二是容错提升，人工统计数据存在延迟性和数据差错，改为群机器人后，数据及时性、准确性更强；三是安全管控，传统方式从多个专业网管或综合网管（内网）统计数据后，通过 U 盘进行拷贝，再发送到公网，存在病毒传播、网络安全隐患等风险，现在通过群机器人统一进行安全管控，降低了风险。

二、沟通消息组

沟通消息组指在聊天分组设置中，开启聊天分组后，数字化沟通平台将自行对群聊、单聊进行分组，用于方便成员间的消息沟通和协作。沟通消息组可以是一个企业内的部门、项目组、工作小组等，也可以是跨企业或跨组织的合作团队。在沟通消息组，成员可以通过发送文字、语音、图片、文件等多种形式的消息进行即时沟通，可以创建群聊、发起语音/视频会议、共享文件、链接和日程等。成员可以通过@引起特定成员的注意，也可以使用表情和动态表情等增强沟通效果。同时，沟通消息组还支持群机器人的加入，利用群机器人提供的自动化服务，进一步提升沟通和协作效率。

通过沟通消息组，用户可以更加方便地与团队成员、合作伙伴进行沟通和协作，促进信息共享、问题解决和工作推进。用户以消息来源、消息类型作为依据对消息进行分组。在数字化沟通平台上，用户可以对消息进行分组、新增分组、分组排序等，实现对聊天窗口的管理。沟通消息分组管理如图 2-8 所示。

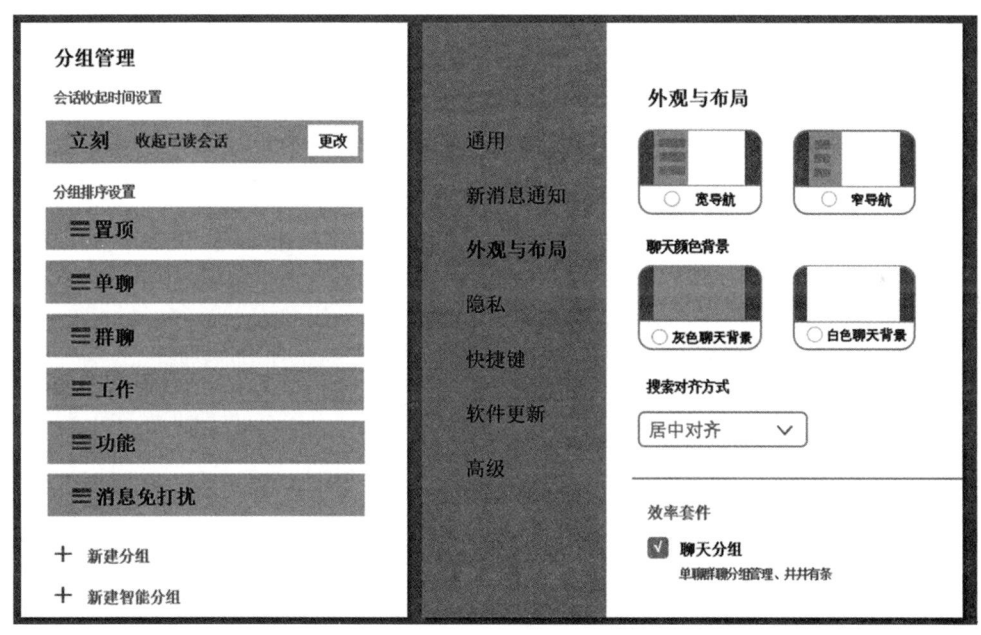

图 2-8　沟通消息分组管理

组织可以通过开启数字化沟通平台的聊天分组功能，减轻会话界面消息过载的烦恼，从而提高信息传递效率。在日常沟通中，对话框中的众多消息让组织成员难以进行快速、精准的查找。此外，在日常工作中，组织成员常常会遇到通知、祝福类等场景。该类场景有一个共同点，用户回复的信息都是重复的，如果大量用户同时回复，瞬间会把第一条关键信息给淹没掉，需要用户手动寻找。如学校老师发通知或者公司发公告，需要群成员回复才能确认谁已收到，这时往往每个人都回复"收到""好的""+1"，产生过多垃圾消息而刷屏，导致用户屏蔽群，后续用户需要"爬楼"才能看到。数字化沟通平台可以自动对消息进行分组，这样用户可以有效地关注相关消息。

当组织达到一定规模时，会不可避免地面临信息过载问题。消息分组的功能解决了企业内部协作方面的问题，让关键信息能在不同团队成员之间快速流通，通过消息分组中的"消息直通车"效率套件功能，将"@我的消息""稍后处理""特别关注""红包"四类消息从各类群中归类汇总后，直达消息首页。组织成员可以及时收取和处理相关的重要信息，助力组织更高效地运作。消息沟通平台效率套件如图2-9所示。

三、消息组插件

在数字化沟通平台中，插件是对已有应用程序或者库的功能补充，不同类型的插件可以满足不同组织的需要，是为应用程序添加全局功能的一种特殊类型的组件。插件在目标应用程序发布时可以不预先包含，而是运行时被使用者注册，然后再被目标软件调用，实现了通过数字化沟通平台预定义接口向已有的平台添加功能。在当前数字化沟通平台中，组件主要分成三种类型：一是软件官方提供的标准组件（如标题、布局、应用列表等），二是企业自建组件（支持客户通过源代码开发），三是三方生态应用组件（客户开通或购买这些应用后，就自动拥有这些组件的能力，可以一键拖拽使用）。

不同的用户可以根据自身的情况和需要选择使用相对应的组件服务。如果是新客户，在数字化沟通平台中自建组件为空，需要通过源代码重新开发。对于官方组件和三方组件，没有技术基础的组织成员也能够即时使用，官方组件是0代码可以快速上手的应用。三方应用组件是组织通过购买对应的三方生态应用而自动拥有的组件能力，组织成员只需要将组件拖拽到中间预览区域，就可以进行发布和预览验收。数字化沟通平台组件如图2-10所示。

图 2-9　消息沟通平台效率套件　　　图 2-10　数字化沟通平台组件

数字化沟通平台提供了不同规范的 API（application programming interface），以资源为中心进行开放，提供更加简单、安全、高效的使用方式。如组织通过数字化沟通平台提供的 API 接口整合组织内部各个系统应用，无须登录 PC 端，就能在统一办公入口处理工作，内部信息传递速度提高了一倍。具体组织可通过申请接口权限并获取 API 调用凭证（access_token），进而调用服务端 API，来实现组织内部不同的需要，如图 2-11 所示。

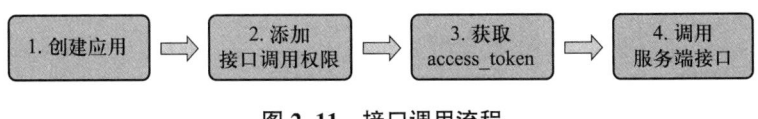

图 2-11　接口调用流程

四、沟通工具组合

数字化沟通平台将沟通和协同放到同一空间，通过搭建统一的系统化沟通协同场域，模糊沟通工具界限，实现了多维沟通方式的有效聚合，使沟通具有快速、便捷、实时、跨地域等特点，从而为用户提供了更高效的沟通与协作渠道，全面推动了数字化时代协作和交流效率的提升。在实际系统平台搭建过程中，如何实现沟通工具的有效组合也是值得搭建者思考的问题。

（一）主要沟通工具特点

数字化沟通平台中沟通工具主要有即时通讯、视频会议、云储存、电子邮件，其功能特点具体如下。

1. 即时通讯

即时通讯是一种终端服务，允许两人或多人使用网络即时传递文字信息、档案、语音与视频交流。即时通讯按用途分为企业即时通讯和网站即时通讯，根据装载对象分为手机即时通讯和电脑即时通讯。在线聊天是一种即时通讯工具，它可以让用户实时发送和接收文字消息，也可以用于在线客服、团队协作等场景。人们日常生活中使用的社交媒体也是一种即时通讯工具，其可以让用户通过文字、图片、视频等方式进行社交和沟通。

2. 视频会议

视频会议是一种远程视频通话工具，可以让参与者实时交流，也可以通过互联网或专用网络，使用视频和音频技术进行远程实时沟通。在视频会议中，参与者可以通过摄像头和麦克风进行视听交流，也可以共享文档、屏幕和白板等资源，以便更好地展示和讨论问题。视频会议已经成为现代商务和教育领域中不可或缺的工具，特别是在新冠肺炎疫情时期，由于要控制疫情蔓延，人们被迫暂停上班、上学等外出活动，于是学校及企业纷纷采取线上视频会议的形式继续开展课程教学及工作任务。目前，视频会议可应用于远程会议、在线教育、远程医疗等多种场景。

3. 云存储

云存储指将数据存储在互联网的服务器上，而不是存储在本地计算机或其他物理设备上。云存储服务通常由第三方提供商提供，并且可以根据用户需求进行扩展和缩减。此外，云存储在提供高度可靠性、可用性和安全性的同时，降低了存储成本和管理成本，它可以应用于文件共享、团队协作等多种场景，目前已经成为企业和个人备份、共享和存储数据的主要方式之一。

4. 电子邮件

电子邮件是一种通过网络传输邮件的电子通信方式，可以包含文本、图像、音频、视频等各种形式的信息，允许用户通过电子邮件地址在全球范围实现邮件的发送和接收。用户只需要拥有一个电子邮件地址和一个可以上网的设备，就可以随时随地发送和接收电子邮件。电子邮件工具可以让用户通过电子邮件的方式进行沟通和协作。这些工具通常会具有邮件收发、附件传输、邮件分类、邮件搜索等功能，以便用户进行邮件管理。目前，电子邮件在商业、学术等领域都得到广泛应用。

数字化沟通平台主要沟通工具特点见表2-1。

表 2-1　　数字化沟通平台主要沟通工具特点

沟通工具	特点
即时通讯	文字交流、图片交流、实时交流、简便快捷
视频会议	"面对面"交流
云储存	文件存储、随时查阅文件
电子邮件	文本图像传输、文件传输、拓宽沟通范围

（二）沟通工具组合分类

数字化沟通平台通过各类工具组合可实现沟通效率的提升。例如，借助数字化沟通平台，使用视频会议进行实时交流，使用在线聊天进行即时通讯，使用电子邮件发送重要的文件和信息，使用云储存进行文件共享和团队协作等，一站式满足使用者的沟通需求。

即时通讯工具的融入为数字化沟通平台奠定了基础，满足了用户的基础沟通需求。即时通讯形式简单、流程快速，是最简单的沟通工具。即时通讯工具让用户之间实现快速的文字、图片、语音信息等的传播，帮助用户之间随时随地实现基本沟通。视频会议及云储存工具是基于即时通讯功能进行优化的。

视频会议的融入拓展了数字化沟通平台的沟通方式，使不同地区、不同国家的用户可在不同时间和地点实现"面对面"交流和协作，使沟通跳脱出纸质、电子等方式。视频会议解决了即时通讯、云存储及电子邮件无法进行"面对面"交流的问题，使沟通更"生动化""形象化",让沟通更加高效。将视频会议与即时通讯组合可丰富其沟通模式,进行更生动的交流,借助平台打破时间、地域限制,进行"面对面"交流。

云储存工具的融入为数字化沟通平台开辟了新功能——储存服务。云储存工具通过用户将文件上传至云端进行文件储存,并使其他用户能在任何时间与地点进行访问,极大程度地保障了信息沟通的畅通,进一步丰富了数字化沟通平台的功能。云储存一方面突破了即时通讯及电子邮件对文件大小和有效查看期的限制,另一方面消除了视频会议无法进行文件分享的弊端,满足了更为多元的沟通需求。将云储存与即时通讯组合可实现相互之间功能的拓展,即时通讯工具对文件的保留时间及文件大小存在一定限制,云储存可弥补这一缺陷,同时可进行文件共享、团队协作等。

电子邮件在即时通讯基础上进一步实现了信息发送对象范围的拓展,是对即时通讯工具的补充与延伸。电子邮件可以实现信息在全球范围内的快速传递,突破信息传递的边界;面对没有对方私人账号、初次向对方寻求合作及帮助等情况时,电子邮件可帮助其建立沟通桥梁,为后续交流开辟道路。将其与即时通讯组合,在满足基本交流需求基础上,弥补了即时通讯与云储存产生信息往来仅限于组织内部或有好友关系范围内的不足;此外,电子邮件还弥补了视频会议无法传输文件的不足,将电子邮件与视频会议组合,可同时实现语音、图文等多种交流需求。

此外,在数字化沟通平台内部还可进行多种沟通工具的随意组合,以满足更多元的沟通需求,具体组合特点见表2-2。

表2-2　　　　　　　　数字化沟通平台沟通工具组合的特点

沟通工具组合	特点
即时通讯、视频会议、电子邮件组合	"面对面"交流、文字交流、图片交流、简便、快捷、文本图像传输、文件传输、拓宽沟通范围
视频会议、云储存、电子邮件组合	"面对面"交流、文件存储、随时查阅文件、文本图像传输、文件传输、拓宽沟通范围
即时通讯、云储存、视频会议组合	文字交流、图片交流、简便、快捷、文件存储、"面对面"交流

续表

沟通工具组合	特点
即时通讯、云储存、电子邮件组合	文字交流、图片交流、简便、快捷、文件传输、拓宽沟通范围、文件存储、随时查阅文件
即时通讯、视频会议、云储存、电子邮件组合	文字交流、图片交流、简便、快捷、文件传输、拓宽沟通范围、文件存储、随时查阅文件、"面对面"交流

五、数字化沟通典型场景

数字化时代，组织功能构建目标主要分为在线交互化、创造群体化及协同网络化，分别对应在线交互场景、群体创造场景、网络协同场景。构建在线交互场景旨在实现组织与成员间业务等的交互在线化；构建群体创造场景旨在激发组织创造力；构建网络协同场景旨在实现组织内外部的有机衔接、交流与合作。作为数字化时代产物之一的数字化沟通平台，综合了多种沟通工具的优点，实现了功能整合，使沟通更加高效、便捷。

（一）在线交互场景

在社会分工越发精细的今天，组织工作越来越强调专业化，也使得大部分工作需要通过彼此合作完成，组织内的交互沟通也就越发重要。面对越来越复杂的沟通需求，组织往往致力于通过数字化沟通媒介，打造中心化程度低的全通道式在线交互场景。数字化沟通典型场景之一便是在线交互场景。

数字化沟通平台搭建起集快速找人、灵活沟通于一体的扁平化在线交互场景，如图2-12所示。快速找人指在沟通开始前，发起者通过信息渠道定位信息接收者。数字化沟通平台从注册/录入流程中获取用户的基础信息、组织架构、职位信息、部门信息、绑定账号等，建立成员搜索信息库，并通过算法智能采集组织成员的个性特征，囊括性别、司龄、日程安排、动态、曾关注和被关注等身份信息和

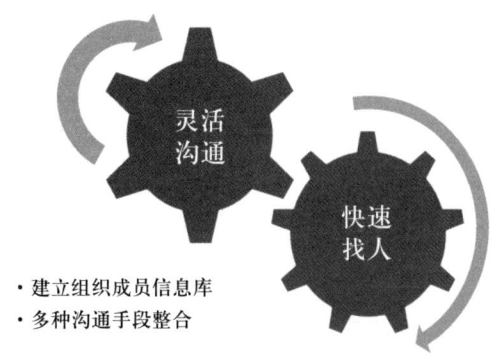

图2-12 数字化沟通平台在线交互场景应用

标签，构建起多元化、精准化的组织成员画像，大幅提高平台找人的效率和准确性。灵活沟通是人与人之间、人与群体之间进行信息传递和反馈的过程。数字化沟通平台将过去文字、语音和视频等线上沟通手段进行整合，打通各环节，保证沟通通畅。

（二）群体创造场景

在行业竞争越发激烈的今天，故步自封、缺乏创新的组织会很快被超越和淘汰。组织需要注重组织内部创造性，通过不断自我革新适应快速变化的社会环境和市场需求。群体创造通过增强组织成员的认同感和归属感，在组织成员间建立相互信赖、相互依存的关系，促使成员对组织产生向心力和凝聚力，也可激发组织活力，促进组织可持续发展。数字化沟通典型场景之一便是群体创造场景。

一方面，数字化沟通平台在满足内部员工基本信息交互基础上，提供了更为开放的群体化创造空间。数字化沟通平台具备多种信息分享功能，构建了丰富的信息传递和交流渠道，搭建起自主化的创意沟通场景，能够为用户营造畅所欲言的群体沟通环境；数字化沟通平台可通过日志和文化广场等方式打通组织上下级的沟通渠道，为组织员工分享经验、寻求帮助、提出创新意见等提供联络空间，致力于打造出学习型和创新型组织，激发创造力；数字化沟通平台可通过各种功能群和网络社区，搭建起扁平化的群体思维碰撞空间，通过话题讨论等方式提出意见和寻求帮助，获取群体的思想启迪。另一方面，数字化沟通平台将组织沟通中有价值的信息收集整理，进行资源整合以激发组织创造力。数字化沟通平台通过收集组织沟通过程中产生的关键文件和信息，自动完成信息沉淀工作，并协助组织搭建沉淀信息的分类和共享云端，避免了沉淀信息因人员流动、设备损坏或误操作丢失，实现资源的高效整合，以提高组织创造力，如图 2-13 所示。

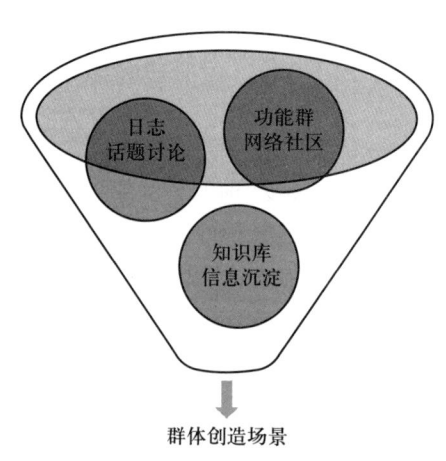

图 2-13 数字化沟通平台群体创造场景应用

（三）网络协同场景

现代社会产业链上下游组织联系越发紧密，跨组织协作也越来越普遍。良好的网络协同可以发挥双方或各方的优势和特点，实现组织间优势互补，缩短组织业务完成周期，更好更快地完成组织业务。网络协同可突破边界刚性束缚，实现高效的组织内外自由、灵活的衔接，实现组织内外的有机合作。数字化沟通典型场景之一便是网络协同场景。

首先，数字化沟通平台通过打造人机结合的翻译模式，打破内外衔接的语言壁垒。数字化沟通平台在提供智能化 AI 翻译工具的同时，也打通人工翻译预约通道，二者相互配合，消除语言沟通障碍，提升协同效率。其次，数字化沟通平台通过建设跨独立业务部门的事业群，建立去中心化的灵活组织，实现内外资源、业务的灵活配置。数字化沟通平台提供专业化的跨组织协作群服务，以帮助解决组织内外协作中遇到的沟通不畅问题；组织可以通过项目任务与不同组织搭建临时项目协作群，也可以将多个工作群一键组合和拆分，实现组织内外协作快速沟通和文件共享，从而打破内外壁垒；也可运用沟通群内置的群插件、智能报表、文档协同等工具，实现对外协同在沟通中开展，进行实时共享，使对外组织协作更顺畅，全面提升对外协作效率，如图 2-14 所示。

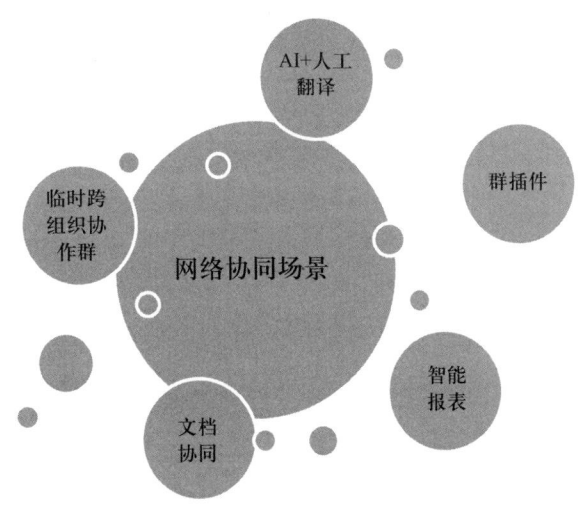

图 2-14　数字化沟通平台网络协同场景应用

第三节 保障沟通安全

数字化时代，在移动互联网、云计算、物联网的发展大趋势下，数字化沟通平台在为用户提供便利的同时，也有一些风险随之而来。一方面，组织原先规整、隔离和单一的工作区办公模式被打破，系统边界从原来封闭的环境变成了开放的环境，组织安全管理难度不断升级；另一方面，随着数字化平台中沟通数据、云端存储数据的不断增加，一旦泄露对企业利益造成的损失不可估量。因此，如何保障数字化沟通平台的安全，成为一个关键问题。数字化沟通平台致力于搭建安全的沟通环境，实现沟通信息的加密，并通过技术与管理双路径赋能，帮助组织有效规避沟通安全风险。

一、沟通安全环境建设

（一）安全沟通环境的重要性

数字化沟通平台作为组织实现数字化沟通的首要媒介，起着至关重要的作用，随着数字化沟通平台在组织中的应用，组织内部的数字化沟通水平不断提高，但同时面临更加严峻的信息安全挑战。组织数字化沟通过程中涉及大量系统应用及大量网络流动数据的共享交换，其中包括各系统之间、各部门之间甚至各行业之间，客户资料、技术资料等高价值数据。

在大数据时代下，安全沟通环境的重要性体现在以下几个方面：

对个体用户而言，安全沟通环境能够保护个体用户隐私。数字化沟通平台在信息安全方面有全面的措施，包括通过密码设置多种身份验证，保证账号安全。同时，数字化沟通平台还允许用户通过开启隐私开关，控制别人是否可以通过手机号码共享查找到自己。这些措施有助于防止信息泄露。此外，数字化沟通平台提供安全清朗的沟通环境，可以减少沟通误会。例如，在聊天时，聊天背景图片带有个人名字的水印，能防止截图和泄漏。此外，数字化沟通平台还提供实人认证，人和名字一致，聊天无须备注，直接以真实人名显示，进行真实对话。这些功能可以减少因身份不明或信息不准确而引起的沟通误会。

对企业用户而言，安全沟通环境能够保护企业用户核心数据。数字化沟通平台提供了详细的登录日志，用户可以查看详细的登录时间、地点，全面保障账号的使用安全。当出现紧急状况，例如，手机丢失时，组织成员可以通过数字化沟通平台进行应急冻结，防止他人恶意使用自己的账号。数字化沟通平台通过对通信内容进行加密，确保只有参与沟通的成员才能解密和查看信息，并且可以识别并过滤敏感信息，如涉及企业核心业务、财务、人员等敏感数据的关键字，或者不安全的文件类型和链接，从而避免用户误操作造成的数据泄露。数字化沟通平台还提供了安全的数据存储服务，可以保证用户数据不会泄露或丢失。这些措施可以保障组织成员的账号使用安全，避免损失。此外，安全的沟通环境能够为企业用户明确信息来源。在数字化沟通平台的聊天记录中，可以查看每一条信息的发送者、接收者、发送时间等详细信息，从而帮助企业用户确认信息的来源和真实性，避免因信息误传或恶意伪造引起的混乱和风险。

对平台而言，安全沟通环境能够维护平台的风气口碑。用户和第三方合作伙伴往往会关注平台的安保措施和用户交流氛围。安全、健康的沟通环境有助于树立平台良好的形象，为其赢得更多的认可和声誉。此外，安全的沟通环境有助于数字化沟通平台营造良好的沟通氛围，也可以减少数字化沟通平台上的一些不良行为，如恶意攻击、诽谤、谩骂等。通过实施严格的管理制度和采取技术手段，可以屏蔽和封禁违规账号，从而营造积极、文明的沟通氛围。用户可在安全、受保护的环境中交流，并确信自己的数据安全。这种信任关系有助于增强用户黏性，提高用户对平台的忠诚度，而且用户可以更专注于交流和分享，不用担心自己的信息会被泄露或滥用。这样的环境有助于提高交流质量，使用户能够更有效地表达自己的观点。在受保护的环境中，用户会更愿意分享自己的见解和经验，与其他用户展开讨论和合作。这种互动和协作有助于提升用户参与度，并促进数字化沟通平台发展。

对互补品提供者而言，安全沟通环境能够为互补品提供者保障合作质量。互补品提供者可以与数字化沟通平台合作，共同为用户提供更全面的解决方案。由于数字化沟通平台提供了安全的沟通环境，互补品提供者可以确信在与平台及其用户进行合作时，数据和信息不会被泄露或滥用，从而保障了合作质量。此外，安全的沟通环境能够为互补品提供者免除泄密风险，这使互补品提供者能够放心地与平台合作，而不必担心遭受信息泄露带来的损失。

（二）各类沟通界面的安全管理办法

1. 加密通信

组织成员为实现安全高效沟通，必须保证信息在传输过程中的安全可靠，可通过数字化沟通平台的信息加密技术，确保数据在传输过程中不被窃取或篡改。具体可通过如下操作对应用进行配置：

（1）配置 SSL/TLS 加密。登录数字化沟通平台后，在密聊页面进行安全设置，启用 SSL/TLS 加密，并进行相关配置，确认配置完成后，保存更改并重新登录。

（2）使用 OTR 加密。在密聊页面中，找到需要进行 OTR 加密的聊天对象，点击聊天对象，进入聊天页面，在聊天页面的右上角，点击【更多】按钮，选择"开启 OTR 加密"，根据提示进行操作，完成 OTR 加密的配置。

（3）使用文件加密传输。选择需要进行文件传输的聊天对象，点击聊天对象，进入聊天页面，在聊天页面的输入框旁边，点击【+】按钮，选择"文件"，在弹出的文件选择页面中，找到需要传输的文件，并点击【加密传输】，根据提示进行操作，完成文件加密传输的配置。

通过以上操作，数字化沟通平台可在通信过程中对数据进行加密，从而保护数据的安全性和完整性，规避沟通中各类信息被截获。

2. 身份验证

在数字化沟通平台上，身份欺骗是组织沟通面临的重大挑战之一，为有效规避身份欺骗风险，可实施如下管理办法进行风险管控，确保组织数据资产安全：

（1）开启实名认证。管理员在数字化沟通平台管理后台找到"组织架构"或类似页面，在该页面找到需要开启实名认证的员工，点击其姓名或头像。在弹出的菜单中，选择【编辑】，进入员工信息编辑页面。在员工信息编辑页面找到"实名认证"选项，点击进行开启。根据系统提示，完成实名认证流程。

（2）配置访问控制策略。管理员可以在数字化沟通平台管理后台，进入"应用管理"或类似页面。在该页面，选择需要配置访问控制策略的应用，点击其名称或图标。在应用详情页面，找到"访问控制"选项，点击进入配置页面。在访问控制配置页面，可以设置允许访问的部门、人员和角色等条件。通过配置访问控制策略，可以限制其他人员对敏感信息的访问权限，从而降低身份欺骗风险。

（3）启用多因素身份验证。管理员在管理后台找到"安全中心"或类似页面。在该页面找到"多因素身份验证"选项，点击进入配置页面。在多因素身份验证配置页面可以选择开启方式、配置规则和通知等相关设置。通过启用多因素身份验证，可以增强登录验证的复杂性和安全性，防止身份欺骗行为的发生。

（4）监控和日志记录。管理员在管理后台找到"监控与日志"或类似页面。在该页面可以查看系统的访问日志和操作日志等信息。通过监控和日志记录，可以及时发现任何异常登录或操作行为，并进行相应处理和调查。

（5）定期审计和更新。管理员应该定期对应用软件进行安全审计和漏洞扫描。及时更新应用软件的版本和相关组件，以修复已知的漏洞。通过定期审计和更新，可以保证应用软件的稳定性和安全性，降低身份欺骗风险。

通过上述管理办法，组织成员可有效减少数字化沟通平台中可能出现的身份欺骗风险，当风险发生时能够及时预警并设计针对性预案，防止进一步可能出现的数据泄露、财务欺诈、病毒传播、网络钓鱼等恶意行为，避免给组织带来严重的损失和声誉损害。

3. 高效沟通界面的管理办法

为更好地实现高效沟通，数字化沟通平台需对安全沟通界面实行如下管理办法。

一是违法信息过滤。根据《中华人民共和国网络安全法》《互联网信息服务管理办法》，平台应设立流程，采取技术手段，及时发现和屏蔽违法有害信息，包括但不限于淫秽色情、暴力恐怖、虚假信息等。平台应配备专门人员进行内容审核和处理，以确保用户在高效沟通界面中能获取合法、健康的信息。

二是广告和营销的管理。根据《中华人民共和国广告法》和其他相关法规，数字化沟通平台应对广告和营销行为进行管理。平台应制定广告投放规范，禁止发布虚假广告、误导性宣传等违法违规行为，保障用户接收真实和适当的广告信息。

二、沟通信息加密

沟通信息加密是指在信息传输过程中，采用一定的加密算法对信息进行加密，以保证信息的安全性和隐私性。加密技术可以将信息转化为一种无法被普通人理解的形式，只有掌握相应密钥的人才能解密并理解信息内容，防止信息被未经授权的第三方恶意窃取、篡改或泄露，保证了沟通信息的机密性和完整性，从而保障数据安全。

沟通信息加密对数字化沟通平台的管理和运营尤为重要。数字化沟通平台通过在终端嵌入软件密码模块，便可从密钥管理服务器获取密钥，并对数据进行解密操作。软件密码模块从密钥管理服务器获取密钥，根据业务场景需要，实现"一次一密、一文件一密钥、一设备一密钥"，也可结合用户输入的口令和密钥服务器发放的密钥，生成新的密钥。数据在终端上传时以密文形式传输，在云端以密文形式存储，密钥服务器私有化部署，实现用户自主掌管密钥。

加密技术通过数字化平台加密和第三方加密实现加密"双保险"，从而保障企业内的数据只属于企业，真正实现公有云上的"局域网"安全。具体如下：

第一道保险是数字化平台加密。通过 AES256 算法加密和 SSL/TLS 加密，采用椭圆曲线算法，依托全链路安全技术，数字化平台实现用户数据从创建到销毁全生命周期加密，如图 2-15 所示。

第二道保险是第三方加密。基于数字化平台入口，采用国密标准算法（即国家密码局认定的国产密码算法），让信息在传输、存储过程中都是加密状态，实现密钥、密文分离。除信息所有者外，任何第三方（包括数字化管理平台）都无法查看，以确保数据安全。

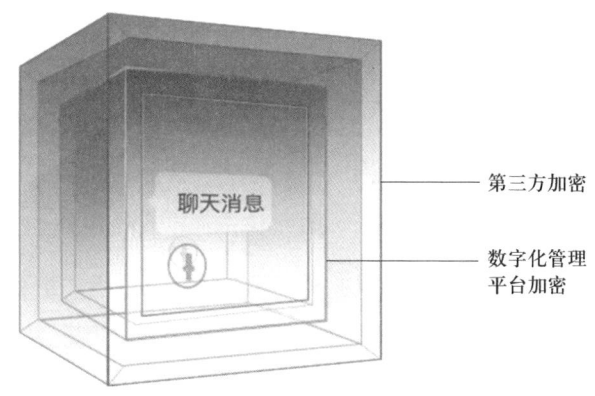

图 2–15　数字化平台加密和第三方加密"双保险"

通过加密技术可实现隐藏电话功能、水印功能、隐藏部门功能和第三方加密功能等。具体如下：

（1）聊天信息全面加密。将加解密 SDK 集成到数字化平台中，配合密钥管理服务器实现通过安全防护技术对数字化平台聊天窗口发送的消息全面加密。

（2）离职人员无法查看历史消息。员工离职后，由于其已经不在组织架构中，密钥管理系统将不再对其下发密钥。离职员工查看在职期间内部消息时将会提示"解密失败"，即无法查看组织任何信息，有效规避组织内部信息泄露的风险。

（3）用户自主更新密钥。使用安全防护技术加密服务后，单位管理员可在管理后台进行密钥更新操作，实现数据由用户自己掌控。密钥更新后，安全防护技术服务器会发送信息给数字化平台云服务器，再由数字化平台云服务器通知客户端重新获取最新密钥。

数字化沟通平台采用的常见的加密技术如下：

（1）高级加密标准（advanced encryption standard，AES）加密。数字化沟通平台使用 AES 加密算法加密数据，AES 是一种对称加密算法，可以通过相同密钥加密和解密数据，使用 AES 加密算法可以更好地保护数据的机密性。

（2）加密套接字协议层 / 安全传输层协议（secure sockets layer，SSL/ transport layer security，TLS）。数字化沟通平台使用 SSL/TLS 协议加密数据传输，该协议通过在客户端和服务器间建立安全通道，使用公钥加密和私钥解密方式保护数据传输的安全性。

（3）安全散列算法（secure hash algorithm，SHA）。数字化沟通平台使用SHA加密算法保护数据的完整性，SHA是一种哈希算法，可以生成一个固定长度的消息摘要，用于验证数据的完整性。

（4）RSA加密算法（RSA algorithm）。数字化沟通平台使用RSA加密算法加密数据，RSA是一种非对称加密算法，使用公钥加密和私钥解密方式来保护数据传输的安全性。

三、沟通安全风险规避

数字化沟通平台一方面通过在技术角度上加大对数字化加密管理软件的应用，提升安全管控能力；另一方面在管理角度上加强制度与机制的配合，助力安全管理实际落地并发挥价值，从而强化组织安全防护系统在信息沟通上多角度、多层面的安全性能，有效规避沟通安全风险。

（一）技术赋能

数字化沟通通过合理使用隐藏部门、限制部门成员查看通讯录等技术功能设置，以保障公司重要业务不泄露、外部合作伙伴不被骚扰、公司内部信息不会被看到等，从而有效防范和规避沟通中可能存在的安全风险。安全沟通管理应用一般包含平台自身的加密系统和第三方安全加密软件，能够将信息内容加密储存在自身服务器上，防止第三方破解企业内部信息，从而提升企业安全管控能力。技术赋能措施如图2-16所示。

（1）架构安全边界。数字化组织架构可以根据项目周期、权责范围和人员性质等，设置架构的安全边界，从而保障沟通安全。

（2）自动添加水印。企业级即时通讯工具会通过添加水印的方式避免个人通过截屏方式泄露信息，强调实名制，避免匿名人员窃取信息。

（3）云盘文件保密设置。对涉及组织重要信息的文件，数字化沟通平台通过组织成员从云盘下载文件和上

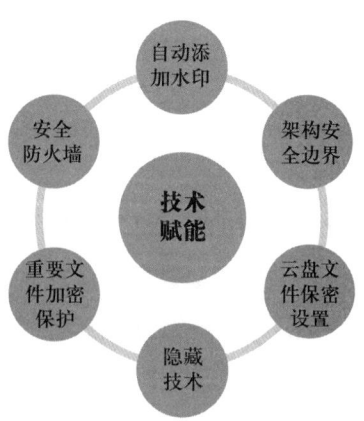

图2-16 技术赋能措施

传文件到云盘的权限设置，云盘文件保密设置，以及下载文件自动添加水印等举措，提高文件资料在传递过程中的安全等级，保障文件在上传、分享和下载过程中的信息安全。

（4）其他技术。设置重要文件加密保护组织信息等多种举措、构筑组织即时沟通过程中的安全防火墙、隐藏技术等。

（二）管理赋能

组织内部统一沟通平台，在使内部沟通更高效便捷的同时，还应制定详细的制度，进行有效的管理，以防范各种可能发生的风险。例如，所有员工都需要进行实人认证，架构内姓名使用员工真实姓名，通讯录权限合理配置，员工档案字段、个人信息展示合理设置；不得出现个人隐私、保密信息；各部门设立部门群，该部门负责人设置为群主，群成员不得将部门外人员加入部门群内等制度规范，降低部门消息外泄的可能性。企业的管理体系是文件上的硬性要求，在沟通安全问题上，它规定了员工沟通界限，只有进行有效的管理与规范，才能切实规避沟通安全风险。管理赋能如图 2-17 所示。

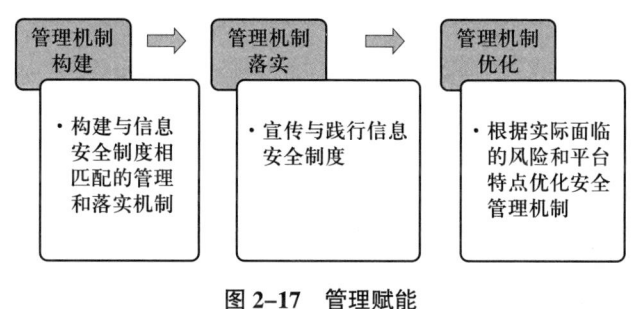

图 2-17　管理赋能

（1）管理机制构建。在应用数字化沟通平台时，构建与信息安全制度相匹配的管理和落实机制，确保奖罚分明，以实现安全制度和安全工具的最大效能。

（2）管理机制落实。通过对信息安全制度的宣传和践行，将信息安全内嵌为组织文化的重要一环，形成由内而外的信息安全意识体系，从而将沟通安全工作长久有效地进行下去。

（3）管理机制优化。需要对管理机制体系定期进行优化与完善，还需要组织根据实际面临的安全风险和使用沟通平台的特点，制定有针对性的安全管理机制，如设置几个机密文件管理员、部门主管的权限边际等，从而更好地规避沟通安全风险。

第四节 综合实训

实训时长： 90 分钟

一、实训目的

1. 理解在沟通群内插入应用对提升业务响应速度的意义。
2. 掌握在群内创建互动卡片的方法及步骤。

二、实训内容

某企业在数字化转型过程中购买和自建了很多应用，种类繁多，使用时需要到工作台搜索，进入应用后找到相关数据页面查看，非常不便。该企业希望能在相关项目群、业务群内插入应用卡片，可以在群聊天窗口看到各项实时数据，提醒和预警重要变更。以活动报名管理系统为例，该企业用低代码搭建了活动报名管理系统，但访问率很低。该企业希望通过设置群内互动卡片，实现群沟通与业务应用深度融合，从"人找数据、人找应用"转变为"应用找人、数据找人"。本次需求如下：

1. 有新增活动项目时全员群的机器人自动推送活动报名的互动卡片。
2. 互动卡片能看到活动信息，并可以直接点击提交报名。

（一）通过低代码搭建活动报名管理系统

（1）进入低代码工具首页，在【模板中心】找到一个活动报名应用，点击【启用】，并将其命名为"活动报名管理系统"。

（2）修改"活动报名管理页面"表单。点击"编辑"表单，根据实际需求更改表单字段信息，建议包括的字段和控件类型是创建人（单行文本）、创建部门（部门组件）、活动 ID（流水号）、活动名称（单行文本）、活动位置（单行文本）、活动开始时间（日期）、活动结束时间（日期组件）、活动简介／要求（长文本）、相关文件（附件）。根据以上字段和控件类型完成对表单的修改。

（3）修改"报名记录"表单，报名页面所需的字段信息和控件类型是活动名称（关联表单）、报名人（成员）、报名人部门（部门）、报名时间（日期）、活动 ID（单行文本）、活动名称（文本）。根据以上字段和控件类型完成对表单的修改。

（4）JS 面板为表单字段赋值，点击群内推送的【互动卡片】【立即报名】按钮，跳转到"活动报名管理系统"的"报名记录"页面，并携带活动信息相关参数，JS 主要用途是获取参数并为页面组件进行赋值，与【互动卡片】【集成＆自动化】有一定关联性，如图 2-18 所示。

图 2-18　JS 面板控件赋值

（二）发布酷应用

回到应用首页，找到顶部的【应用发布】，点击【发布到自建酷应用中心】，点击【上架】，即可发布成功，如图 2-19 所示。

图 2-19 酷应用上架

上架后，在组织创建的群聊中，可通过群快捷栏访问这些酷应用。群主或者群管理员可点击快捷栏【更多酷应用】，在自建应用中找到已上架的酷应用，点击【启用】即可添加到群内，实现在群内敏捷协同业务。

（三）配置互动卡片

（1）创建互动卡片，步骤如下：点击顶部【应用设置】进入配置页面；点击【新建卡片】按钮，选择【新建互动卡片】，跳转到配置页面，可对卡片样式、内容进行设置；点击左侧【模板区】，选择预设模板，模板库中"Booking"模板符合本次场景，点击【使用】按钮即可自动加载到面板中间的编辑模式，然后将模板调整为以下样式，即可完成创建，需要特别注意的步骤是，依据系统的逻辑关系，酷应用发布成功后才能进行【互动卡片】的创建与配置，顺序不能颠倒，否则无法创建互动卡片，如图 2-20 所示。

第二章　数字化沟通管理

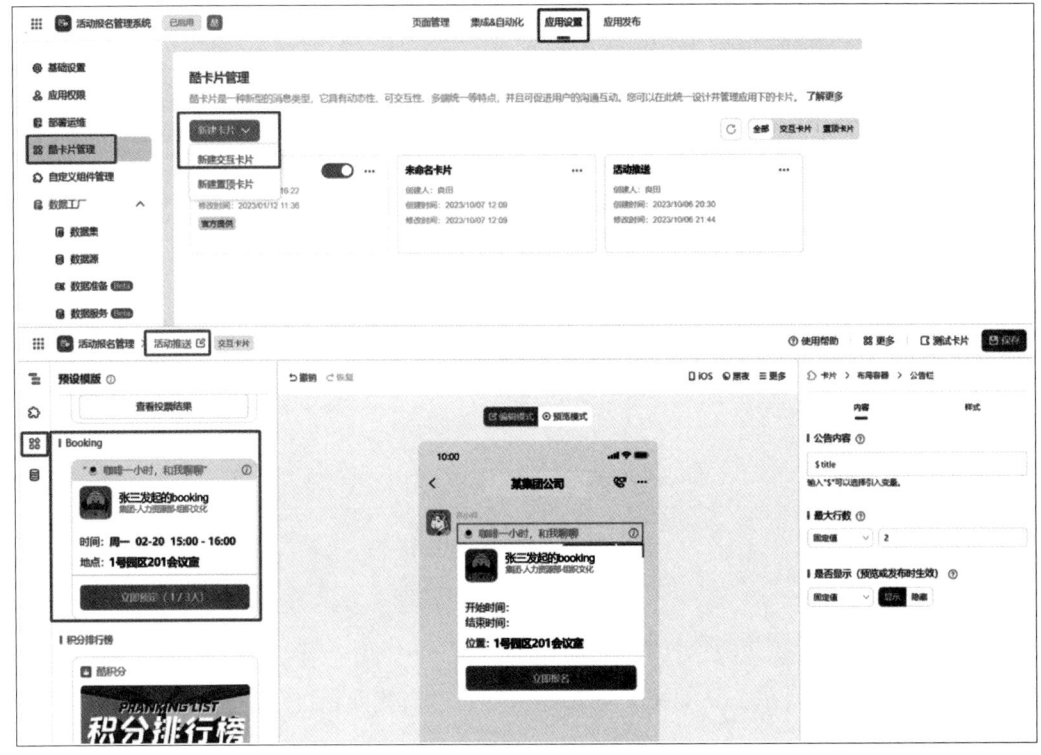

图 2-20　【互动卡片】创建

（2）配置互动卡片数据源变量。互动卡片数据源变量是卡片展示时数据展示项的来源。卡片在推送时，一些数据是依据"填写内容"动态变化的，这类数据就是数据源变量。需要提前配置卡片推送时具体展示的内容。步骤如下：

首先，点击左侧【数据源】图标，打开变量面板，再点击面板右上角【编辑】按钮，进行删减变量，如图 2-21 所示，删减后变量如下：

- user: 用户信息，变量类型：用户信息。
- title: 标题，变量类型：字符串。
- department: 部门，变量类型：字符串。
- date1: 开始时间，变量类型：字符串。
- date2: 结束时间，变量类型：字符串。
- site: 位置，变量类型：字符串。
- action: 立即报名，变量类型：字符串。

111

图 2-21　数据源变量配置

其次，点击控件并在右侧面板对展示项进行绑定，需按照"$+变量名"的格式进行绑定，如图 2-22 所示，其他相关样式也可以通过右侧面板进行调整。

最后，配置【立即报名】按钮跳转，在右侧面板中将按钮【点击事件类型】选择为【链接跳转】，链接类型为【统一链接】，链接值为【绑定变量】，选择上一步配置好的"action"变量。

（四）配置集成和自动化

（1）卡片设置。活动创建成功后，群内会自动推送互动卡片，配置方式如下：点击顶部【集成自动化】，进入配置页面，跳转至新页面；点击【新建集成＆自动化】按钮，选择【从空白新建】，填写名称"活动创建后推送到群里"，触发类型选择【表单事件触发】，表单选择【活动信息表】，如图 2-22 所示。

（2）集成和自动化设置。首先，找到并点击上一环节创建的【活动创建后推送到群里】卡片，进入流程设置页面。【表单事件触发】选择类型为"创建成功"，【触发方式】勾选"允许自动触发"，【数据过滤】选择"全部数据"。其次，需要新增一个节点，自动发送卡片，点击【+】按钮，选择前面配置好的【活动创建后推送到群里】互动卡片即可；接下来通过【配置卡片内容】将卡片数据源与卡片动作绑定，如图 2-23 所示。将"发布人"通过【字段】方式与表单中的"创建人"字段匹配；将"标题"

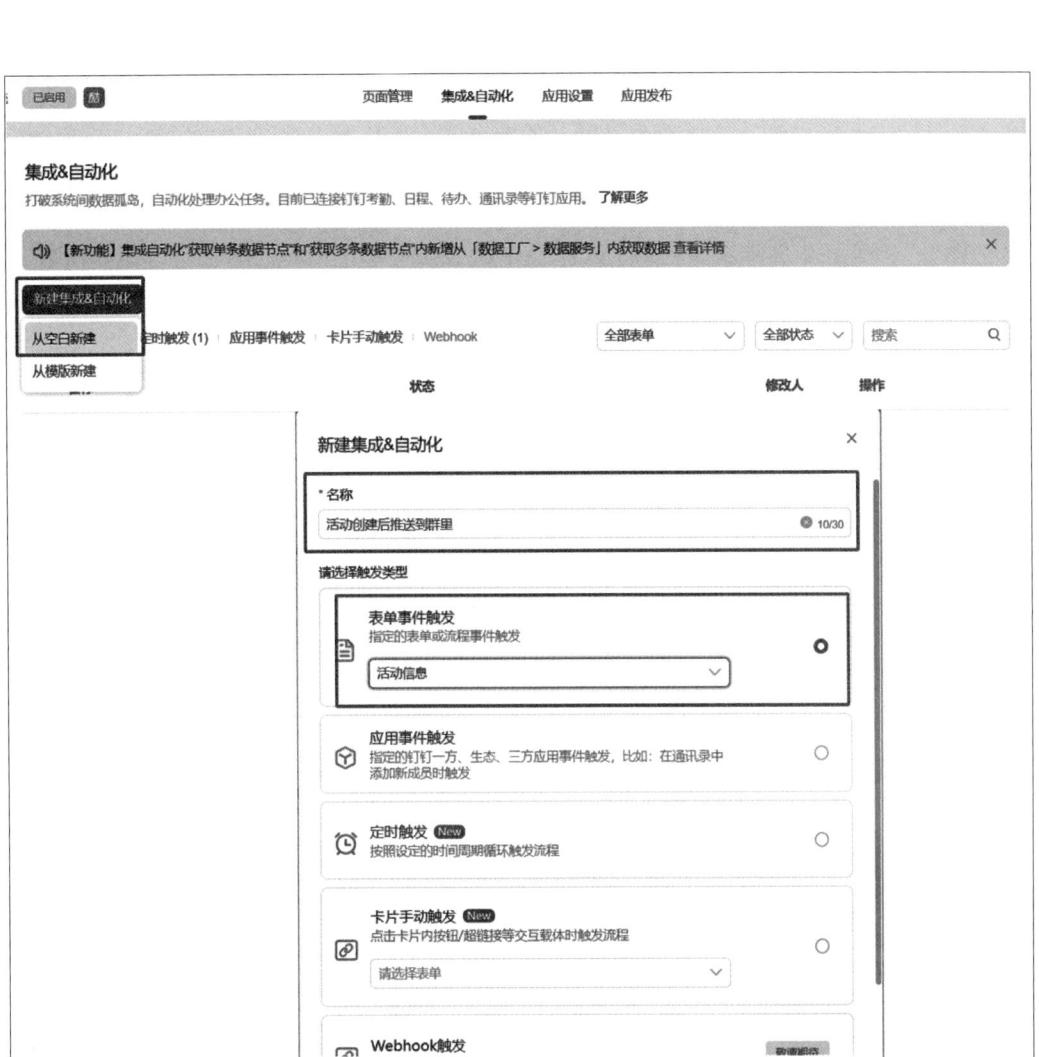

图 2-22　新建集成和自动化

通过【字段】方式与表单中的"活动名称"字段匹配；将"部门"通过【字段】方式与表单中的"创建部门"匹配字段；将"开始时间"通过【字段】方式与表单中的"活动开始时间"字段匹配；将"结束时间"通过【字段】方式与表单中的"活动结束时间"字段匹配；将"位置"通过【字段】方式与表单中的"活动位置"字段匹配。完成这一操作后，点击【卡片动作】配置，设置点击立即报名后，通过【侧边栏】打开，在这个位置需要配置【参数】实现效果，如图 2-24 所示。依照上一步的配置方法，将"acID""title""formID"通过【字段】方式分别与"活动 ID""活动名称""表单实例 ID"

字段进行匹配，配置完成后点击【确定】，卡片内容动作配置完毕。卡片设置完成后，具体这一卡片需要推送到具体哪一个群里，需要完成【卡片发送范围】的配置，在具体群中添加该酷应用才能进行这一操作。点击【发送范围】，勾选【发送到群】并选择具体的群。最后，需要在【卡片发送规则】选择当【表单实例ID】值相同时【发送新卡片】。

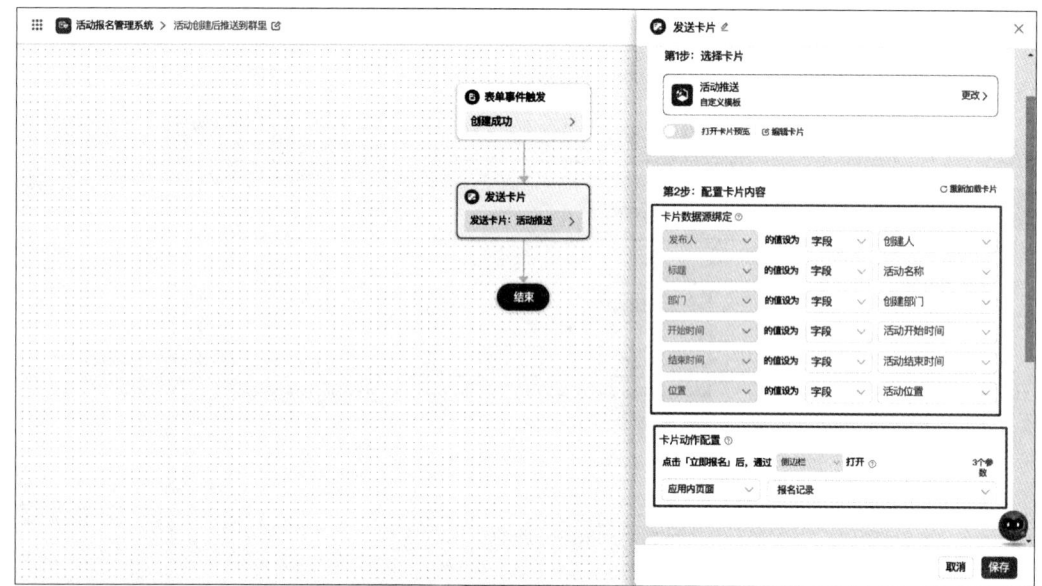

图 2-23 片数据源绑定配置

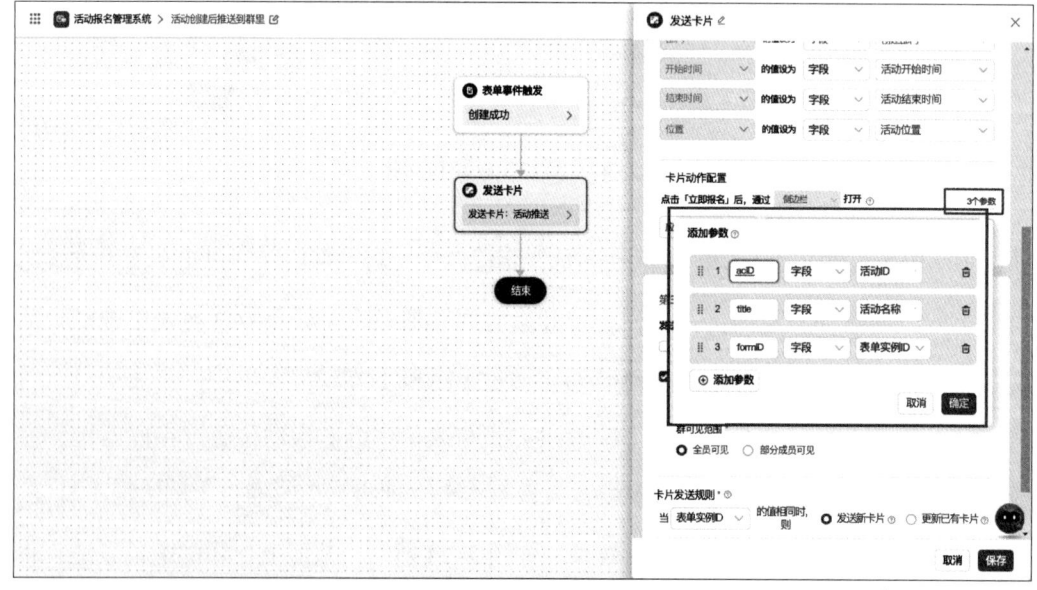

图 2-24 卡片动作配置

（3）以上配置完毕，点击【保存】和【发布应用】，规则生效。

（五）应用测试

活动组织人在系统内创建活动，创建后的活动会自动推送该活动的互动卡片到指定的群。对活动感兴趣的员工可以点击【立即报名】按钮进行报名，报名后可在系统内的"报名记录表"中看到数据。若活动创建后能够正常向群内推送互动卡片，点击【立即报名】按钮后能够跳转到报名表单并能正常提交数据，则说明测试完成且在系统内创建活动成功。

【思考题】

1. 数字化沟通平台与传统沟通方式存在哪些相同点和差异点？
2. 数字化沟通平台的优势主要体现在哪些方面？
3. 数字化沟通平台如何改变组织中成员的工作方式？
4. 数字化沟通平台中，组织如何应用群机器人提升组织效率？
5. 数字化沟通平台中的工具是如何提高组织沟通效率的？请举例说明。
6. 简述数字化沟通平台在工作中的实际应用场景。
7. 数字化沟通平台如何保障不同主体在组织沟通过程中的数据安全？
8. 数字化沟通平台的发展趋势和挑战是什么？

第三章
数字化协同管理

　　合作是人类的本能，协同是组织的本质，从组织内数字化协同到组织间数字化协同，再到社会化大协同时代来临。面对瞬息万变的数字经济时代，传统的组织协同模式越发显得刻板，数字化协同则能提高效率和生产率，促进知识共享，支持决策创新，已经成为工作环境中不可或缺的一部分。数字化协同管理重构协同与沟通的关系，依托数字化组织架构，构建沟通与协同的融合场域，使组织协同更加灵活，提高组织管理效率和质量。

　　本章从文档协同、会议协同、工作流协同和数字化供应链协同四个方面，详细阐述数字化协同管理的特点和优势，并通过场景和案例展示数字化协同的方法。

- **职业功能：** 依托数字化组织架构，建立和沟通深度融合的协同办公平台，使组织协同更加灵活，提高组织应变能力
- **工作内容：** 考虑到组织协同模式的需要，了解文档协同、会议协同、工作流协同及数字化供应链协同的实现方式，依托数字化组织架构，在组织内部进行实时调整，进而实现总体协调，使组织协同更加灵活

- **专业能力要求**：管理能力、逻辑理解能力、会议管控能力、在线流程配置能力、学习实践能力、数字化协同能力
- **相关知识要求**：文档协同管理的基础知识、线上会议协同的基础知识、在线化流程协同的基础知识、数字化供应链协同的基础知识

第一节 文档协同

数字化文档协同通过"文档+云端",在文档管理中展现出多样化优势,逐渐替代了传统的文档协同方式。数字化协同管理可以实现文档在线多人管理,并能够实时沟通和协调工作,营造知识共享氛围,打造学习型组织。利用文档协同工具实现数字化文档管理,可以提高团队效率和生产力,提高团队间的协调能力。

一、文档协同工具的分类和管理

(一)任务协同类工具

1. 待办

待办是用户处理各种待处理事项的线上管理工具。任务发起人可统一派发任务,任务执行人可根据任务截止时间合理安排任务执行计划。在待办中,任务相关人员可以追踪任务从派发—执行—结果反馈的全过程,其中涉及的任务相关资料、信息自动留痕,长期保存,方便溯源,并且支持包含各种关键词的任务筛选,提高检索效率。

2. 项目

项目是用户实现多线程任务快速协同的线上管理工具,信息透明,实现高效协作。企业可以自定义项目任务清单,可以设置优先级、前置任务、时间、负责人、检查项等多种任务属性,高效分配任务。项目自动统计任务完成情况,并自动更新项目进度,让管理者清楚地知晓项目进展,其中涉及的项目数据支持批量汇总,归档后不可修改,文件长期有效,避免纸质文件丢失。

(二)文档协同类工具

1. 文档

文档可以在多人聊天沟通中实现多人协同,快速收集数据;也可用于团队协同和分工,实现文档云端共享,按需传递,统一管理企业工作成果。在线文件可通过各种设备直接打开,实时编辑并自动保存,多人在线协同编辑时内容实时同步,可随时查阅和编辑整理,内容删改有迹可循,数据变更有据可依。文档可以促进团队协作、加快项目进展、提高质量和创新能力,从而提高团队效率。

2. 云盘

云盘可以实现文档长期保存,实时共享。数字化管理平台产生的各项数据均可长期储存,降低文件丢失概率。相互独立的应用数据存储空间,可灵活分配不同应用的储存容量,实现个性化云端存储服务,满足不同企业存储需求。不同应用支持不同的筛选条件进行检索,如创建日期、创建人员、数据标题、数据类型等。数字化办公平台更注重企业数据的安全性,企业内部仅对在职人员开放,离职人员与外部人员无权查看,且文件支持权限设置,保证不同保密需求。

3. 知识库

知识库可用于搭建功能齐全、有序分类的知识体系,方便组织成员快速获取重要信息。知识库以单个文件空间为单位,设置不同分享权限,其中的文件不仅可以打通沟通平台,而且能打通办公场景中常用的审批、日志等多个协同工具,真正实现按需分配、灵活管理。知识库不同于文档对单个文件的维护,其更加侧重于文件知识体系的搭建,从而提高文档管理效率。

(三)管理存储空间容量

数字化管理平台将数据统一保存至云端,云端存储空间分为私人盘与企业盘,两者存储空间容量相互独立。私人盘存储空间容量为固定容量,且仅对本人开放,故无须分配空间容量。企业盘存储空间由个人文件、团队文件、群文件及各类应用存储空间共同组成,故可根据企业情况对不同存储空间分别设置空间容量,并且随着线上办公程度的加深及使用时间的延长,企业可根据容量大小与年限进行购买扩容。

二、数字化文档管理

（一）文档分类和管理要点

该部分结合企业常见办公场景对文档类型进行进一步细分，包括企业通用共享类文档、团队业务隐私类文档、企业对外分享类文档、个人文档。

1. 企业通用共享类文档

企业通用共享类文档主要用于与人力资源相关的文件分享和资料管理，此类文件的最大特点是文件保密性低、协同互动少。企业通用共享类文件一般面向全公司开放，且无须员工参与协作编辑，此类文件的使用场景多为分享、查看。在传统办公方式下，共享文档需个人留存，容易造成文件丢失和重复发放。线上文档管理应用由公司层面进行管理，设置企业共享文件统一查看入口，一键设置分享权限，减少文件丢失和重复发放的现象。

2. 团队业务隐私类文档

与企业通用共享类文档相比，团队业务隐私类文档的保密性与互动性更强，可根据业务需求由各部门、团队自行设置不同权限。根据常见的使用场景与使用目的，团队业务隐私类文档可进一步细分为团队管理类文档与工作协同类文档。团队管理类文档的使用场景与企业通用共享类文档比较类似，但只向团队成员开放，文件的保密性更强。工作协同类文档在保密性更强的基础上增加了协同互动的场景，一般用于团队业务数据的查看、汇总、编辑。

3. 企业对外分享类文档

企业对外分享类文档的使用场景，通常指上下游对接场景、客户关系管理场景，一般用于企业可对外分享的文件，如产品使用说明书、合同模板等。为保障企业信息安全，首先需要明确外部人员对文件的权限需求，并根据其需求程度开放文件的查看、下载、编辑等权限。其次需要确认文件的发送方式与有效时长，发送方式分为副本转发与链接分享，其中副本转发文件长期有效，链接分享文件则可根据不同场景设置有效时长。

4. 个人文档

个人文档即存储于个人空间的文件，默认文件所有者为本人，仅支持本人查看、编辑、修改、下载、删除。个人文档云端备份,只要登录个人账号,任何时间、任何地点、任何设备就都能查看,实现在线编辑与创作自由。

(二)文档管理流程

标准化的文档管理流程能帮助组织以正确的方法进行统一文档管理,并应用于合适的使用场景。文档上传到知识库,首先,需要对文件进行收集、处理、整理和分类。其次,在库中完成对文档的权限设置。最后,每次文档管理都需要统计知识库中的信息存量、分布情况和使用情况,做到时时"清扫"云盘,确保云端存储空间充裕。以下重点叙述文档收集、文档处理、文档分类和权限设置四个环节。

1. 文档收集

文档收集不仅是一种动作,也是线上文档管理应用的一种快捷功能,可以帮助个人、团队或组织收集各种类型的文档。文档收集发起人可向多人同时发送收集任务,一键提醒相关成员,上传内容可设置互不可见,仅发起人可查看,统一内容保存路径,实现文档高效收集,这使数据和文档可以被快速处理和分析。文档收集具有方便、高效、精准、自动化等优势,以一种现代化方式收集和管理文档,适用于各种场景,进而实现从个人使用到企业级的数据收集。

2. 文档处理

文档处理指将资料文件设置成便于理解、使用的形式,即使用在线工具和平台对文档进行编辑、修改、共享和存储的过程。文件收集完成后,首先,进行在线查看,检查内容格式;其次,进行在线编辑,对不符合要求的文档进行格式调整和内容优化,保证文档的统一性与准确性;最后,将修改完成的文档在线保存,上传至云端。线上文档处理具有实时协作、云端存储、版本控制、多样化编辑工具、共享和协作、自动保存和备份等优势,提供了一种方便、高效、安全的方式处理文档,满足个人、团队和组织对各种文档的处理需求。

3. 文档分类

文档分类指通过在线工具和平台对文档进行分类、组织和管理。文档分类可以帮助用户将大量文档按照特定标准或分类方式进行整理,以便快速查找和访问所需文档。当文件数量较多时,可根据文件类型、格式、名称、内容等维度,对处理好的文件进行分类,创建不同的文件夹与文件空间并设置目录,便于使用人查阅、搜索。同时,线上文档管理应用也支持通过文件的上传日期、修改日期、创建人、文件名称、正文关键词句进行内容搜索，提高文档管理的效率和质量。

4. 权限设置

资料安全是组织管理的重要内容，对文档的访问权限进行配置和管理可以提高数据安全度。权限设置允许文档的所有者或管理员控制谁可以访问、编辑或共享文档，以及对文档的不同操作进行限制。以组织为单位的线上文档管理应用，其权限管理更为严格，一般默认有且仅有在组织架构内的入职人员可查看。搭建好内部文件知识库后，应根据不同文件的使用场景，设置不同的权限范围。

权限设置可实现不同人员对文档管理的不同操作要求。对文件管理者可开放管理权限，即可对文档成员的权限进行授权/移除，可查看文件的编辑记录、恢复历史版本，也可对文档内容进行导出、打印、查看、编辑、删除，管理者可以统一管理线上文档。对参与文件编辑协作的人员，可开放可编辑权限，允许团队成员之间共享和协作文档，促进团队的合作和沟通，提高工作效率和协同能力。对文件分享人员，可开放可查看/下载权限或仅可查看权限，方便与合作伙伴、客户或其他外部人员共享文档，不必担心信息泄露或未经授权修改，如图 3-1 所示。

图 3-1　文件权限设置的两种路径

（三）实现文档协同管理的相关要素

实现文档协同管理可以提高团队的工作效率和合作能力，并具有更强的信息追溯复原能力，对团队的协作和管理非常重要。通过工作文件存储共享，以满足日常业务需求，配合组织架构，提升文档管理效率。

1. 快速上线，简单易学

统一文档管理平台的易用性，在于应该具有简洁的设置选项和可自定义的功能，以适应不同组织的需求。用户界面应该直观、易于使用，并且提供清晰的指南和指导文档，以帮助用户快速了解和掌握系统操作，从而实现全员轻松上手。为了帮助用户快速上手，提供商应该提供培训和支持服务，如在线视频教程、常见问题解答等，以便更好地支持用户使用并解决遇到的问题。一个团队能快速用起来的平台，才能激励员工主动分享，从而帮助每一个需要帮助的人，而不是流于形式。

2. 统一文档中台，简化沟通与协作

对很多企业而言，统一文档管理平台的功能在于将企业已有素材进行重新分类与存储，从而方便后续团队人员的查找，支持多种格式文件在线上传与预览，以便内部项目、培训资料完整留存。同时借助树状目录结构，可以帮助企业建立部门及个人空间，方便团队成员上传、移动、查看文件，并对文件进行协作、分享设置。通过文档协同管理，团队成员可以直接在同一个平台上进行交流和讨论，不需要通过电子邮件或其他方式来回传送文件和修改意见，减少沟通失误，提高决策效率。

3. 具备多项功能，提高工作效率

文档协同管理可以帮助团队成员实时共享、编辑和讨论文件，减少文件传递和沟通时间。团队成员可以同时进行合作编辑和版本控制，从而提高工作效率。多个用户可以同时编辑同一个文档，实时查看对方的修改，并进行回应或讨论，减少传统串行编辑的时间，并促进实时合作和决策的快速达成。团队成员也可以轻松地分享文档给其他人或特定的团队成员，并通过权限设置控制访问权限，确保文件的安全性和机密性。用户可以在文档中添加评论，便于团队成员进行交流，更有效地汇集各方意见、解决问题。

4. 支持跨部门协作，满足定制化需求

文档协同工具应能使不同部门的成员在同一个平台上开展合作，包括多用户同时编辑和共享文件、评论和讨论功能、权限管理等，不同部门人员可以就文件内容和问题进行协商、合作，促进跨部门有效协作，部门内外协同的高效性决定了企业整体的协同效率。不同的组织可能有不同的工作流程、规范和需求，文档协同工具应该具有灵活的配置选项，以适应不同组织的定制化需求。例如，可以自定义文件夹结构、字段和属性、审批流程等，满足组织特定的工作流程和数据管理要求，确保文档协同工具可以与组织的现有流程和工作方式无缝衔接，实现更高效的协同。

5. 具有文字检索功能，快速定位资料

文档协同工具应该具有强大的文字检索功能，对文档内容进行全文搜索或指定关键词搜索，以找到与搜索条件匹配的文件、文件夹或特定文本段落，帮助用户快速找到需要的资料，提高查找效率。文字检索功能不仅帮助用户快速定位资料，而且提供快速访问的方式，用户可以直接点击搜索结果中的链接或文件名，快速访问其内容或进行进一步操作，节省时间，提高工作效率。

6. 实行安全保护机制，加强信息安全

文档协同工具应该提供灵活的访问权限控制机制，以确保只有授权人员能查看、编辑或共享特定的文档，防止未经许可的用户访问敏感信息，并确保信息只在需要的团队成员之间流通，授权管理机制允许管理员对用户权限进行细粒度控制，以确保正确的人员获得适当权限，避免信息泄露和误操作。此外，要实现文档协同还需定期进行数据备份，以防止数据丢失或损坏，保证数据的完整性和可用性。

三、数字化文档协同管理场景和解决方案

（一）场景描述

某企业是国内领先的现代农业和食品产业集团，为消费者提供安全高品质的农产品和食品，旗下业务涉及水果、优质蛋白、高营养食品、智慧团餐、智能科技等多个领域，是中国最大的水果全产业链企业之一。随着数据时代的到来，数字化成为该

企业最核心的战略方向之一。该企业致力于打造出世界级先进的水果全产业链，创新建设以数字化赋能服务为核心的产业生态，是中国新一代农业食品产业化的先锋代表。

在过去，该企业主要采取集中培训的方式，但由于知识专业性高，员工往往需要反复定期接受培训，培训成本极高。另外，一线员工流动性大，相关培训工作量大。这些问题极有可能会对公司的运营效率和业务流程产生负面影响。因此，该企业亟待数字化平台实现知识沉淀，建立知识库，实现文档统一编辑和在线协作，从而降低人力资源管理成本，提升业务服务质量。

（二）痛点分析

1. 一线工人的经验无法沉淀共享

知识密集型行业一线员工一旦离职，就会导致相关经验流失，这对企业来说意味着生产力的损失，极大地影响企业成本。在农业食品行业，很多经验来源于一线员工的实践和传统传承。一线员工在种植和采摘过程中积累了丰富的经验，但由于他们流动性较强，这些经验可能无法完全传授给后来的员工，从而提高了培训成本和难度。此外，缺乏一致的标准和最佳实践使产品和服务的质量受到影响。此外，该企业没有对种植和饲养过程中遇到的问题进行总结，因此无法实现经验共享。缺乏文档化和信息整理的情况导致经验往往只通过口头或个人经历传递，其他人很难获得这些经验。

2. 缺乏知识管理的方法与工具

企业内部并非缺乏知识，而是缺乏知识管理的方法与工具。相关部门的员工处理问题时，并不清楚该问题是否为重复出现的问题，又是否已有解决方案，尤其是新入职员工，只能从头开始学习和积累经验，导致员工问题处理时间长、效率低，拉长公司培养员工的周期。缺乏知识管理的方法和工具会导致工作效率低下，员工需要花费更多时间和精力获取必要的信息和知识，从而影响工作效率和生产力；也会限制企业内部的创新能力，没有有效的知识共享和沟通渠道，员工便无法充分利用自己的经验和观点，从而限制了创新的可能性。

(三)解决方案

该企业通过文档协同让员工的隐性知识转化为显性知识,通过知识库对沉淀的文档有序进行管理、流转并创新。通过知识库共享,员工可以将自己的价值放大。一方面员工经验将作为企业的知识资产,另一方面员工知识价值被肯定后,他能够有更广阔的发展空间。通过这样的方式将经验传承、将知识沉淀,实际上就是挖掘企业的知识生产力。知识管理有助于把企业知识体系化,促使经验可以传承,让知识能够在实际中被反复使用,同时还要重视复盘,复盘是经验的总结,也是知识的传承,把企业知识资产最大限度保存下来。

1. 建立知识资产评估模型

通过建立知识资产评估模型,对各部门知识管理程度进行摸底评估,让知识管理可衡量,在此基础上,可设计一套行为问卷,在企业全员范围内进行调研收集,最终形成各部门的五象限雷达图,从而对各部门及公司的知识管理水平有大致了解,如图3-2所示,其中文件数量指文件数量的基本情况,治理结构指知识资产的治理情况,使用习惯指知识资产的管理方式,在线协作指知识创作的协作方式,知识输出指知识分享的主动意识。

在问卷收集调研过程中,发现组织内员工最关心集团的各个业务。由于公司业务领域多且分散,员工希望有一个公开且共享的渠道,以便了解不同业务的情况,包括各个业务的介绍、核心方法论及未来战略。员工也表达了持续学习和成长的愿望,希望在这个渠道获取的信息能够帮助他们深入了解整个组织的业务,并为他们在职业生涯中提供持续学习和发展的机会。

2. 制定输出部门知识管理框架

部门知识管理框架如图3-3所示。

结合以下知识管理五步法,帮助各部门有序进行知识管理。

(1)规范部门知识治理结构。

(2)在各部门中培养知识管理接口人,负责部门知识管理工作。

(3)培养员工在线协作工作的习惯。

(4)有意识地保存部门内部的标准作业程序。

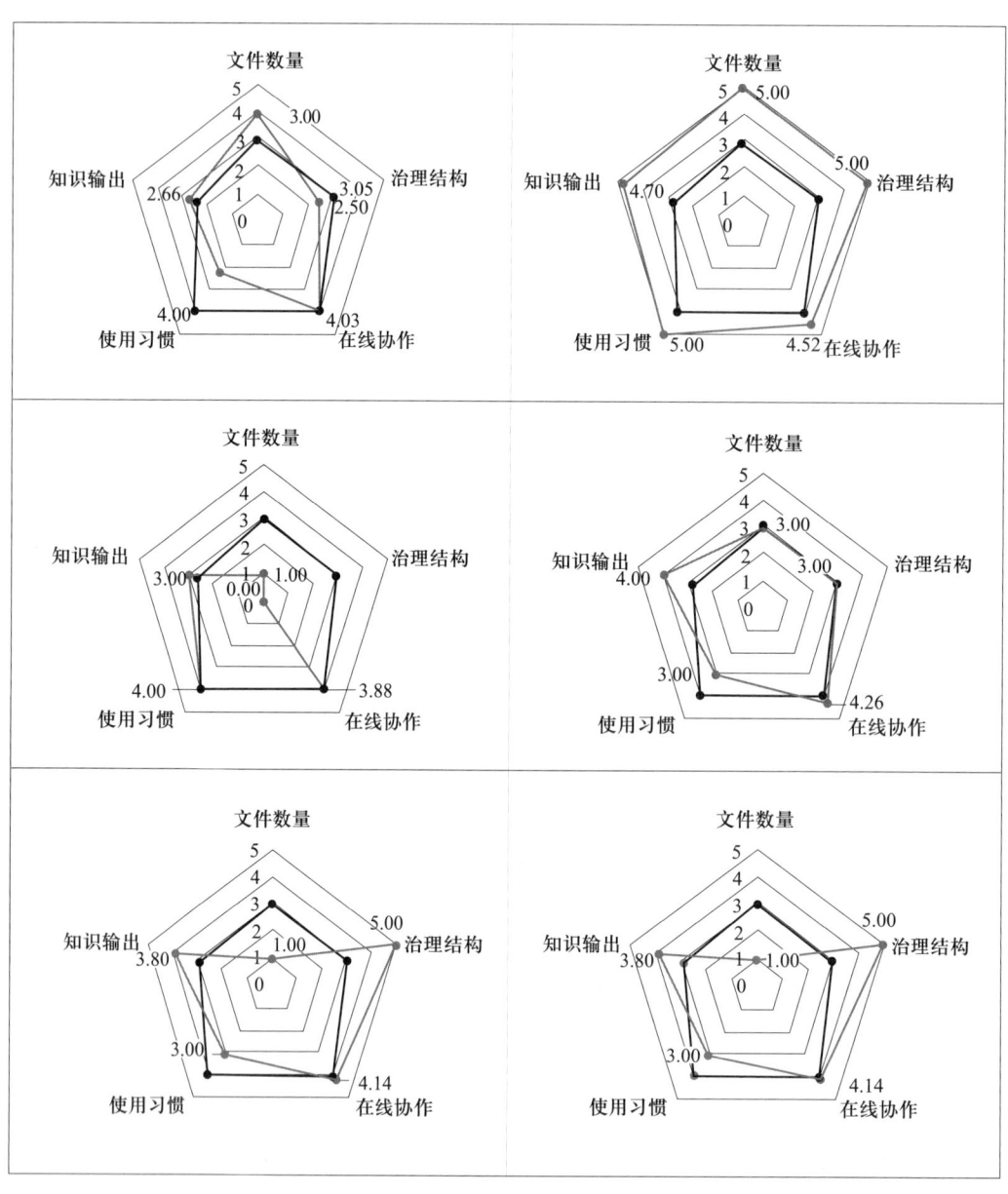

图 3-2 各部门五象限雷达

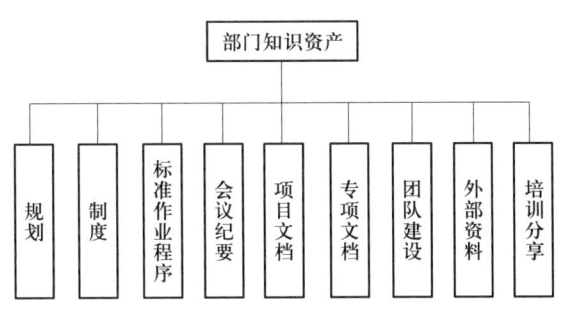

图 3-3 部门知识管理框架

（5）向部门外输出行业知识。

3. 搭建平台赋能企业知识流动和触达

建立一个以知识库为基础的平台，用于共享知识和提高组织内部信息的透明度，同时建立一个全员圈的数字家园运营平台，通过这些平台加快组织内部成果的分享，帮助员工拓宽产业和行业视野、培养多元思维意识、增强跨岗位专业意识。这助于企业沉淀核心知识资产，并推动组织持续进化。

建立一个业务问答知识库系统，用于收集、整理和共享员工的经验和知识。该系统包括文档、文章、案例研究、培训资料等，员工可以随时查阅和分享，以促进员工间的交流和合作。员工可以在平台上提出问题、分享经验、提供解决方案，并与其他人进行讨论，使经验更易于积累和共享。

（1）创建问答知识库。在知识库管理工具中，创建与企业业务相关的问答知识库，并设置管理权限。

（2）设置业务分类文件夹。在知识库中，以业务为分类标准，创建以业务名称命名的文件夹，便于员工查找和学习所需内容。

（3）实时更新。遇到新的客户问题或历史问题有新的解决方案时，都需及时整理，并更新至知识库中，确保业务部门员工实时掌握最新内容，新员工入职后，也可学习到最全面的知识。

数字家园运营平台更注重将知识与人员有效连接起来，以促进知识分享和生产力的提升。搭建相应的工具和平台，可以为知识分享提供更好的运行环境。这些工具包括知识库、数字运营平台、社交媒体等,通过这些工具,可以调动更多的人参与知识分享,并使知识传递和学习更高效和便捷。此外,通过工具化的方式,不断提升企业的知识生产力,进一步推动组织创新。

第二节 会议协同

会议协同的重要性在于促进团队合作、提高工作效率和加强沟通,它能帮助团队成员更好地协同工作,实现共同目标。了解相关会议类型知识及相关数字硬件设备,有助于更好地实现会议协同。

一、会议类型知识

会议可根据会议主办方、会议性质、会议规模、会议周期、会议手段等不同分为多种类型,本节主要介绍数字化管理过程中常见的会议形式。

(一)按性质和规模划分

企业在日常运营过程中会根据自身需要围绕业务、人力资源、企业战略发展等召开一系列会议,一般包括以下几种类型:

(1)工作沟通型会议。旨在促进团队成员间的工作沟通和协调,讨论项目进展、工作计划和问题解决等。

(2)企业培训型会议。用于员工培训的会议,包括新员工入职培训、专业技能培训等。

(3)业务洽谈型会议。用于与合作伙伴、客户或供应商进行业务洽谈和合作协商的会议，旨在达成合作协议或解决业务问题。

（4）大型活动会议。针对广大员工、股东或合作伙伴举行的重要大型会议，如年度总结大会、股东大会、产品发布会等。

这些类型的会议旨在帮助企业实现沟通合作、员工发展、业务拓展和战略落地，每个企业可以根据自身情况和目标选择适合的会议类型。

（二）按会议场景划分

随着移动互联网技术的发展和各种智能设备的应用升级，会议逐渐突破了时间、场地限制，呈现出多种形态。按会议场景不同，可分为线下会议、线上会议、线上线下混合会议三种。

（1）线下会议。传统的面对面会议形式，参会人员在同一地点集中进行交流，实时互动。这种方式通常需要参会者亲自到达会议场所。

（2）线上会议。依托网络和通信技术，通过视频、语音等方式召开远程会议。参会人员可以通过电脑、手机等智能设备参与会议，无须实际聚集在同一地点。

（3）线上线下混合会议。将线下实体会议与线上视频、语音会议结合，参会人员可以根据需求选择线下或线上参会方式。这种模式既能保障会议的真实性和高效性，又能满足多种会议场景的需求。

不同会议形式的优缺点对比见表3-1。

表3-1 不同会议形式的优缺点对比

序号	类型	优点	缺点	适合的场景举例
1	线下会议	面对面沟通，具有良好的沟通氛围 直接、真实、高效	需要确定时间、预定场地，人员汇聚成本高	部门周例会、季度总结会议
2	线上会议	有效缩短企业的开会时间，降低企业开会成本 参会人员不受时间空间限制，高效便捷 能够快速处理突发紧急问题	受网络环境的影响较大，会议沟通质量较低	跨区域跨组织的远程视频会议
3	线上线下混合会议	融合了线上会议和线下会议的优点，既能保障会议的沟通效果，也能突破时间空间限制，扩大会议的范围		多人参与的大型会议

线上线下混合会议的优势在于，它提供了更强的灵活性和便利性。参会者可以根据个人情况选择合适的方式参与会议，对于企业来说，线上线下混合会议降低了会议成本，提高了资源利用效率，并且可以迅速响应突发情况或应对特殊场景需求。

随着科技的进步和通信技术的普及，线上线下混合会议越来越受到重视。

二、会议类数字硬件设备操作方法和解决方案

（一）会议类数字硬件设备及价值

会议类数字硬件设备借助高清电视技术、互联网技术、物联网技术和5G通信等先进技术，实现了会议硬件间的联通。这些设备可以实现多端（网页端、手机端、会议终端）自由接入、双向真彩色视频传输、快速切换多画面会议场景、自动音色校准及会议字幕实时共享等功能。这些功能为在线会议提供了全程高效、高质量的管理基础保障。

通过高清电视技术，会议参与者可以享受更清晰、更逼真的视频呈现，使远程会议更具参与感。互联网技术的应用使会议设备可以通过网络进行连接，实现与远程会议参与者无缝交流。物联网技术确保各种设备相互配合及协同工作，实现会议设备远程操作、无线投屏和会议记录全程管理，5G通信技术的广泛应用，为会议提供了更快的数据传输速度，使远程会议更流畅和高效。

会议类数字硬件设备和通信工具通过互联网彼此联通，提供了更便利、更高质量的远程会议体验，可以使参与者享受到接近面对面会议沟通交流的便利。通过这些硬件设备的支持，实现多方参与者互动和协作，提高会议效率和质量。

通过硬件和软件结合，实现智能会议室的基本概况和使用状态的线上同步，实现智能会议室安排和管理全程数字化、高效化和无纸化。在智能会议室中会布置多种数字硬件设备，以下主要介绍智能会议门牌、智能显示设备和视频会议终端三类典型的会议类数字硬件设备。

1. 智能会议门牌

智能会议门牌是一种应用智能科技设备，主要功能是提供实时会议信息和指示，

以便参与者了解会议的相关信息并准确找到所需的会议室。智能会议门牌具有会议预约、会议状态同步、人脸识别签到、集控管理等功能，是提升智能会议室管理水平的重要硬件工具。

智能会议门牌通常具有以下功能：前端和后端均可预约会议室，用户既可在会议室管理后台轻松预约会议室，也可在智能会议门牌前通过手机进行扫码预约会议室；会议室的控制，通过门牌接入设备集控系统，更方便管控会议室内其他数字硬件设备；显示会议室信息和状态，包括会议议题、会议状态，以及接下来的会议室使用安排等信息；支持多种方式身份检验，可以通过人脸、指纹、二维码和刷卡等方式，对会议室使用者身份进行验证。

2. 智能显示设备

智能显示设备是集电脑、投影仪、电视、电子白板、广告机、音响等于一体，满足数字化时代多类型会议显示需求的显示屏幕。智能显示设备是智能会议室的核心和基础部件，各类智能会议室都会配备。

智能显示设备通常具有以下数字化功能：通过数字化终端平台实现无线投屏，可利用手机、计算机等设备无线投屏至智能会议显示设备上；通过与组织的数字化管理平台关联，智能显示设备可以显示会议室内的状态和会议安排，显示智能会议室信息，以避免会议室冲突；视频会议即通过通信工具或视频会议终端链接，可以实现高清的线上视频会议。随着技术的发展，未来智能显示设备将进一步变革传统会议模式，例如，屏幕书写将进一步摆脱空间和距离限制，实现远距离的人屏协同。

3. 视频会议终端

视频会议终端是由智能会议显示设备、摄像头、麦克风、扬声器等硬件和会议软件系统共同组成的智能设备，是数字化时代满足复杂视频会议的重要工具。随着数字化程度的加深，人们普遍接受线上视频交流、学习和工作，视频会议终端作为服务专业和大型视频会议的关键设备，其发展一定程度上体现了未来会议的模式和样貌。

视频会议终端面对复杂环境的视频会议时，具有以下功能：自动编排多个会议画面，多画面会议场景快速切换，辅助会议主持人快速调换视频会议主画面；能够进行人声精细捕获，自动过滤环境噪声和回音，保证远程沟通的良好效果；支持手机端、网页端和会议终端自由接入，适于多种线上会议场景。随着人工智能和动态捕捉等技术的发展，未来视频会议终端将更加智能化和一体化，以智能视频会议一体机的方式，实现全自动的会议画面导播，因其具有多模态发言者跟踪、远程拾音等功能，会为参会人员带来高清晰度音视频质量、全场景的流畅会议体验。

（二）线上线下混合的会议场景和解决方案

1. 场景描述

国内某大型跨国企业每年定期举办跨组织的行业议题讨论峰会，峰会受邀人多为该行业头部企业的管理者、高精尖人才，聚焦行业发展态势，分享价值资讯，自举办以来备受行业关注。受新冠肺炎疫情影响，峰会由线下转为线上线下结合的形式开展，线下参会人员入场时需要人工测量体温，出示健康码，再进行纸质签到等一系列流程，会议现场秩序混乱，影响会议正常进度；线上会议秩序维持更加困难，网络延迟，视频卡顿，很难与远程组织形成良好互动，会议效果大打折扣。

2. 痛点分析

（1）峰会秩序维护困难。峰会吸引大量参与者，需要应对复杂的组织情况，庞大的规模会导致对秩序的管理变得困难。一场峰会从会前至会后全流程涉及信息核对、签到、议题讨论、奖项颁发等多个环节，需要统筹协调参与者、议程安排、会场布置等多方面的工作，依靠工作人员手动统计不仅致使签到效率低，而且无法保障现场秩序，如果组织协调不到位，可能导致秩序维护困难。

（2）峰会跨区管控弱。线上线下结合的峰会形式使会议互动环节难度提高，传统通信设备的视频会议功能单一，无法满足峰会中跨屏互动的需求，会议管控能力较弱，主要发言人发言时可能会被其他组织讨论打断，造成不好的体验，影响峰会质量。

（3）会议记录难沉淀。会议过程中信息量庞大，依赖人工记录存在信息遗漏、记录不完整的情况，信息处理工作量大，记录员难以全面准确地捕捉和整理重要信息，导致记录内容不完整或模糊，重要信息无法及时同步至各组织。会议通常是时间紧迫的活动，记录员可能受制于时间压力，在快速记录的同时无法保证准确性和完整度，即使记录完成，但不加以适当整理和归档，信息仍然可能失去效用。

3. 解决方案

线上线下结合开展的峰会形式虽然便捷，但很难保证会议效果。企业通过梳理参会人员的反馈意见，分析组织需求，最终引入智能门禁、智能网络、视频设备等数字硬件设备，打造出软硬件一体化的管理系统，全面提升会议质量，实现会前、会中、会后的全流程高效管理。

（1）建立在线管理机制。硬件引入为疫情防控下的峰会举办提供了有力支撑，智能门禁具有人脸识别、人体测温功能，化繁为简，省去人工统计成本，简化身份核对及测温环节，现场扫码签到，根据签到信息指引进入指定会议室，环节衔接紧密，流程安排清晰，不需要工作人员指引即可完成会前准备流程，会议管理员可通过智能会议管理系统查看详细签到记录，对未到成员发起二次提醒并及时确认未到原因，以确保峰会流程顺畅。

（2）跨屏互动精准管控。承办企业通过智能会议系统发起会议邀请，同步创建会议纪要，可在会议纪要中明确议题，指定议题发言人并设置议题时长，避免拉长峰会时间。智能会议支持在线视频会议的多屏管控，在互动、讨论环节主持人可通过一键闭音关闭除发言人之外的其他屏幕音频，放大发言人屏幕占比，确保会议体验，营造会议仪式感，提高远程互动效率。

（3）会议信息实时同步。会议纪要信息实时记录，实时同步，重要议题环节可通过语音识别进行全面记录，避免核心内容遗漏。会后可根据会议纪要进行任务派发及会议复盘，并以文档形式同步至各与会人员，以确保峰会知识成果沉淀。

4. 核心步骤搭建

（1）在线签到。会议发起人通过会议日程分享签到二维码，现场参与人员和远程参与人员均可通过扫码进行签到，使用动态二维码签到可防止签到作弊，签到数据后台实时反馈，以便与未签到人员及时沟通，避免影响会议进度，如图3-4所示。

（2）多屏管控。会议管理员进入会议管理页面，点击参会者头像，通过"全员看TA"功能将该人员画面切换至主屏幕。通过全员静音或"对TA静音"功能屏蔽该人员音频，确保发言人的发言环境。

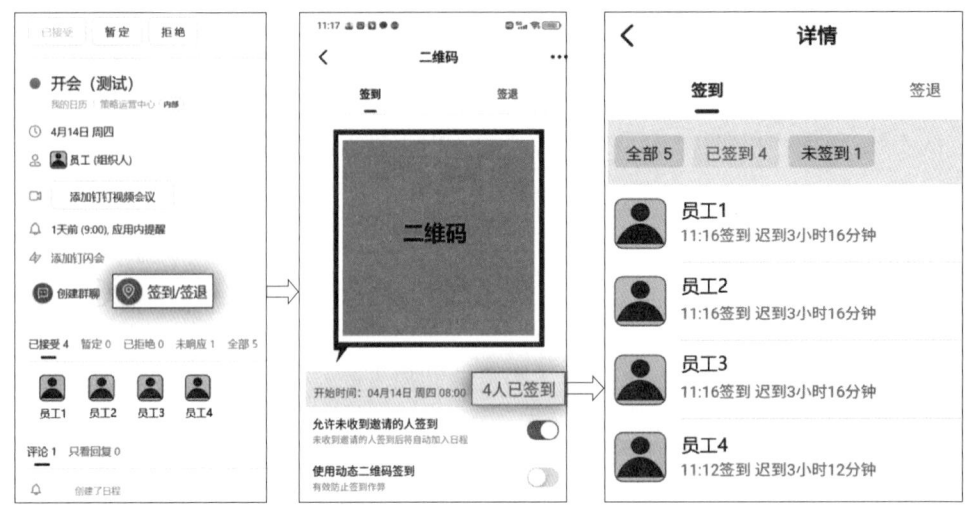

图 3-4 会议签到及统计

在数字化会议系统和智能会议硬件支持下，该公司实现了跨空间、实时同步的线上线下组合模式的大型会议，缩短了公司会议筹办的整体周期，降低了时间成本和资金成本；将视频会议加入传统线下会议，可以打造"直播+5G"的新型会议模式，使整个会议受众面更广，公司筹办峰会的影响力更大。

第三节　工作流协同

一、数字化工作流程落地及运转

数字化管理师的首要任务是深入了解常见的流程分类，并根据组织需求进行组织流程层级划分，同时，也必须明确组织架构和制度机制对流程落地运转的重要作用。只有这样，才能设计出符合组织架构逻辑和发展战略的数字化流程，以实现流程快速落地。

（一）常见流程分类

1. 战略类流程

战略类流程主要包括组织架构设计流程、重大事项决策审批流程、发展战略类流程（战略制定、实施和调整）、经营计划管理流程、文化建设管理流程等。例如，在发展类战略流程制定中，首先需由企业战略委员会制定企业发展目标，并据此制定战略规划；其次由总裁组织有关部门对发展目标和战略规划进行可行性研究和科学论证；再次转到战略委员会形成发展战略建议方案，在听取外部专家的咨询意见后提交企业发展战略方案；最后经总裁和董事会审批，形成企业发展战略规划方案的正式文件，发布后流程即结束。

2. 业务类流程

业务类流程主要包括合同管理类流程、投资管理工作流程、资金营运控制流程、销售业务管理流程、研究开发管理流程、工程项目管理流程、担保业务管理流程、业务外包管理流程、企业内部信息管理流程等。例如，在销售业务控制流程中，首先需由销售经理制订企业销售计划；其次转交营销总监和总裁分别审核审批；再次由销售经理对销售任务进行分解和分配，出纳和销售人员在接受销售任务后制订工作计划，寻找潜在客户及目标客户，进行销售活动，三方沟通协商确定销售合同条款；最后由销售经理、销售总监、总裁等审核审批，通过后方可签订销售合同，并按合同进行后续业务往来，才算完成整个销售业务控制流程。

3. 管理类流程

管理类流程主要包括人力资源管理流程、资产管理流程、企业安全生产控制流程、企业产品质量控制流程、财务报告管理流程、预算控制管理流程、信息系统管理流程等。例如，在员工招聘管理流程中，首先，由人力资源部根据用人部门的用人需求制订人员招聘计划，再提交主管副总、总经理等审核，通过后再由人力资源部选择招聘渠道并发布招聘信息，实施人员甄选；其次，人力资源部与用人部门共同做出录用决策，再提交主管副总、总经理等审核；最后，人力资源部发出录用通知、办理录用手续、评估招聘效果，整个员工招聘管理流程便算完成。

需要注意，不同类别、不同业务的工作流程，不是互相割裂的，因此，流程设计人员进行流程梳理、设计、配置时，需对这些关系进行综合考量，完成联动设计。例如，在员工调岗流程中，由于调岗涉及岗位、薪酬、考核等方面的变化，该流程设计就必须联动薪酬、绩效等管理流程，打通财务管理流程中的员工薪资发放流程，促进流程高效运转。

（二）流程层级划分

不同的管理内容或切入角度会呈现出不同的层级划分结果，此处将组织流程等级分为三级，分别是一级计划管理层、二级业务运营层、三级职能操作层。组织战略层作为统领性的战略目标，多用于指导流程运转，通常难以落地，故将其单独列为零级流程。具体内容见表3-2。

以行政管理中的资产管理为例，对组织流程层级划分进行详细说明。如图3-5所示，零级流程无疑为企业的战略目标；一级流程为行政管理，是二级流程中的物品采购、资产管理等事项的第一责任部门；二级流程为办公空间、物品采购、行政制度、资产管理等，是行政管理内容下的重点工作事项；三级流程为资产入库、资产领用、

表3-2 流程层级划分

序号	流程层级	层级名称	主要方向	层级间的区别	示例
1	零级流程	组织战略层	组织价值主链、业务模块的关系和内容	侧重点：宏观把控 作用范围：整个企业 影响时间：长	企业战略目标、公司章程
2	一级流程	计划管理层	跨部门、岗位间的工作流程划分	侧重点：责权归属 作用范围：部门至企业 影响时间：较长	行政管理部门
3	二级流程	业务运营层	部门内、岗位间的工作流程划分，由各工作事项组成	侧重点：内容和关联 作用范围：部门和岗位 影响时间：较短	物品采购、资产管理、访客接待
4	三级流程	职能操作层	具体岗位的具体工作流程	侧重点：深究细节 作用范围：具体岗位 影响时间：很短	某岗位某工作的标准作业程序、一张表单的表头设置

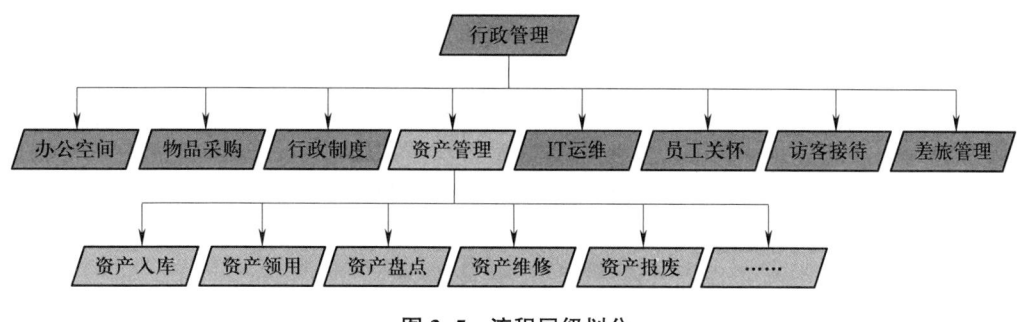

图 3-5 流程层级划分

资产盘点、资产维修等,是资产管理模块下的具体工作流程,需先入库才能领用,管理者需做好资产盘点、维修和报废等工作。

根据流程划分层次不同,流程活动也呈现出层级化趋势,即高一级流程中的某一个活动过程,往往可以细化成为一个完整的低一级流程。识别流程执行者与流程本身的层级划分有直接关系。进行流程设计时,应避免不必要的细化讨论。

（三）数字化流程管理的基础和保障

组织架构是流程运转的基础。从结构关系看,数字化组织架构是奠定数字化流程运转的基础。好的组织架构需要有一定弹性,能够随流程变化而不断优化,并且在组织架构优化过程中,可以发现流程设计不合理之处,并做出调整。可见,组织架构类型与流程的设计往往相辅相成、相互影响。因此,组织要进行数字化流程管理,必然要搭建数字化组织架构,实现组织架构的可视化、扁平化、透明化,明确各部门及岗位权责,进行相应设置。

制度与机制是流程落地的保障。制度是做事要求和行为准则,机制是行之有效的方法,流程则是路径,三者之间应当相互配合,才能使组织运营更稳定,更有质量；在完善制度与机制基础上进行流程设计,持续优化,提升工作效率；进行制度与机制设计时融入流程管理思想,反映流程、支撑流程,确保流程运行及落地实施。

二、配置数字化流程

（一）数字化流程的梳理和设计

在流程梳理过程中,需要对业务、管理流程进行分析,对组织流程,尤其是对影响效率的关键流程进行改善，从而提升企业管理水平。

流程梳理完成后，需要重新构建企业的管理工作及作业程序，重新设计流程，提高工作效率。流程设计者应明确流程设计的难点和重点，从流程梳理着手，通过明确相关工作接口、厘清矛盾焦点、梳理风险控制点，进行流程优化，并制定相关标准。

1. 组织流程设计的重点

（1）架构与流程间的关系难梳理。流程需要高效，而组织强调管控，当管控太强时，冗杂的组织架构就会牵制流程进展。许多组织的流程设计不是为确保其在质量、速度和服务等方面的绩效表现结果，而是为方便管理者控制，忽视组织架构与工作流程的关系，追求层层监控，导致层级设计过多，流程效率降低。因此，理顺组织架构与流程间的关系，打破原有的部门边界和职能边界，是流程设计的重点。

（2）流程的价值链难梳理。流程的价值链是组织内流程相互协同，实现整体价值目标过程的抽象表示，其实质是对组织的工作流程进行价值分析，判断各个流程的价值尺度，明确流程增值的次序和权重。在流程分析与优化中，必须进行价值链梳理，重新安排价值链中各角色的作用及其相互关系，以动员新的联合体进行价值创造，确定增值的关键环节，使组织流程得到最有效的改进。因此，进行流程价值链梳理，理顺部门、职位间的接口关系，如组织接口关系，物流、信息流、资金流、人流等方面的接口关系，明确工作责任等，是组织流程设计的重点。

（3）流程和机制间的配合难落地。在流程设计中，流程需要以制度与机制为指导。而在组织中，流程设计人员的专业性、组织制度与机制僵化或脱离实际，常导致流程与机制相脱节。因此，如何使流程和机制相互配合，确保和提升流程的运作效率，并从质量、成本、速度、服务等方面出发进行流程优化；从战略实现的高度审视流程，使流程与组织的文化、制度与机制融为一体并不断优化，是组织流程设计的重点。

（4）流程的推进与持续优化难保障。在组织中，流程设计完成后难以推进或难以持续优化的现象时有发生，究其原因，是组织内原有的习惯和惰性增大了流程实施的阻力，而组织也疏于自上而下发力去推动流程的实施。因此，如何在组织制度设计和人员安排等方面保障流程的落实，对流程绩效进行管理，及时评估新流程带来的成果，经常性审视流程的不足并进行调整，以保障流程优化的持续性、规范化和程序化，是流程设计的重点。

2. 流程梳理的三条线

流程梳理的三条线分别是动作流、角色流、实物和信息流，它要求管理者从所需动作、角色参与、实物和信息流转三个角度出发，分析整个流程运转将会经历的过程。下文以安全生产管理流程为例，介绍动作流、角色流、实物和信息流的具体内容。

（1）动作流。动作流指流程运转过程中所需执行的一系列动作。在安全生产管理流程中，动作流是为提升安全生产水平所需进行的动作，可以粗略分为三大步骤：制订安全生产措施计划、进行安全生产培训与检查、进行安全隐患排除。三大步骤可再细分为更小的动作流，如在进行安全隐患排除中可以再细分出发现隐患与缺陷、采取纠正措施、交由安全生产领导小组和总经理审核、排除安全隐患等动作流。

（2）角色流。角色流指按流程进行顺序参与动作执行的各种角色，可以是个人，也可以是某个部门。例如，安全生产管理流程会涉及总经理、安全生产领导小组、生产管理部和被检查部门，总经理负责确定安全生产目标，安全生产领导小组负责建立安全生产管理体系，生产管理部则承担了大部分的安全生产管理内容，同时其安全生产计划的实施需要被检查部门的全力配合。角色流与动作流就像战场上的战友，需要相互对照、相互检查、相互补充，让整体流程设计更合理通畅，从而提高流程运作效率。

（3）实物和信息流。实物和信息流是整个流程运转过程中沉淀下来的内容，包括产品、表单等实物，也包括资讯、服务等信息。实物和信息流也可以对应到流程输出，只是类似概念在不同过程中的表述不同。在安全生产管理流程中，实物和信息流主要有拟订的目标和计划、开展的培训内容、发现的安全隐患汇总、纠正后的结果等。其中，流程结束后的总结将反哺给最初拟订的目标和计划，如是否完成、完成量、对缺陷的反思等，都将成为这一流程的数据沉淀，并直接影响下一次类似流程的设计和安排。

流程设计者需要通过对动作流、角色流、实物和信息流三者关系的梳理，分析整个流程运转的过程，尽量考虑每个细节，确保流程在实际执行过程中更快速、顺畅，从而提高流程运转效率，助力企业发展。

3. 流程构成的三要素

流程是将输入转化为输出的一系列活动，由流程输入、流程活动、流程输出三大关键要素构成。

（1）流程输入。流程输入的过程需要流程供应商的支持，供应商为流程活动提供相关物料、信息和资源。在日常流程运作过程中，供应商有时只有一个，有时有多个，因此只需列出关键的供应商。例如，产品研发流程需要与市场部沟通协作，则市场部就是这一流程输入的流程供应商，而市场部提供的信息和资源，包括产品在市场上的销售情况、用户反馈情况、竞争对手防范措施等，便是流程输入内容。

（2）流程活动。一个完整的流程往往包含多项活动，涉及多个执行者和不同的职能部门。此外，各项活动间有严格的前后顺序和逻辑关系，这就要求原本相互独立的执行者和部门必须加强信息互通，紧密联结。例如，工程实时控制流程包含项目监督检查、项目进展差异分析、消除项目进展差异等活动步骤，涉及施工单位、项目部、工程部经理、财务部和总裁。施工单位按照合同进行施工，并提交至项目部审查，由项目部判断合同条款和实际进度间的差异，随后根据实际差异进行项目推进。可见一项流程中的流程活动之间联系紧密，只有经过所有活动过程，才能最终落实解决方案。

（3）流程输出。流程输出的结果是否有价值、有意义，要看是否满足了流程客户的需求。流程客户是整体流程的最终消费者，是流程设计过程中需要时时考虑的对象。流程客户包括内部组织客户和外部市场客户两部分，内部组织客户有员工、部门、企业等，外部市场客户则是组织承接的各种消费对象。

在同一流程中，几种不同的产出有时会对应不同的流程客户，流程客户最终需求也会有所差别，需以该流程客户的关键需求为主。例如，企业内部的绩效考核控制流程客户有员工、部门、企业三部分，三者需求便有所不同：通过绩效考核，员工希望获得更高的薪酬；部门希望借此提高员工的办公积极性和工作效率，实现绩效目标；企业则希望以此鼓励员工提升自身技能，积聚高质量人才，满足企业未来发展及业务调整的需求。在这种情况下，流程设计就要以满足企业发展需求为主。

4. 流程需求调研表

为进一步明确流程内容，需要填写流程需求调研表，再整理设计思路，辅助后续流程图的绘制，减少差错与复工，提高流程管理效率。

流程需求调研表主要记录内容包括流程名称、流程简介、责任部门及其相应职责、相关制度文件、流程管理现状、流程梳理需求和备注等。下面以员工招聘管理流程为例，展示所需填写的内容。要注意的是，管理者执行时不可照单全收，要按照实际需求对表单内容进行调整，见表3-3。

表 3-3　　　　　　　　　　　　　流程需求调研表

序号	流程名称	流程简介	责任部门	责任部门相应职责	相关制度文件	流程管理现状	流程梳理需求	备注
1	员工招聘管理流程	本流程用以规范公司的员工招聘工作	用人部门	提出用人需求，参与人员甄选并做出录用决策	《招聘制度》《岗位要求》《职位分析管理制度》	审核流程冗杂，纸质流程进度不明、效率低	梳理流程角色，明确权责，简化流程，提升效率	
			人力资源部	制订招聘计划，选择招聘渠道并发布信息，实施人员甄选，发放录用通知				
			主管副总总经理	审核招聘计划和录用决策				
……	……	……	……	……			……	

（二）流程图绘制的三大规范

流程图的应用范围极广，能表示各种类型的操作过程，使原本复杂、烦琐的程序变得直观形象、逻辑清晰，有助于企业管理决策的制定。流程图需要遵循一定的绘制规范，其中较关键的三大规范为图形规范、结构规范和路径规范。

1. 图形规范

流程图绘制有一套标准的图形符号，每个符号都有其特定含义。常用流程图图形符号及其含义见表3-4。

表 3-4　　　　　　　　　常用流程图图形符号及其含义

序号	图形符号	名称	含义
1	⬭ ⬭	开始/结束	任务/流程的开始或结束
2	▭ ▭	流程/操作处理	具体某一步骤或操作的名称
3	◇	判定/决策	方案名或条件标准，用于决策、审核、判断等
4	→	路径	连接各要素，箭头代表流程方向
5	⌐	注释	对已有元素的注释或说明，也可做条件叙述
6	▱	数据	文件的储存
7	▭	子流程/已定义流程	决定下一步骤的子流程/已定义流程
8	▭	文档	输入或输出的文件
9	○	接点	流程图之间的接口

2. 结构规范

流程图绘制需要遵循一定的结构规范，包括顺序结构、选择结构和循环结构三大结构。

（1）顺序结构。顺序结构的各步骤按顺序进行，是最简单的一种结构。当流程的步骤 A、步骤 B、步骤 C 三个动作按顺序执行时，只有完成步骤 A，才能执行步骤 B。

（2）选择结构。选择结构又称分支结构，后续步骤需在条件判断后分别进入不同的流程。流程进入条件 A，如满足条件即为"是"，进行步骤 B，不满足则为"否"，进行步骤 C，而后再进行后续的步骤 D。

（3）循环结构。循环结构指在整个程序中某一环节需要反复执行，并通过某一条件判断需要继续循环还是退出循环。根据判断条件，循环结构可分为两种形式：一是先判断后执行的当型结构，二是先执行后判断的直到型结构。如图 3-6 所示，当型结构是流程进入条件 P，"是"则经过步骤 S 回到条件 P，"否"即可到流程出口；直到型结构是流程直接进入步骤 S，再到条件 P，"是/否"可出或回。

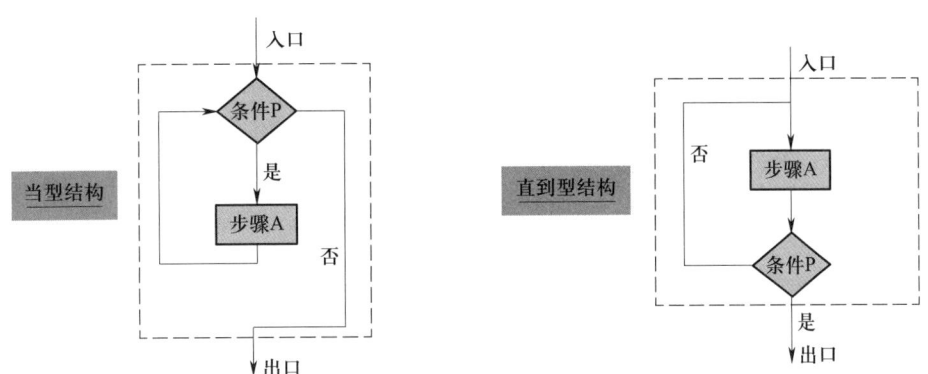

图 3-6　循环结构

3. 路径规范

绘制流程图时，要注意一些约定俗成的路径规范，具体如下：

（1）排列顺序。按从左到右、从上到下的顺序排列。

（2）开始符与结束符。完整的流程应从开始符开始，到结束符结束。开始符只能有一个，但结束符可以有多个。

（3）连接线。连接线不能无故交叉或弯曲。

（4）并行关系。属于并行关系的流程执行框应当放置于同一水平高度。

（5）指示箭头。处理流程为单一入口和单一出口，同一路径的指示箭头只有一个。

（6）符号大小。同一流程图内，符号大小需要保持一致。

（三）数字化流程的权限设置

1. 流程权限设置的原因

从"人"的角度看，每个人的管理能力都是有限的，每个人管理的事务会受限于个人管理能力，且有所差异，因此，需要针对不同员工进行工作分解，以"分权"方式让专业的人做专业的事，提高工作效率，缩短工作流程。从"事"的角度看，凡事都由一两个人做决定，势必会出现工作堆积、权责不清、人员冗余、时间延长等问题，造成企业效率低下、管理权责不清晰、人力成本增加。

通过设置不同的流程权限，将流程标准化、岗位权责固定化，能够提升企业的协同效率和管理效率，最终获得更好的企业效益。

2. 流程权限设置方法

下文将阐释流程权限类别和设置要点。

（1）流程权限类别。流程权限可分为三类：设计权限、填写权限和审核权限。设计权限包含设计填写权限、设计审核权限。填写权限从流程上讲，填写是输入的一部分，是一件事的开始，谁可以提交、谁是具体办理事情的人，则要根据实际工作需求决定。审核权限指授权审核人对事项进行审核。在授权环节，设计流程的人员要了解被授权的人员在该环节中应当履行的职责和需要审核的内容。常见的审核权限包含同意、拒绝、退回、转交、加签等。

（2）流程权限设置要点。进行流程权限设置时，要遵循立足实际业务、设计简单易用、考虑全面不重复、授权定岗不定人、明确权责范围五个原则。

（3）数据管理权限。数字化流程运转的过程中会自动产生大量的数据留存，这些数据不仅对组织发展意义重大，而且是组织信息安全管理中的重要组成部分。为进行有效的数据管理，管理者需要将不同的数据权限赋予相应的人员。

（4）查看、发起权限管理。【谁可以发起】能对流程查看、发起权限进行设置，可以设置流程发起人为全公司、特殊业务部门、特定成员等。以员工的定薪调薪流程为例，该流程隐私性较高，不可向所有员工开放。

进行权限设置时，注意区分功能权限（审核权限）和数据权限。此外，数据是企业经营发展状况的表现，必须特别重视数据权限的分配，做好数据保密工作，做到"非涉及不授权"。需要注意的是，进行流程设计和数据权限分配时，必须综合考虑实际情况，将管理权责分配到人，审核节点更加清晰，让组织流程更加快捷，从而大幅提升企业的管理效率、流程效率。

（四）配置在线化流程

1. 基本设置

配置在线化流程主要分为以下几步：

（1）创建流程

管理员进入管理后台，选择所要管理的组织，点击并进入【OA审批】管理后台，即可设计或用模板创建新的流程表单。

（2）流程基础设置

基础设置需要填写【表单名称】，即该流程的名称；选择【所在分组】，以便后续查找；编辑【表单说明】，其中包含流程使用场景和所需注意之处等；设置【谁可以发起】，即流程使用人员，不在发起范围内的人员则无法查看该流程。

（3）流程表单设计

通过页面左侧的【控件库】，便可自定义设置表单内容。首先选择所要使用的控件，然后在页面右侧输入控件【标题】，完善【提示文字】，以便员工后续填写。其他选项按需设置即可，如【必填】【扫码】【参与打印】等。

（4）流程（审批人）设计

进行流程设计时，管理者要依据组织实际业务情况进行流程调节，确保审核流程清晰、简单、全面、不重复。

判断发起人。默认显示【全公司都可以发起】，如果流程只对某些人可见，可单击选择【允许发起的人员】进行修改，如【组织内成员】【组织外成员】等。

设置审核人。管理者应依据实际流程，选择具体的审核人。这一步要遵循"定岗不定人"原则，即尽量将"审核人"设置为负责该流程审核节点的职位，避免直接选择某位员工。

设置改善环节。当该流程需经过多位审核人时，可选择或签/会签，当审核人为空时，则选择是否自动通过。

2. 高级设置

将上述四个步骤全部设置完成后，便已形成完整的流程，而一些细节设置需要在高级设置中进行。高级设置选项及含义如下：

【发起人自动通过】当审核人和发起人是同一个人,是否需要再次审核。

【自动去重】当流程中有多级审核环节,其中审核环节的审核人重复出现,是否只审批一次,其余自动通过。

【允许加签】是否允许审核人可以增加临时的其他审核人。

【审批撤销】审批发起后,是否允许发起人撤回修改。

【限时审批】设置审批时间限制,自动提醒、转交、同意。

【手写签名】是否需要审核人手写签字方可审批。

【审批意见】是否需要审核人必填审核意见、审核人评语是否对发起人可见。

【允许代他人提交】是否允许替其他同事提交该审批单。

3. 进阶设置

除上述基本流程配置外,下文介绍一些进阶设置内容。

(1)表单权限设置。在某些流程的设置过程中,管理者需要给予审核人一定的编辑权限,以便其参与表单内容的修改和完善,如图3-7所示。

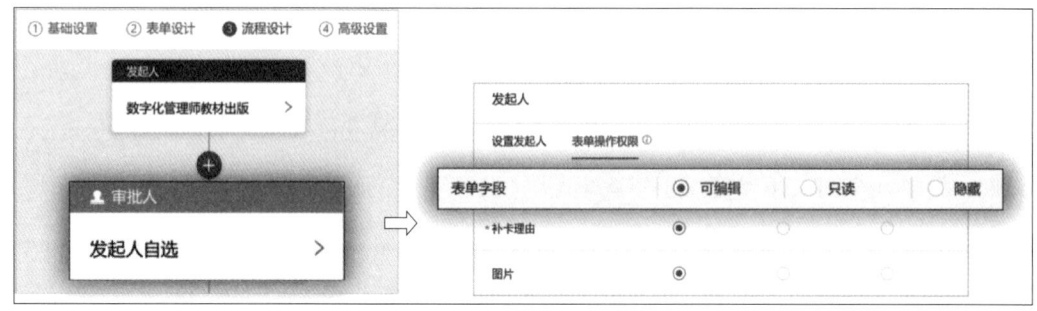

图3-7 表单权限设置

在"流程(审批人)设计"步骤中,选择需要授权的环节,勾选【表单操作权限】,会出现以下选项:

【可编辑】允许该环节审核人对该控件内容进行修改。

【只读】该环节审核人只能看不能改。

【隐藏】该控件数据对该环节审核人隐藏。

(2)分条件进行流程设置。流程表单设计受单位、组织相关管理制度、权限规定等变化的影响,流程中很多时候都存在分支,不同的分支在流转过程中有不同的规则,如请假天数超过 3 天由分管领导审批、请假天数超过 7 天由总经理审批等。设置方式如下：

找到审核环节前的【+】按钮，选择【条件】即可进行设置，同时注意条件设置依据。完成前一个条件的设置后，后一个条件设置采用【其他条件进入此流程】，这样一来即使后续条件发生变化，也有适合的流程进行，不会出现【没有符合条件的流程】的情况，如图 3-8 所示。

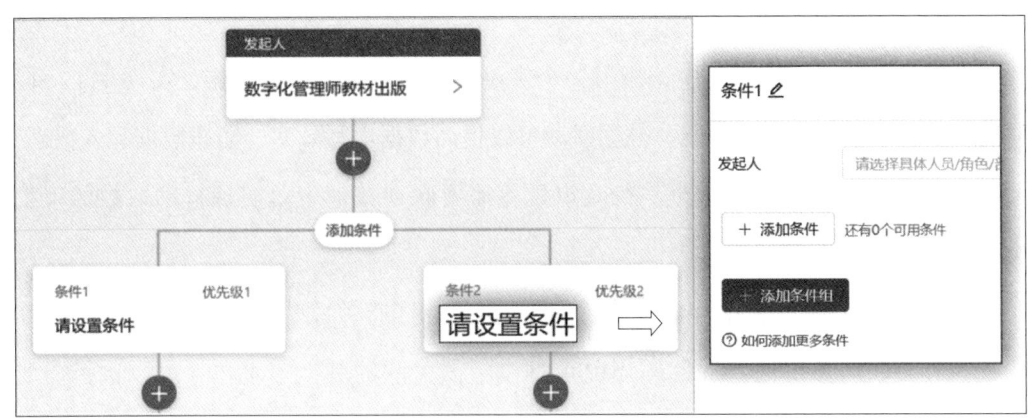

图 3-8　条件设置

（五）流程的测试和运作

测试是为找出流程设计过程中不合理之处，从而减少实际使用的错漏，确保流程顺利运转。经过多轮测试，直至无新的问题出现（不包括暂时无法解决或不紧急的问题），便可在线通知相关使用人群，开启流程使用。

1. 测试对象

测试对象既包括流程使用人群，也包括流程审核人群。使用人群测试该流程是否已经涵盖了所有将会涉及的人群，避免遗漏人群而影响流程的发起。审核人群测试流程授权是否合理，各部门、各流程条件的设置是否正确，避免出现不满足条件的情况。

2. 测试方法

管理者可从表单内容、流程过程、数据权限范围三个方面进行测试，具体测试方法为直接使用和扫码模拟。

（六）流程的优化

组织内没有一成不变的业务，也没有一成不变的流程。在搭建好数字化流程后，必须持续评估流程的执行效力，并根据评估结果进行持续优化，确保流程适应业务现状。

三、高级审批搭建的3个知识点

（一）表单里的功能

数据联动指在当前表单中调用另一个表单中满足一定条件的数据，实现一个字段联动其他多个字段信息的功能。数据联动可以提高数据填写效率，防止数据写入错误。通常用于财务审批、业务审批、行政审批等需要联动其他表单实现自动取数的审批类型。

关联表单指通过表单与表单中字段的关联，打通关联表单与被关联表单之间的数据。关联表单可以添加需与当前审批模板做关联的其他审批单，可以选择需要关联的具体字段，能设置数据过滤条件，还能通过添加过滤条件，限定关联数据范围。

（二）审批流的功能

1. 连接器

数字化连接平台通过可视化拖拽配置、一键订阅等零代码方式，实现数字化管理系统、企业内部系统、知名厂商系统、数字化平台上第三方企业应用间的数据互通和集成。主要解决以下问题。

官方应用与第三方企业应用互通。例如，当数字化管理平台中的出差审批通过后，生成审批凭证自动流转到第三方商旅应用中，实现出差流程的全链路管理。

第三方企业应用彼此互通。例如，在应用市场上购买的CRM[①]应用和财务应用数据互通，在CRM中管理客户，在财务软件中管理收入支出，解决企业财务决策与业务进展脱节等问题。

---

① CRM（customer realationship management）的中文含义为客户关系管理。

第三方企业应用与企业自有系统互通。第三方企业提供的应用与企业自有系统互通，实现与企业自有系统数据的相互流转。例如，在第三方 CRM 中新增一个客户时，将客户的信息、订单数据发送到企业自己的 ERP 系统。

与 OA 审批实现互通。通过连接平台，快速实现企业自建系统、第三方系统和数字化管理平台中 OA 审批间的互联互通。

连接器是数字化管理中的重要数据协同模块，其具体概念和使用方法将在第四章中详细讲解。

2. 并行分支

【并行分支】是审批流程中的一个功能，即流程中设置了多个并行分支，审批人发起审批时，只要满足并行条件中的部分分支条件，审批流程即可继续执行。一般在收到公文后，经由主办部门领导确认，分派给需要知晓的各部门，由各部门审阅、签字、签署处理意见等。在审批过程中，如果需要审批部门对审批内容相互保密，可设置并行分支流程，实现审批流程中相关部门审批意见彼此不可见。

（三）审批自动化

审批自动化是指通过技术手段实现审批流程的自动化管理，包括在审批通过后自动发送提醒通知，当收到重复审批请求时发出警示，以及基于新的审批结果自动创建相关任务。这种自动化不仅提升了审批效率，确保每一步均按照既定流程准确执行，而且通过精准、及时的信息记录和反馈机制，大大减少人为失误，也提升了工作透明度。此外，自动化审批系统能根据实际操作需求进行个性化设置，满足不同场景下的复杂需求，极大地优化了资源配置和流程监控。

四、数字化流程管理的场景和解决方案

（一）场景描述

某机器人科技有限公司是产销一体化的高科技企业，规模约 50 人，业务核心是机器人技术研发，致力于工业自动化和智能制造，为多元化的工业场景提供柔性仿生触手解决方案，极大解放了传统劳动力，提高了生产效率。

由于产销一体化，该企业多销售自家产品且折扣方案灵活，导致产品管理混乱。

例如，该企业与商家谈合作时，产品数量、价格、折扣等信息需要销售人员在 Excel 统计表中查询，费时又低效；内部信息申报需要管理人员进行二次审核，难以核实其准确性，严重影响工作效率。

该企业希望搭建一个能够快速查询产品信息的平台，并通过不同的权限设置，自动判断销售人员填写的价格、折扣是否合理。

（二）痛点分析

首先，信息滞后，售卖难。该企业产品数量众多，产品信息分散在每位销售手中，并存储于各自的 Excel 表格上。当新产品上市或原产品参数更新时，产品数据信息传递滞后，各位销售间也无法实现数据共享，导致产品信息模糊，影响企业售卖业绩。

其次，滥用权限，统计难。每个销售人员拥有的折扣权限与其销售等级匹配，但在实际销售过程中，常出现某些销售人员未达到相应销售等级却滥用折扣权限的情况，导致折扣金额数据混乱，统计核实困难，影响企业销售盈利。

最后，工作效率低。在售卖过程中，销售人员发起产品报价后，公司人员需对该数据进行审核，会造成重复工作，延缓售卖进展，降低工作效率。

（三）解决方案

销售流程主要分为以下几个步骤：

设计【产品库】。将产品基础信息录入产品库，并添加核心字段"单价""在售状态"等。

设计【销售等级表】。在销售等级表中，列明不同销售人员的销售等级，并添加核心字段"姓名""销售等级"。

设计【产品折扣权限】。在产品折扣权限中，清楚列明不同销售等级所对应的折扣权限，并添加核心字段"销售等级""折扣权限"。

建立报价单。报价单通过关联【产品库】【销售等级表】【产品折扣权限】，实现多方数据联动，并以公式计算等方式，满足多种销售场景需求。

（四）小结

该企业通过搭建线上数字化流程审批，打通生产、销售、售后各环节的业务壁垒，实现业务审批与数据核算实时同步，帮助企业及时了解业绩变化情况，快速适应市场需求，提升核心竞争力。同时，在数字化流程审批搭建过程中，该企业有机会全面梳理企业工作流程，发现并处理流程环节不清导致的职责冲突、权限重叠等问题，缩短了流程审批时间，提高了公司整体工作效率。

第四节　数字化供应链协同

一、数字化供应链的参考架构

数字化供应链是一个以客户为中心的平台模型，其核心优势是"能够出色地满足客户需求"。它采用云计算、大数据、物联网、移动互联网、人工智能、区块链等信息和数字化技术，构建以客户为中心、以客户需求为驱动的流程集成、以提高质量和效率为目标、以整合资源为手段的全过程高效协同组织形态，贯通研发、计划、采购、配送、制造、售后等业务。

数字化供应链组织形态的显著区别，是由传统的"链式"升级为"网状"，其典型特征是每个或主要节点与客户之间都能实现数字化沟通，构成动态、协同、智能、可视、可预测、可持续发展的网状供应链体系。在《数字化供应链综合研究报告》中发布了第一个版本的数字化供应链参考架构。图3-9是第一个版本的更新版本。

数字化供应链参考架构可以作为不同行业及企业参考的一个统一的数字化变革的战略模型及解决方案。数字化供应链参考架构的主要组成部分见表3-5。

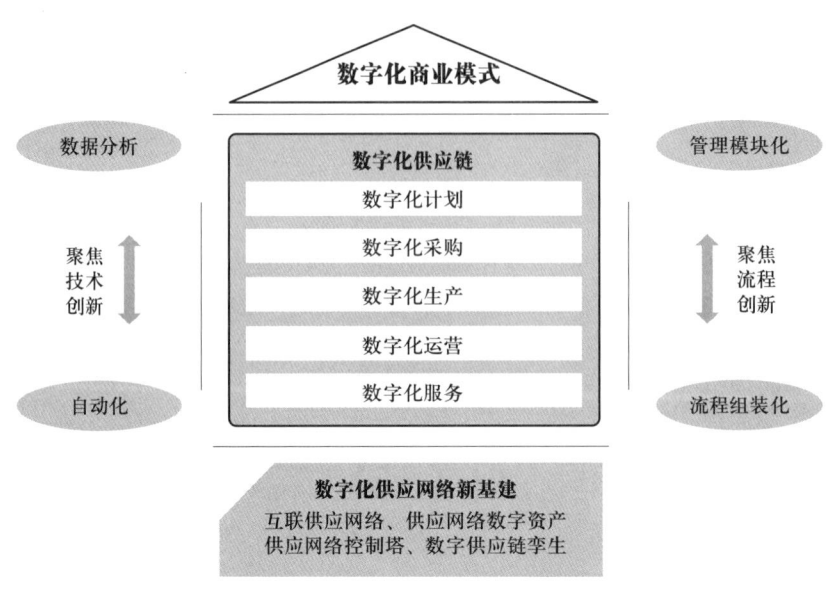

图 3-9　数字化供应链参考架构

表 3-5　　　　　　　　数字化供应链参考架构的主要组成部分

主要组成部分	描述
数字化商业模式	它是整个参考架构的顶层。今天数字经济所产生的各种新的商业模式（如B2C、B2B、C2M等）催生了数字化供应链。反之，它本身也衍生出新的商业模式，如供应链服务化、平台化等
数字化供应链的要素	数字化计划，数字化采购，数字化生产，数字化运营，数字化服务
数字化供应链技术	● 聚焦流程创新：管理模块化，流程组装化 ● 聚焦技术创新：数据分析，自动化
数字化供应网络新基建	● 互联供应网络——新的供应链组织形态 ● 供应网络数字资产——数字化供应链，一切都与数据有关 ● 供应网络控制塔——虚拟决策中心 ● 数字供应链孪生——物理供应链的数字表示和"大脑"
数字化供应链的策略	● 协同策略——横向、纵向供应链一体化，支持构建数字供应链网络新基建 ● 细分策略——差异化的供应链管理，支持供应链流程创新，模块化，灵活的流程构建

二、数字化供应链的细分策略

随着全球化的不断发展,越来越多的企业意识到供应链管理对企业绩效可持续增长的重要性。不同的客户价值主张需要差异化的供应链战略。产品、服务和客户有不同的要求,"一刀切"的方法可能导致供应链绩效和服务问题。供应链也开始成为一些企业的重点战略领域。

企业面临的最大挑战之一就是需要为客户定制不同的方案,以满足其不同的需求。在全球经济发展环境下,随着市场日益多样化,制造商和分销商必须能满足客户的全方位需求,因此,了解客户需求并制定有吸引力的客户服务策略,成为企业保住市场份额并实现盈利增长的关键因素。

(一)制定差异化细分战略

供应链细分描述了一种开发差异化供应链战略的方法,其目的是提高不同客户的需求能力,这个能力是实现数字化供应链的基本能力之一,它也是数字化供应链的一个重要策略。

供应链的通用原则如下:

(1)最小化。企业的供应链细分后的数量必须尽可能少,以避免过于复杂。

(2)独特性。每一个细分供应链应该有自己的独特价值主张,来使这条供应链的所有产品能够满足其匹配的客户群。

(3)简单化。尽量只用一种分割标准,在某些特殊情况下,可以结合两种标准来用,否则就会很复杂。

1. 差异化细分框架

提高企业绩效可以从市场和产品两个角度进行切入。细分市场包括根据特定标准分配的一组产品,如产品特性、客户要求等。每一个细分市场都衍生出一种独特的供应链战略,以满足客户需求。现有的供应链可细分为市场驱动和产品驱动,如图 3-10 所示。

(1)市场驱动细分。在数字经济时代,各端用户会对供应链产生影响,终端客户的需求会在短时间内影响初端客户的选择和决定,致使供应链管理人员要专

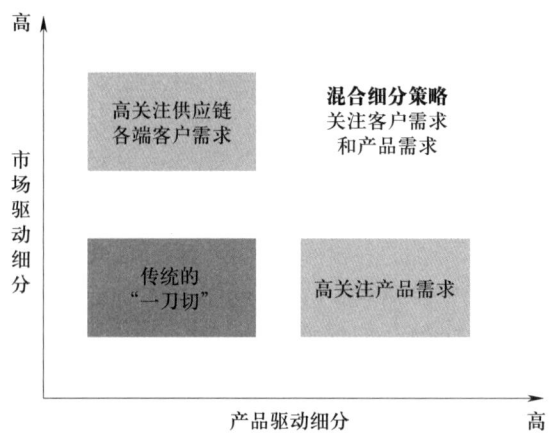

图 3-10 供应链细分框架

注提供差异化的客户体验。不容置疑的是，提供不同的客户体验是困难的，因为传统的供应链是"一刀切"的策略。今天和未来，将供应链分割在客户周围是保持数字世界竞争力的基本要求，市场驱动细分方式应运而生。通过了解客户需求，采取差异化的服务响应来满足这些差异需求。客户导向是服务市场和创造价值的有效手段。

（2）产品驱动细分。仅仅关注客户需求也存在一定的缺陷，客户不是带来不同需求的唯一维度，产品也有不同的特点，需要一定的战略优势。此时就催生了产品驱动细分策略。与市场驱动的细分方法不同，产品驱动的方法侧重于产品和需求特征，主要根据供应链中产品特征的不同对产品范围进行细分，主要包括产品类型（标准/特殊）和需求类型（波动性和数量），也包括供应特征（补货提前期和供应风险）。

2. 差异化细分步骤

首先，根据企业的业务特点和市场需求，确定供应链中的各个组成要素，包括客户、产品、渠道和区域等确定供应链的组成要素。

其次，将企业的客户、产品、渠道和区域按照其在供应链中创造的价值进行分组，可以根据客户需求的差异、产品特性、渠道特点以及不同地区市场的需求等来进行评估和划分。

再次，对每个供应链细分群体的服务成本进行评估。包括物流配送成本、售后服务成本、运营支持成本等。通过比较不同细分群体的服务成本差异，可以了解为不同细分群体提供服务所需的资源投入和成本收益情况。例如，一家法国公司服务其德国客户的成本与服务其印度客户的成本可能会截然不同。供应链的每个细分都反映了能为企业带来的价值，同时对应服务成本。

最后，根据供应链细分的结果和服务成本评估，制定差异化服务策略。根据不同细分群体的特点和需求，为其提供有针对性的服务，可能涉及定制化产品设计、个性化物流配送方案、灵活的售后服务等。为不同的细分群体提供差异化服务，保持企业盈利，是供应链细分的目的。

总之，供应链细分就是客户渠道需求和供应响应能力的动态协调一体化，并借此实现在每个细分群体的盈利。为了在电子商务主导的市场中保持竞争力，企业必须不断提高供应链能力，以满足客户需求。

（二）供应链细分的挑战

供应链领导者必须充分了解在供应链细分过程中将面临挑战的范围和深度。低估挑战不仅会导致短期的失败，而且会降低组织在未来的成功概率，有些公司不会有第二次机会。供应链细分的挑战包括以下几个方面。

第一，企业价值分组标准难以确定，这对组织领导者提出了很高的要求，对主链点企业来说将会是一个挑战。

第二，服务数据的详细成本难以获取和合理化，而且一直在变化。确定扩展供应链的服务成本，首先需要了解产生这些成本的因素。然而，成本因素并非轻易就能了解，可能需要进行一系列的高水平估算。尽管如此，在细分过程中，最基础的一步是建立清晰的成本平衡图，因此不能忽略该步骤。很少有公司分配专门的技术人员预算来独立完成这项工作。

第三，细分会带来组织结构的重构。围绕传统的"一刀切"或者是细分程度不足的供应链所设计的原组织和团队结构需要重组，在某些情况下，甚至需要彻底重组，这会导致公司面临严重的人才短缺，企业要在较短时间内完成人才团队的选拔和培训。

第四，需要对客户、供应商和服务提供商的合同进行检查和重新谈判，包括支持新的细分战略所需的服务和条款。

第五，智能信息系统的建构可能会触及传统企业文化里对"旧方式"的偏好。跨部门、跨业务的系统网络通常需要构建新的信息系统,一方面进行该系统的构建需要企业深思熟虑,另一方面企业内部要协调好新旧文化交替所产生的矛盾。

(三)供应链细分的场景、案例及其策略

部分供应链细分的场景、案例及其策略见表3-6。

表 3-6　　　　　　　部分供应链细分的场景、案例及其策略

场景、案例	细分策略
某产品要进行多渠道分销,既要满足一定的销售量,又要保持一定的服务水平	按分销渠道细分 • 现代渠道:服务水平高 • 电商渠道:服务水平高、竞争强、增长快 • 传统渠道:普通服务水平、折扣策略
某消费品制造商有四大分销渠道 • 现代渠道(商场、超市、便利店等) • 电商渠道(淘宝、亚马逊、自营电商平台等) • 传统零售渠道(北区、南区) • 出口渠道	按服务不同优先级客户细分 • 第一优先级 • 第一优先级(并列) • 第三优先级 • 第二优先级
某零售商的产品库存有限,无法完全满足所有渠道的业务需求,因此要按照优先级进行库存配送。首先满足电商渠道,其次满足现代渠道,最后满足传统零售渠道。出口渠道一般成本较高,可暂不考虑	按业务需求优先级细分,尤其是在资源有限的情况下 • 电商渠道:第一优先级 • 现代渠道:第二优先级 • 传统零售渠道:第三优先级
企业需要控制物资供应成本,以达到降本增效的目的,这要求对供应商进行细分	按供应需求细分 • 对自身的企业发展和市场规模进行准确定位,考量比较不同供应商之间的优势和短板 • 对供应商的相关产品质量、经营认知以及财务情况进行全面深入的了解,在综合性评估之后进行明确的目标选择 • 通过建立相应的评价小组来进行供应商的初次沟通,并且在双方具有合作意向的前提下进一步确认相应供货种类和数量
大卫·辛奇-利维在《运营规则》一书中提到一位学者的较早研究,即要着眼于需求不确定性和客户关系,这些维度确定了不同的客户群,每个客户群都需要不同的供应链策略	戴尔推出的四种最基本的供应链 • 按订单加工 • 按计划加工 • 按库存加工 • 按规范加工

（四）跨供应链细分的协同效应

供应链细分中的一个重要挑战是能够利用跨供应链协同效应来降低复杂性并利用规模经济，提升企业绩效。通常可以在五个方面产生协同效应：采购、设计、计划、生产、订单。

1. 采购协同效应

采购通常是供应链环节的第一步，对采购供应商进行细分后，就可以通过分析和预测各细分业务对于采购量的需求，从而选择合适的供应商进行供需匹配，降低库存积压风险和采购成本。

2. 设计协同效应

进行产品设计时，强调在所有供应链中使用标准的模块组件，利用模块的拼接组合，生产出新产品，减少废弃零部件的生产。

3. 计划协同效应

主要用于预测和提前分配，需要一种方法将制造能力分配给不同环节，用于调整需求、供应和库存，根据实际情况将生产能力分配给供应链。

4. 生产协同效应

采取共同的产品技术与共同的加工技术，同时要求尽可能多地整合制造基础设施。

5. 订单协同效应

随着客户细分的实施，不同的细分市场产生了不同的客户需求，这就可以对具有共同特征的客户分配相似的销售渠道，并且整合销售队伍和分销系统，这种方式通过提高预测准确性、降低成本来提高响应速度。

三、数字化供应链的协同策略

供应链协同是指两个或两个以上的企业为了达到某种战略目的，通过公司协议或联合组织等方式而结成的一种网络式联合体。供应链协同的外在动因显而易见，是为了应对竞争加剧和环境动态性强化的局面；其内在动因包括：谋求中间组织效应，追求价值链优势，构造竞争优势群，保持核心文化的竞争力。

供应链协同是供应链管理中的重要概念，目的在于有效利用和管理供应链资源。

(一)经典的供应链协同

供应链主要关注物资设备的采购过程,协同仅限于供应链上下游企业之间。经典的供应链协同仅仅是一个横向的协同,供应链的各个节点(供应商、制造商、分销商、零售商和客户)通过通信介质依次联系起来。这种供应链注重内部联系,灵活性较弱,它仅限于点到点的沟通与交流。如果其中一个节点的作用出现无序或延迟对接,将会影响其他节点企业的价值创造活动,从而影响整个供应链的保值增值。

1. 供应链协同的范围

供应链协同由两个方面组成:企业内部协同和企业外部协同。

企业内部协同是指为了企业内的各个职能部门,各个业务流程能够服从于企业总目标,实现不同部门、不同层次、不同周期的计划和运营体系的协同,如采购、库存、生产、销售及财务间的协同,执行层次的协同,长期、中期及短期规划间的协同等。顺畅的工作流、信息流,合理的组织结构设计,动态的流程优化思考是实现企业内部协同的有力保障。

企业外部协同是指供应链成员在共享需求、库存、产能和销售等信息的基础上,根据供应链的供需情况实时调整计划和执行交付或获取某种产品和服务的过程。

相较于企业内部协同,企业外部协同更加复杂。构建企业间的协同,必须在供应链层次共同构建一个共赢的供应链目标;建立企业间亲密的伙伴关系;实现资源的有效整合与利用,相互开放业务信息,提高运营体系的透明度;从供应链的层次,以满足终端客户需求为核心,实现企业间流程重组。

2. 供应链协同的经典框架

经典的供应链协同分为三个水平层次,分别是事务性协同、战术性协同以及战略性协同。不同层次水平协同的范围和战略都是不同的,所带来的效益也是不同的。

(1)初级协同——事务性协同。该部分的系统主要是事务性工作的协同,工作内容包括采购订单、生产订单、销售订单、销售点信息、发票、信用和支付等。采取的方式通常为 EDI、互联网或者通过专有工具(如 E-mail、电话等)进行协同,没有系统连接。

（2）中级协同——战术性协同。该部分的系统主要进行供应链管理和信息共享，内容包括生产或邮件预测、生产和运输能力、物料清单和订单、产品、库存、服务水平等。除初级协同外，中级协同还产生一系列的结构化信息，便于进行信息交换，但这种交换多是非即时性的。

（3）高级协同——战略性协同。高级协同的目的是优化战略供应链伙伴关系，提高盈利能力，包括定价、销售、运营、采购等各方面的管理。该部分的系统也要求能够应对关键供应链事件。传统的高级协同要求与合作伙伴联合制定规划、设计流程，并且分享收益与风险，但这种信息反馈也是非实时和非智能的，存在不确定性和欺骗性。

（二）数字化供应链网络协同

数字化供应链网络以数字为核心，构建起以客户为中心、以需求为驱动、以提高质量和效率为目标、以整合资源为手段的全过程高效协同组织形态，如图3-11所示。

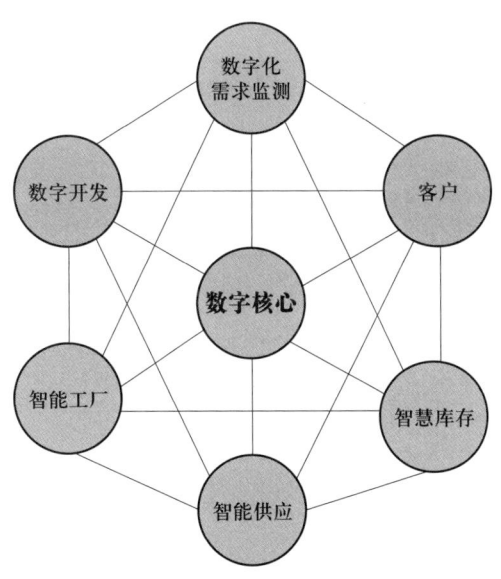

图3-11　数字化供应链网络

数字化供应链组织形态的显著区别，是由传统的"链式"升级为"网状"，其典型特征是每个或主要节点与客户之间都能实现数字化沟通，构成动态、协同、智能、可视、可预测、可持续发展的网状供应链体系。

数字化供应链网络像一个连接的社区，能够跨越整个价值链把供应商、合作伙伴、客户连接在一起，能够进行实时的信息交换，各端的可见性和透明性也可以保证信息的真实性。

数字化供应链的网络协同能达到纵向和横向的全方位供应链协同。它是整个供应网络共赢的策略，会给供应网络各方在计划、采购、交付等方面带来巨大的效益。此外，供应链协同也会存在不确定性，如供应商可能中止供货，天灾人祸可能造成供应中断。传统的供应链对此类不确定性没有好的解决方案。而数字化供应链的网络协同可以通过分析和控制塔的技术来预测可能的协同不确定性。

（三）数字化供应链协同框架构建

数字化供应链协同网络如图3-12所示。数字化供应链协同框架构建逻辑可以分为以下五个部分。

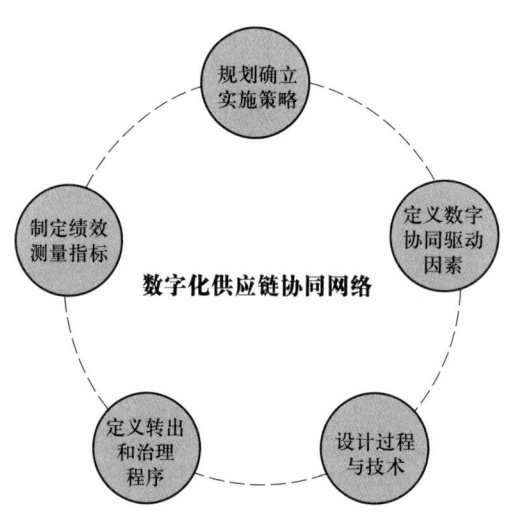

图3-12 数字化供应链协同网络

1. 规划确立实施策略

明确数字化供应链协同的目标，在全面规划的前提下分步实施，再建立一个数字化供应链协同的发展愿景、战略和路线图。识别哪些供应商和合作伙伴是战略性合作关系，哪些是一般合作关系。采用数字技术建立关注人和可实施的协同计划，甚至要求某些企业共享共赢文化的变革。

2. 定义数字协同驱动因素

需要确定、评估并将实现数字协同的驱动因素或主要工具纳入计划，并且为了后续协作的统一与顺畅，需要从一开始就这样做，同时要分析未来的风险预警，并提出对策。

3. 设计过程与技术

提前设计和实现相关的支持流程和技术，以支持协作，包括角色、信息决策、数据安全和其他关键方面，进行数字化建模。

4. 定义转出和治理程序

合作计划的推出和整体治理必须是量身定制的。一些公司向供应商和贸易伙伴学习，然后将项目推广到更广泛的领域。其他人则专注于业务领域，在扩展之前，可以从中轻松获益。

5. 制定绩效测量指标

还有一个关键步骤，就是为所有相关方定义和衡量协作计划的关键绩效指标。行为通常由所测量的因素驱动，而主要评估事务性、战术性绩效的关键绩效指标也同样会将相关方的注意力转移。当绩效测量指标反映关系的整体而不仅仅是事务元素时，可以极大地促进协作的成功。

（四）数字化供应链协同案例

1. 场景描述

某科技有限公司是一家集研发、生产、销售于一体的现代型食品公司，公司拥有某主打品牌，专注于冻干食品的研发与销售，始终秉承"创新、聚焦、健康"的生产理念，致力于成为冻干食品行业的领导者，目前是全国著名的冻干水果品牌，业务涉及世界各地的水果，包括泰国榴莲、丹东草莓、越南火龙果等。数字时代的到来，给企业带来了新的机遇和挑战，如何把握数字时代趋势，对传统行业特别是零食行业来说，已经是影响生存的关键之战。越来越多的零食企业需要通过数字化协同与分工，降低成本，为企业拓展新的发展空间。因此，零食企业需要实现搭建数字化营销系统，以满足高速增长的线上业务需求，聚焦目标客户，实现精细化营销，提升客户服务能力，筹划品牌发展战略，完成数字化品牌管理升级。

2. 痛点分析

综合物流成本高居不下。在现代企业，一个项目总会涉及多个岗位协同，而多个岗位往往是在不同部门的。该公司物流业务范围非常广，包括采购新鲜水果运输到冻干工厂，采购原材料运输到包装工厂，组合好产品和包装之后运输到各个仓储中心，随后进行距离和成本的评估后运输到多地进行经销。全过程涉及的组织和岗位多而繁杂，运输环节多，这就产生了高昂的综合物流成本。

承运商到货准时率参差不齐。在公司早期的产品运输过程中，该公司的仓储物流部人员、承运商、分公司及客户分散在不同的地方，协同较难。司机出入仓前后，企业难以实时掌控运输途中出现的情况，也无法了解司机实时位置，难以提前应对货车到达时间与原定不符的特殊情况，企业只能通过电话告知承运商存在运输订单委托，后续的运输订单信息状态也只能通过人工在 Excel 进行信息录入，这导致货物是否能及时运输至客户方、运输过程是否有破损或丢失，仓储物流部人员不能实时跟进记录，难以及时解决运输过程中出现的问题。

结算打款周期长。公司一开始多为线下记账，时常会存在账目未及时记录的情况，时间一长就会造成账目不清，因而在单据多而杂，甚至存在缺失的情况，会导致对账变慢，结算打款周期就变长了。

3. 解决方案

通过与某平台公司合作，基于其低代码开发能力，该公司仅用两个星期就搭建了一套新型服务商管理系统。它是基于沉浸式、场景化、网络协同和数据普惠理念的全新应用形态，基于平台公司上下游组织的外部群功能，在群内随时共享管理系统的吊顶卡片，实现运输信息的实时更新与群内可查，相关员工只要单击卡片内容跳转至后台就可查看对应承运商的运输情况。每笔运输费用在线上便可确认，统一核算口径，降低沟通成本。

4. 小结

通过上述低代码开发、新型服务商管理系统与群聊 2.0 的功能组合，该公司不仅彻底解决了之前物流的"糊涂账"问题，丢货、串货、收货无凭据与追款困难等问题迎刃而解，而且能根据实际数据考核物流公司的服务质量，对承运商进行有效管理。

目前,其已经将早期的 20 余家物流承运商精减为 5 家,累计节省系统开发和物流费用上百万元。未来,该公司将致力于构建产业链大协同,进一步发挥产业链的协同优势。

第五节　综合实训 1

实训时长: 90 分钟

（一）实训目的

1. 了解在线文档与本地文档的区别。
2. 掌握在线文档的操作方法。
3. 掌握在线文档的协作方式,以及权限设置和安全设置的操作方法。

（二）实训内容

某生物研发公司的总部与分公司设在两个城市,销售部门与人事行政部门、财务部门和产品部门主要通过远程方式进行工作协作,企业需要在兼顾效率的情况下提高文档安全管理的精细度,员工需要提高文档的编写效率,梳理后需求如下:

（1）具有在线文档的历史版本管理、编辑权限控制、信息安全保护等功能。

（2）创建企业知识库,在日常工作中沉淀文档。

（3）引入 AI 工具,提升文档撰写效率。

1. 在线文档的权限与安全

（1）打开数字化管理软件,进入【文档】首页,点击【企业管理】进入设置页面。首先,设置"是否可以将文档/文件分享到组织外",根据该公司需求,选择"禁止分享文档、知识库等内容给组织外用户";其次,设置"谁能将文档/文件设置为组织内公开"，根据该公司需求，选择"企业管理员（主管理员+子管理员）及文档所有者、可管理权限成员"；最后，设置"谁能创建知识库"，选择"仅指定成员"，并开设权限给公司的知识管理部门成员；设置"是否允许文档被公开发布为网页"，选择"允许文档公开发布、公开发布需审批、更新需要重新审批"。

（2）点击【文档入口】，进入工作台的【OA审批】，点击创建一个新的流程表单，命名为"采购申请表单"。

2. 知识库

（1）新建知识库。打开数字化管理软件，进入【文档】首页，点击【知识库】进入首页，点击【新建知识库】，按部门、重点项目、内部公开三个维度建设知识库。首先为四个部门建设知识库，分别是行政部知识库、财务部知识库、销售部知识库、产品部知识库；其次为两个重点项目建设知识库，分别是会议知识库、新品研发知识库；最后为新建两个内部公开的知识库，分别是产品说明书、公司政策查询。其中，前两种知识库的公开范围需要选择【仅知识库成员可见】，第三种知识库的公开范围选择对内部公开。

（2）以"会议知识库"举例。会议资料经常面临会前催办收集、会中多次修改更新、会后整理归档等管理问题。如何让知识库在协作过程中自动沉淀文档？首先，设置"会议知识库"的知识库成员时选择会议管理人员，知识库成员有权限管理、编辑、查看所有文档，便于查看各部门的文档编辑进度，及时催办；其次，进入该知识库并新建文件夹，按会议周期命名，如"20××年第×季度会议文件夹"，文件夹下新建若干文档，命名为"××部门季度报告"；最后，通过文档的权限调整，实现会前、会中、会后管理。

会前阶段，会议管理人员需要通知各部门的汇报人在指定"××部门季度报告"在线编辑或粘贴其材料。设置方式：点击"××部门季度报告"的【管理权限】，为各部门的汇报人开通"可编辑"的权限并发送通知，该权限可以编辑文档、授权其他成员具有编辑权限，新增权限发送通知可以发送一条文档的快捷到其消息页面。

会中阶段，需要让所有参会人实时看到汇报者的文档，方便看到内容细节。设置方式：把"20××年第×季度会议文件夹"权限修改为对本次的会议群全员"可查看"。汇报人上台汇报前,在文档插入【计时器】并打开计时器显示倒计时,再点击文档的【播放】按钮将文稿改为全屏演讲模式。会议管理人员新建一个会议纪要文档,利用【闪记】功能,把汇报人的演讲声音录制并实时转为文字和重点摘要。

会后阶段,需要归档文档,同时解除本次会议群成员的可见权限,汇报人也不可以再次编辑。设置方式:点击"20××年第×季度会议文件夹"的【管理权限】,找到会议群全员这个群组,把"可查看"权限删除,并更改汇报人的权限为"可查看"。

通过这种管理方式,不必在会后再整理汇总材料,而是在会议管理的过程中自然沉淀所有会议资料,且会议材料的收集、修改、展示环节都更便捷高效。

(3)发布知识库。以需要公开的"产品说明书"为例,"产品说明书"需要定期更新,客户或者员工通过固定的公开地址访问该文档,查询最新产品信息。设置方式:参照上一环节新增文件夹、文档,建设完成一个"产品说明书"。回到"产品说明书"知识库首页,点击【发布为网页】,勾选需要发布的文件夹、文档,提交主管审核,主管审批通过后,会获取一个公开的网页地址,将该地址配置到公司官方网站等位置,客户可以公开访问该文档。当"产品说明书"有内容更新时,在知识库再次执行上述流程,审批通过后,公开的网页刷新后内容自动更新,而网址不变。

(4)知识库回溯和删除。在线文档有历史版本记录,可以点击回到某个历史时刻的版本,并且可以查询不同人的编辑记录。在知识库内删除文档,不会彻底删除只会进入回收站;点击知识库设置下的删除知识库,会彻底删除该知识库,一般需要管理员以上权限才可以执行该动作。

3. 文档的 AI 工具

(1)辅助创作。文档 AI 可以基于特定的主题,创作一段文字,如营销策划、创意故事、推广文案、职位描述、总结报告、竞品分析、利弊分析、产品说明、新闻稿、合同、大纲、待办清单、电子邮件、文章、诗歌等。操作方式:点击文档的 AI 功能,在对话框里输入一段提示词,例如,竞品分析"新能源汽车和燃油车",推广文案"写一篇关于春日奇异果饮品的推文",新闻稿"写一篇 1 000 字的 AI 技术的应用前景新闻稿"。指令明确格式、题材、字数和要求，有助于 AI 返回更符合要求的内容结果。

（2）改写内容。文档 AI 可以基于已有的内容进行改写，如生成摘要、识别待办、继续写、帮我润色、丰富内容、精简内容等。操作方式：在文档中选中一段文字，点击文档的 AI 功能，在对话框中输入一段提示词"改写为文言文"。

（3）生成图片。文档 AI 可以根据关键词或特定场景的描述生成图片，例如，"生成凤梨鲜果茶的图片，大小为 720×1 028"。

（4）生成表格。文档 AI 可以根据指令用表格列出需要对比的信息，例如，"对比新能源汽车与油车的优劣势，用表格呈现"。

第六节　综合实训 2

实训时长： 90 分钟

（一）实训目的

1. 了解自动化连接流可以实现的场景。

2. 掌握连接流的基础配置方法。

3. 掌握连接流对接群、消息、任务等配置方法。

（二）实训内容

某公司采购流程实现了线上审批，但申请人提交的采购审批被审批通过后，需要人工跟催采购员是否知晓、何时开始采购，且采购员在采购过程中遇到特殊情况时，需要多次找申请人沟通确认需求。这家公司希望能有一个自动化流程，当申请人的采购申请通过后，可以自动发任务和日程给采购员，并自动创建一个采购群用于进度沟通。

1. 创建采购申请的 OA 表单

（1）打开数字化管理软件，进入工作台的【OA 审批】，点击创建一个新的流程表单，命名为"采购申请表单"，"表单设计"所需的字段名称和控件类型如下：物品（单选框控件）、采购数量（数字输入框控件）、采购申请人（联系人控件）、采购负责人（联系人控件）、采购员（联系人控件）、采购说明（多行输入框控件）、采购截止时间（日期控件）。

在"物品"的【单选框】"选项自定义"的设置里，输入一些物品名称，如办公桌、办公椅、空调等。

表单的"流程设计"可以按需配置。

（2）完成以上表单的配置后，点击【发布】，令表单生效。

2. 在连接平台配置连接流

连接流通过低代码方式编排、组合触发事件和执行动作，连接多个应用系统，实现业务流程自动化。连接流主要包括三个模块：触发事件、执行动作及添加节点。配置连接流如图 3-13 所示。

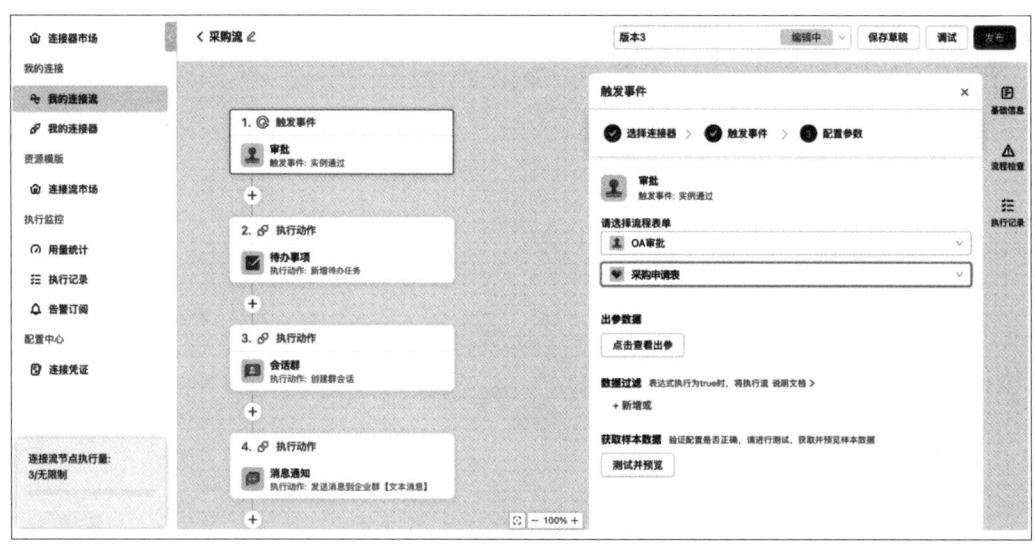

图 3-13　配置连接流

（1）进入数字化管理平台的【连接平台】。连接平台一般为独立的网页，具体地址需要向数字化管理平台咨询确认，并需要以管理员身份登录开发者后台。

（2）在我的连接流页面，点击【创建连接流】，可以修改连接流名称为【采购流】。页面自动创建【触发事件】【执行动作】的卡片。

（3）点击【触发事件】卡片。在配置页面，首先选择【连接器】，这个实训用 OA 作为触发条件，所以在官方连接器分类下选择【审批】。其次配置触发事件，点击审批的【实例通过】，也就是审批通过后就会触发这个连接流。最后配置参数，选择流程表单【采购申请表】，出参数据可以使用默认的参数。

（4）点击【执行动作】卡片。在配置页面，首先选择【连接器】，该执行动作用于实现 OA 审批通过后生成【任务待办】，所以在官方连接器分类下选择【待办事项】。其次配置执行动作，选择【新增待办任务】。最后配置参数，生成的待办任务有部分信息需要从表单中获取，【待办标题】的引用值改为表达式，弹出公式编辑页面，如图 3-14 所示。实现的效果是，当提交一个物品申请后，采购员的待办列表中会生成标题为"×年×月×日×的采购申请"的待办事项。

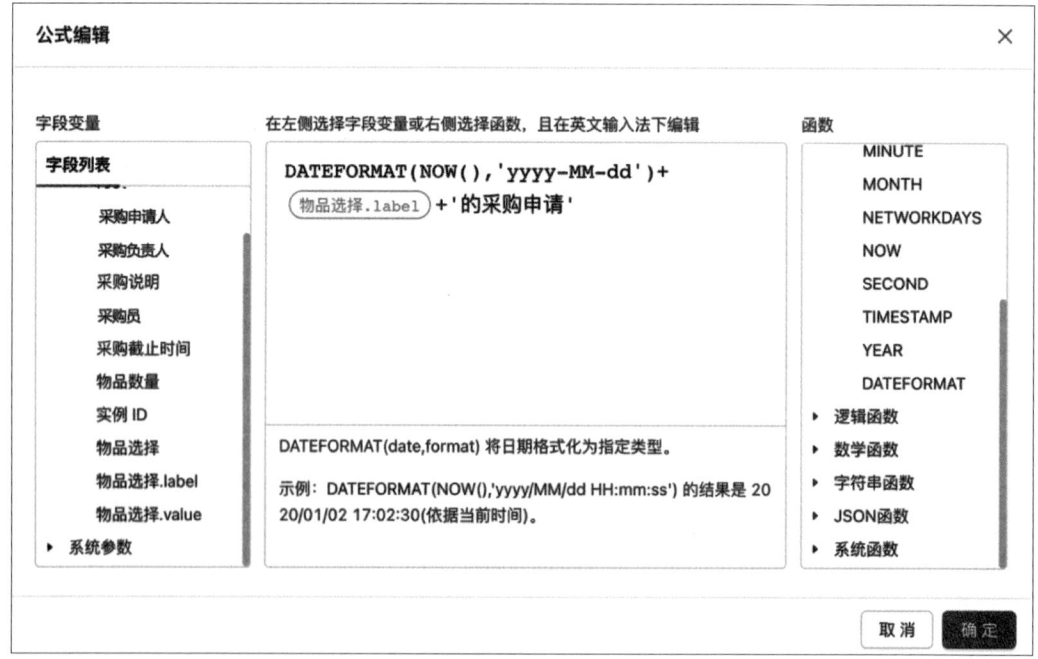

图 3-14　公式编辑页面

（5）配置【创建者的useID】【当前访问资源所归属】【操作者用户ID】的入参参数。参数信息可以用"引用值","引用值"的信息是"触发事件"中OA审批的字段，标注"出参"二字；参数信息也可以用"输入值"，手工输入【应用类型】为"ORG",【AccessKey】输入应用的串码值，如图3-15所示。

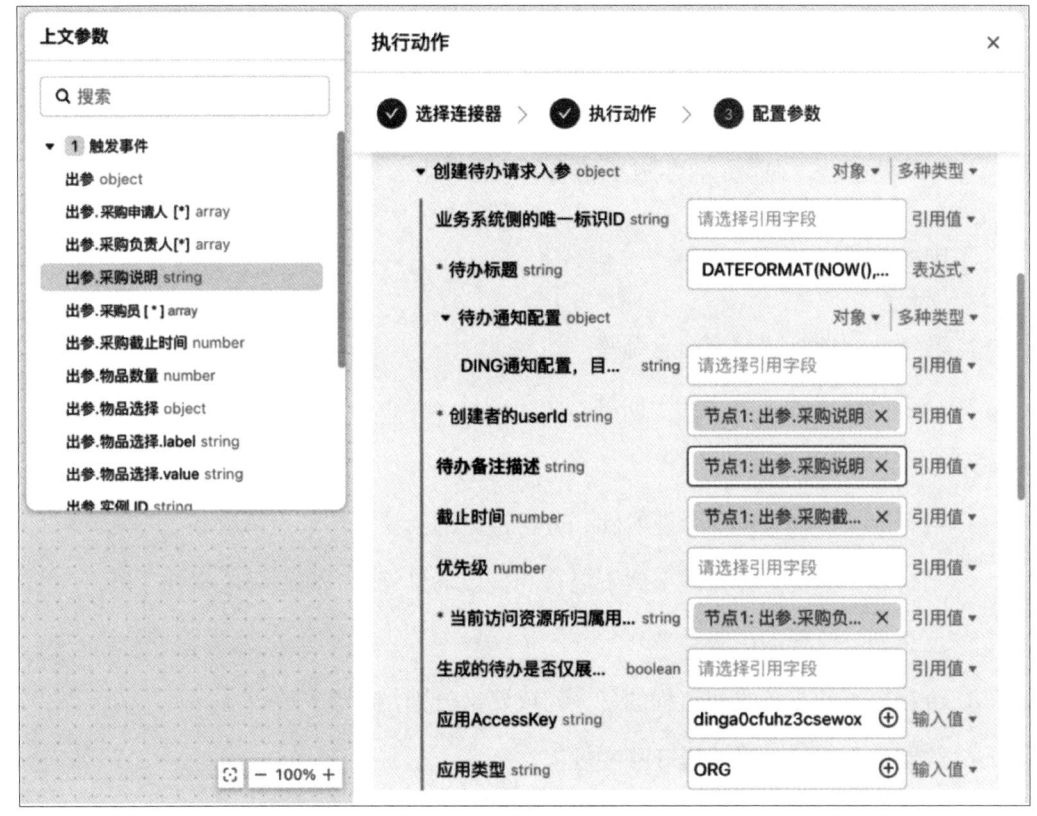

图3-15　设置信息

（1）返回"采购流"连接流的设置页面，在【触发事件】【执行动作】后面，点击加号，新增一个【执行动作】，这个环节用于审批通过后创建一个群，自动把采购员和采购负责人拉入群。整体配置过程参考上一个环节，注意本次选择的官方连接器是【会话群】，执行动作是【创建群会话】，对应的参数可以自行配置，如"群主ID""群成员ID","群名称"也可采用上一个环节配置"待办标题"的方式，用公式编辑。

（2）再次返回"采购流"连接流的设置页面，点击加号，继续新增【执行动作】,这个环节用于审批通过后在群里发送一段消息通知。配置过程注意选择的官方连接器为【消息通知】—【发送消息通知到企业群(文本消息)】。配置参数时,消息内容可以自定义或者公式编辑;【会话群 ID】可以用前一个环节生成的群 ID,需要在弹出的参数索引页面找到前一个执行动作中的"创建群会话结果返回. 业务返回结果 .chatid",从而获得群 ID 信息。

(3)调试。返回"采购申请通过后生成待办"连接流的页面,在【触发事件】【执行动作】后面的调试状态为绿色时,说明调试成功。回到 OA 审批中,按字段要求提交信息并审批通过,观察是否生成了相应的待办、群、群消息。

【思考题】

1. 数字化文档管理的流程有哪些?

2. 结合具体实际,解答如下问题:组织在什么情况下需要建立业务问答知识库?知识库的搭建要点有哪些?

3. 结合会议管理案例及企业实际,分析常见的会议管理痛点有哪些。

4. 结合相关案例,分析线上线下混合的会议场景管理有哪些核心搭建步骤。

5. 怎么划分流程的层级?

6. 流程梳理的三条线和流程的三大构成要素分别是什么?

7. 绘制流程图时,需要遵守哪些规范?

8. 运用流程配置和高级审批相关知识,结合本章案例,分析企业流程管理的痛点,探究解决方案和具体操作。

第四章
数字化应用开发

在数字经济时代,组织需要进行数字化转型并采用个性化业务管理系统,以在激烈的行业竞争中脱颖而出。此外,组织需要根据自身现状和发展战略,持续优化和迭代管理系统,以适应市场变化和业务需求。

低代码应用开发提供了一种轻量、灵活的方式来构建个性化的管理平台。组织可以利用低代码特性,快速开发和定制各种管理模块,满足特定需求。

连接器发挥重要作用,将各个管理模块中的数据连接起来,实现数据互通互联。

本章聚焦数字化应用定制开发和系统集成,详细阐述开发的方法。

- **职业功能:** 定制个性化数字应用,采用连接器搭建互通的管理平台,实现更高效的数据管理
- **工作内容:** 运用数字化管理平台的应用开发能力,设计并开发符合当前组织需求的数字化应用;结合组织跨系统数据流转需求,使用连接器打通组织各管理板块中的数据,实现统一的管理平台
- **专业能力要求:** 低代码应用开发能力、连接器使用能力、数理逻辑分析能力
- **相关知识要求:** 编码理论基础知识、常见编程字段知识、连接器知识

第一节 服务方案选择

数字化应用服务方案是利用数字技术和信息化手段为企业提供解决方案，以实现业务流程的数字化、自动化和优化。数字化应用服务方案旨在帮助企业提高运营效率、降低成本、创造商业价值，并根据具体需求和行业特点定制开发，满足不同的业务需求。

一、数字化应用需求分析

数字化应用需求分析通过深入了解企业的业务流程、现有系统和用户需求，确定数字化应用的具体功能和特点。

（一）数字化应用开发的价值

在数字化管理环境下，企业内绝大部分活动均在线上进行，这意味着要依托数字化工具辅助日常办公与管理，以使数字化应用适应实际需要并发挥应有价值。数字化应用是企业实现数字化高效管理的必经之路。

1. 传统管理软件应用的痛点

在传统模式下，大量企业为顺应管理需求引进了标准化通用的线上工具，但实际利用中却存在很多不便。这类管理类软件通常存在三个问题，一是标准化通用产品不适应个性化管理的需求；二是基于需求定制的系统开发周期长、费用高；三是当基于原有软件进行二次开发时，接口和厂商不一致，开发难度大。

（1）购买标准化管理产品的痛点。购买标准化管理产品看似便捷，却往往无法满足企业的个性化需求，容易造成诸多潜在麻烦。例如，国内某智能制造企业为达到优化业务流程的目的，上线一套通用ERP系统，使用一段时间却发现，标准化软件无法支持企业长期的业务运作，更难以同时满足组织不同业务的管理需求，企业整体运作效率低下。标准化的管理产品就像方方正正的格式化图形，而企业的管理体系具有不规则棱角。为套用标准化模板，企业可能被迫"削足适履"，去掉一些个性化部分，这非常不利于企业发展。

（2）基于需求定制开发的难点。定制系统从开发到成熟耗时很长，且市场需求在不断变化，研发边际成本非常高。管理类软件研发中常有业务人员不懂技术、技术开发人员不理解业务的现象。加之不同的职能部门拥有各自术语库和关注点，导致沟通中经常出现信息不对称的问题，开发难度大、效率低。此外，高度专业化的研发和维护带来了极大的不确定性，而且随着业务和组织管理的不断变化，对代码维护需求越来越大，会给团队带来巨大压力。

（3）基于原软件进行二次开发的难点。传统的二次开发采用手工编码方式，在现有核心源码基础上进行修改和开发，因此模块之间耦合程度高，对开发人员技术水平要求非常高。由于不同软件厂商的接口不一致，开发人员需要花费大量时间和精力进行调试，导致周期较长。同时，由于二次开发修改了核心源码，软件厂商对二次开发的系统不能进行直接升级，需自行升级，成本非常高。

2. 数字化应用开发的价值

当前数字化应用开发借助于低代码平台，其优势在于极大简化了软件开发流程，从而有效降低了研发环节的成本和风险，同时大大缩短了开发周期，提高了交付效率，并且增强了数字化应用的可维护性。其优势体现在以下几个方面：

（1）易操作。数字化应用开发有极强的易操作性，让业务人员从需求方转变为开发方，全程自己梳理需求、设计、搭建和落地。

（2）成本低。数字化应用开发具有个性和针对性，降低了以下三方面的成本：

1）降低财务成本。数字化应用开发完全依据企业现有的业务内容、按需定制，软件功能简化，企业无须再为冗余功能付费，价格也随之降低。

2）降低使用成本。定制软件具有很高的适应性，可将员工原有的操作习惯融入开发的产品中，便于使用者快速理解和适应。

3）降低维护成本。数字化应用轻量化，便于描述和定制。对应用开发者的计算机技术要求低，通过可视化界面，利用少量代码，即可搭建复杂的企业级应用。

（二）进行数字化应用开发的常见原因

现阶段对数字化应用开发的需求相对迫切，原因有以下几个：

1. 各组织管理需求复杂且个性化

组织管理需求受很多因素影响，如规模、产品类型、工种、组织架构，各部门均有不同的个性化管理需求。千百种需求千变万化，无法按照统一的模式套用。同时，组织在不断发生变化，其业务模式、管理功能等方面不时迸发出新的需求。

2. 原有产品已无法适应发展需求

现阶段组织管理需求渐趋多元化，市面上已有的老产品无法满足组织的发展需求，也无法适应外在环境的变化趋势。原有产品二次开发受限于技术水平，开发速度永远跟不上需求变化速度，甚至随着时间推进，落后的软件还会制约组织发展。而数字化应用便于搭建与更新，其轻量化、可视化的特点可帮助开发者省去这些麻烦，能对组织管理系统进行必要的完善。

3. 管理链路断层导致数据分散

在组织管理中，系统化和一体化非常被看重。而旧的管理系统存在普遍缺陷，即不具有整体性。例如，在组织管理中，考勤使用一种管理软件，绩效考核使用另一种，数据分析又使用一种，每个管理模块使用不同的管理产品。除了大量软件系统共存、日常维护成本高，不同管理软件来自不同厂商，产生断层，同时使用多套管理系统，不能将组织管理体系形成一个整体，而是形成多个"信息孤岛"，数据不能实时共享，最终仍需以人工方式对各部分系统进行统计和汇总，不能提高组织管理效率，反而使管理系统应用效果大打折扣。

（三）服务需求的分析

1. 识别服务方案的需求目的

企业采用服务方案的目的是提升企业数字化建设水平，利用数字化工具为企业发展和业务创新创造更多价值。通过服务方案设计和实施落地，有效解决企业目前业务形态下存在的问题，统一业务管理规范，提升跨组织、跨部门间协同及员工的工作效率。

2. 分析服务对象和使用人群

熟悉企业业务范围及需求场景，深入了解需求提出方及部门人员业务现阶段的运行流程现状及人员、部门、组织之间的协同情况。明确业务场景各环节涉及的人员和部门等情况。

3. 实现需求服务方案的路径

需求服务方案实现路径分为以下四个节点，如图4-1所示。

图 4-1　需求服务方案实现路径

（1）需求收集。深入了解各业务部门业务现状及业务痛点，收集用户对象和使用人员对目前业务管理及运行情况的诉求及希望取得的效果。

（2）需求分析。了解需求产生的根本原因，分析需求提出人的角色、出发点及目标价值，对需求的重要性及紧急程度进行等级划分（重要、一般、不重要），识别伪需求，对隐藏问题和功能点进行延伸和确认，确保逻辑严谨性。

（3）需求设计。按使用部门和业务场景对需求做业务模块划分，根据业务流程设计需求之间数据逻辑关系，按照业务场景及需求目标设计需求逻辑，确保需求闭环。

（4）需求确认。根据设计好的业务逻辑及需求逻辑梳理，整理初步需求内容，需求提出人使用部门及管理层确认需求内容，确保需求准确性和真实性及对应需求实现的时间、效果和目标。

（四）制作需求文档

1. 需求文档的制作步骤

需求文档是后续需求沟通、交流、交接的统一语言，制作步骤如下：

（1）整理需求内容。需求确认后，按照需求使用对象、需求业务场景等维度划分业务模块，整理业务流程、使用对象及涉及业务需求内容。

（2）编写需求文档。按照需求业务模块、科目类别、需求内容、要点备注说明等维度编写需求文档，可参考通用需求问题格式。

2. 需求文档的常用模板

需求文档一般以 Excel 格式整理，见表 4-1 和表 4-2，分别展示了业务系统需求文档格式和集成对接内容需求文档格式。

表 4-1　　业务系统需求文档格式

模块	科目	内容	备注	……
基础信息	产品信息	产品基础信息维护，产品大类、小类、产品名称、编码、规格、每平方对应产品配件个数、销售标准价等		
	客户信息	客户基础信息维护，大类、小类、名称、编码、地区等，客户等级、参加优惠活动信息等		
	活动信息	定期活动信息维护，产品活动、产品大类、优惠政策等，一个活动可能涉及多个产品大类		
	客户预收	客户预收款，客户参与活动信息，一个客户可能参与多个活动		
	其他	其他基础信息，如大类、客户等级等信息维护		
……	……	……		

表 4-2　　集成对接内容需求文档格式

对接表	数据方向	科目	对接内容	备注	工作量
组织架构	ERP→系统 A	组织架构	人员/部门同步	以 ERP 为主，人员同步	
产品信息	ERP→系统 A	产品信息	产品表同步，产品名称、编码规格等		
……	……	……	……		

二、解决方案选取

在选型阶段，解决方案的选择至关重要，会直接关系项目的成本、价值、效果等。主要从方案建设成本、方案实施周期及解决方案的具体价值、效果和实现逻辑的复杂程度几个维度判断解决方案的匹配程度。

（一）判断数字化应用开发成功的标准

判断数字化应用开发成功的标准，可从两个层面分析：一是使用层面上，该数字化应用能否符合组织习惯；二是在应用层面上，该数字化应用能否满足业务发展的需求。

1. 使用层面是否符合组织习惯

（1）企业员工层面。数字化应用基于组织需求，考虑绝大多数员工的使用习惯、对新事物的接受能力、接受变动所需时间等，只要员工具备基本的计算机操作知识，就可以熟练使用，不必再进行复杂的培训。

（2）组织架构层面。要考虑所开发应用与组织架构的适配度。例如，某通信龙头企业采用自上而下层级分明、错综复杂的组织架构，便需要功能相对齐全、链路相对较长的数字化管理产品；互联网公司更看重即时、高效，因而更趋向于缩短链路，打造扁平化的管理架构，也就更适合流程简洁、步骤快捷的数字化管理产品。

2. 应用层面是否满足企业需求

这一层面可从两个维度考虑：一是应用本身的硬件条件是否达标；二是该开发产品能否满足企业发展的需求，能否带来实际增益。

就应用本身来说，服务器的承载量与稳定度、安全性、保密性及应用内功能是否能覆盖一切需求相关，包括考勤、审批、沟通、数据分析等；具有全局数据互通、自动流转的能力，保证组织内各成员关联。

就企业发展来说，要切实贴合企业发展阶段和实际状况，即如果企业存在特殊性质，软件是否能满足。

（二）成功开发数字化应用的必备要素

成功的数字化应用开发需要具备很多因素。除了足够的技术支持和理念支持，对企业的现状、问题及业务需求足够明晰，还需企业内部各层级、各部门的配合，使其能够实际落地、高效进行。其中的必备要素是高层决策、项目主导者分工落地、员工心智同频。

1. 高层决策

高层决策者在数字化应用开发与落地中起到至关重要的作用。当企业启动数字化应用开发与推行的项目时，如果高层决策者不具备改革决心，并在项目启动、研发和落地全过程中，不给予资金、权限、技术或信念支持，下级负责人就无法有所作为，诸事都无法启动，项目只会被搁置。可见，高层管理者不仅要有开发决心，而且要在开发全过程给予支持。

2. 项目主导者分工落地

项目主导者作为该领域的精通者，得到相应权限后，按照自身经验与项目需求对项目内各方面工作进行方案设计、细化分工、安排人员，建立项目内过程监督、奖惩机制等，确保该数字化应用开发与推行使用的项目能够实际落地执行、步入正轨。

3. 员工心智同频

当数字化应用进入落地推行环节时，就涉及最后一个必备要素，保证组织中每位使用端员工和上级同心同频、目标一致，共同推动数字化应用变革的高效进行，这是该数字化应用开发获得成功的核心需求和直接保障。此问题可从两个维度考虑：

（1）员工对变革的理解与接受。着重于员工不是被迫接受，而是出于本身对其的理解和认同。进行数字化应用变革的推动时，应尽量贴合原有工作习惯与方式，使员工理解和接受即将使用的数字化应用，并认同项目的推动方式和价值。

（2）管理层给予员工的激励措施。如在新系统中设置奖励机制以调动员工积极性，使其更快速自愿地参与到数字化新应用的使用中。同时，促使员工在试用期间能够体验到新系统的方便之处，把团体目标变成个体趋向。当这两者能够合一时，即可实现员工自我策动、上下一心的良好局面，保证数字化应用高效推进。成功开发数字化应用的三个必备要素见表4-3。

表4-3　　　　　　　成功开发数字化应用的三个必备要素

序号	角色	必备要素
1	高层决策者	决心支持、授予权限、全力推动
2	项目主导者	进行人员分工，确保项目落地执行
3	员工	对项目的理解、认同、接受，上下一心

（三）判断服务方案的方法

判断服务方案的方法如下：

（1）需求预算及成本。根据目前企业信息化预算及需求服务方案实现的人力、物力、后期运营等成本来分析，体现给企业带来的价值提升。

（2）需求实现周期。从调研开始，到需求上线正式使用的整个周期符合企业数字化建设的规划，保证目前业务正常运行。

（3）解决方案复杂程度。根据需求涉及的内容、业务场景复杂程度，判断服务方案能否完全实现预期的需求建设目标，对部分完成或者无法实现的功能点的重要性及影响进行充分评估。

（四）解决方案的计划

解决方案的计划应该提上日程，便于按计划节点推进。解决方案的计划分为以下四个步骤：

（1）立项。确认解决方案评审小组及成员，一般包括重要业务需求部门人员、企业信息化工程师和公司管理人员。

（2）计划。确认时间计划，明确解决方案咨询、汇报、决策等阶段的大概周期，在计划时间内高效完成解决方案选型。

（3）评估。确认解决方案汇报的核心内容，业务需求核心内容需要在解决方案汇报中进行展示，对关注点进行确认和沟通，对相关成本、风险点、服务周期进行评估。

（4）决策。了解和验证解决方案效果，沟通其他相关内容及服务信息，进行解决方案选型。

第二节 业务方案设计

在当今竞争激烈的商业环境中,有效的业务方案设计是企业成功的关键。通过本节的学习,企业能更好地应对日益复杂的商业挑战,优化业务流程,实现企业长期发展。

一、低代码概述

在软件开发领域,低代码平台正迅速崛起,为企业提供了一种快速构建应用程序的新方法。

(一)低代码的定义

低代码指使用可视化界面和图形界面编程工具(包括拖放、拖拽控件和配置等方式)替代传统手写代码的开发方法。2014年,低代码的定义被正式提出,低代码是利用很少或几乎不需要写代码就可以快速开发应用,并可以进行快速配置和部署的一种技术和工具。这种开发方式可以加速开发进程,减少代码错误,并降低开发成本,将开发工作重点放在业务逻辑和用户体验上。

低代码平台不仅可以用于构建应用程序,而且可以用于构建其他软件工具,如网站建设、数据库管理工具等。在低代码开发过程中,开发人员可以通过组合和配置一系列可视化工具和组件构建应用程序,而不是自己手写所有代码。

(二)低代码助力企业数字化转型

现如今,中国社会和经济在不断向数字化、网络化和信息化发展。这种变革旨在通过技术和信息的应用,提高整体的经济效益和生产力水平,加快行业升级和转型,提升实体经济的品质,增进人民群众福祉。

1. 数字化转型痛点

目前企业数字化转型面临以下问题:

(1)资源缺口巨大。数字化转型需要具备数字化思维和技能的人才,但目前市场数字化人才短缺,造成了数字化转型资源供给不足的现状。此外,数字化转型需要使用高端技术,如大数据分析、人工智能等技术的应用仍处于探索阶段。数字化转型还需要大量资金投入,尤其在技术研发和信息化方面,但很多企业无法承担高昂的成本,导致数字化转型难以顺利实施。

(2)软件成本高。数字化转型软件的定制开发需要雇佣专业技术人员,成本较高。同时,技术更新换代速度快,需要不断升级或更换软件,会提高成本。授权购买和维护数字化转型软件也是一项费用开销。企业需要将现有数据迁移到数字化系统并进行集成,需要成本较高的技术支持。此外,培训员工和提供技术支持也是软件成本的一部分。

(3)传统系统架构复杂。目前,大多数企业仍然沿用多年前的技术架构,导致集成成本高、数据结构复杂、可拓展性和灵活性较差、对新业务支持改造周期长等问题。这些问题逐渐成为数字化转型发展中的重大难题。如果企业希望完成数据互联互通或新增、重构某一功能模块,则需要投入巨大的工作量和资源,而且可能造成后续难以解决的问题,限制数字化转型的速度和范围。

2. 低代码平台的优势

低代码平台的优势在于可以将应用程序开发过程标准化和组件化,还支持可视化的应用程序开发。这一特点使开发者能够更高效、便捷地开发应用程序,减少代码编写量,从而提高排查和修复缺陷的效率。通过拖拽和编辑操作,开发人员能快速创建应用程序界面和交互流程。最重要的是,使用低代码平台可以将应用实现周期缩短至1~2周,有助于满足业务部门长期未满足的数字化需求,从而加强对组织内部数字化变革的支持。而让业务人员参与低代码开发工作,则可以化解数字化变革与传统稳定性之间的矛盾,进一步提高协作效率和灵活应变能力,打造出具有生命力的产品。

（三）低代码平台自建应用的方式

在低代码平台，企业可以通过两种方式构建相关业务应用，即自建空白应用和安装模板应用。这两种方式具有灵活性和定制性，能够满足不同的业务管理需求。

（1）自建空白应用。自建空白应用指从零开始创建一个全新的应用。在低代码平台中，企业可以使用可视化界面和拖拽式组件设计应用的用户界面、表单、工作流程和业务逻辑等。这种方式适合需要根据特定业务需求和流程进行高度定制的企业。企业可以根据实际需求，自由选择和配置各种功能模块，从而实现企业内部的业务管理。

（2）安装模板应用。安装模板应用指通过低代码平台提供的模板快速构建应用。低代码平台通常会提供一系列现成的应用模板，其中包括通用型应用和行业应用，主要涉及两种来源：一是厂商根据以往项目经验提炼出的通用模板，二是低代码服务商或客户根据个体实践发布的个性化模板。这些模板涵盖常见的业务管理场景，如项目管理、销售管理、人力资源管理等。企业可以选择合适的模板，在此基础上进行少量的自定义配置，即可快速创建适用于自己业务的应用。这种方式适合那些希望快速启动和部署业务应用的企业，节省了大量开发时间，降低了开发成本。

（四）低代码平台的功能介绍

低代码平台的一大功能是在不需要进行代码编写的情况下能够实现完整闭环应用的构建。常见的低代码平台基础框架如图4-2所示。

1. 应用搭建步骤

低代码的敏捷应用构建主要分三步：表单搭建、流程搭建、报表搭建。基础的表单设计和流程搭建操作在《数字化管理师（初级）》中进行过讲解。

2. 添加控件

在低代码平台中，添加控件是构建应用页面的关键步骤之一。通过添加控件，可以快速定制页面的布局和功能，满足业务需求。

（1）可视化报表。低代码平台支持多种报表类型，包括明细表、汇总表、折线图、柱状图、饼图、雷达图、漏斗图和简易看板。因此，使用者无须手动收集和整理数据，

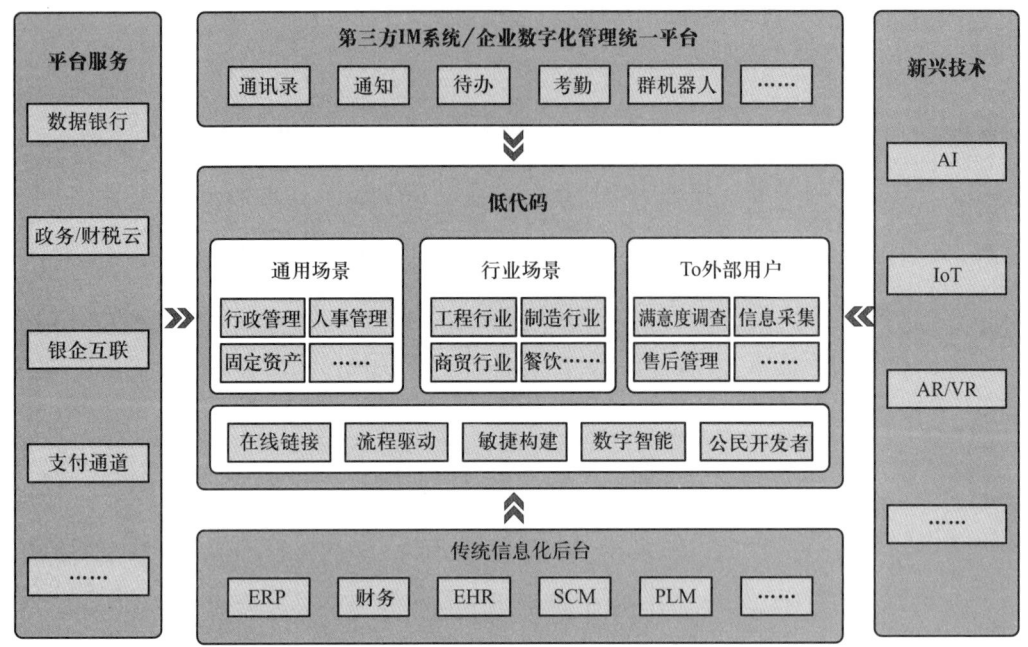

图 4-2 常见的低代码平台基础框架

低代码平台会自动将日常工作流程数据进行整合,生成报表并进行更新。这样,使用者可以随时查看最新的报表结果,轻松进行数据分析和决策。通过自定义报表功能,新增数据源并将所需表单字段拖入报表内保存,前台即可实时获取动态更新的报表。

(2)低代码平台常用函数。函数是低代码平台通过零代码构建应用的核心功能之一,是应用场景中各类逻辑关系实现的重要依托。低代码平台常用函数分为数学函数、文本函数、时间函数、逻辑函数和高级函数。

1)数学函数。数学函数一般用于数值的计算,低代码平台常用的数学函数有 SUM、SUMIF、MAX、MIN、ROUND、AVG、COUNT、COUNTIF、UPPERMONEY、INT 等。

① SUM

语法:SUM(v)

说明:统计输入参数的数值之和,参数 v 是子表的某一个数字控件。

例如:计算学生成绩总分。【成绩明细】里面有 3 个科目,【总分】显示这三个科目的成绩总和。

操作步骤：

第一步，设置好【成绩明细】的子表列【科目】【成绩】。

第二步，设置【学生成绩】主表【总分】控件的小数位为2，并且选择该控件的计算公式。

第三步，设置计算公式为：SUM（成绩明细．成绩）。

② SUMIF

语法：SUMIF（range，criteria，sum_range）

说明：对符合条件的子表参数求和，参数 range 是用于判断条件的控件，criteria 是数字、文本或表达式形式的条件，参数 sum_range 是需要求和的子表某个数字型控件，条件可以表示为"68""＞68"或"abc"，如对销售订单中的产品明细针对产品品牌进行汇总。

书写示例：SUMIF（子表判断字段，判断条件，子表汇总字段）

③ MAX

语法：MAX（v）

说明：返回参数列表中的最大值，参数 v 是子表的某一个数字控件。

例如：计算学生成绩中的最高分。【成绩明细】里面有3个科目，每个科目分数不同，【最高分】显示这三个科目【成绩】最高的分值。

操作步骤：

第一步，设置好【成绩明细】的子表列【科目】【成绩】。

第二步，设置【学生成绩】主表【最高分】控件的小数位为2，并且选择该控件的计算公式。

第三步，设置计算公式为：MAX（成绩明细．成绩）。

④ MIN

语法：MIN（v）

说明：返回参数列表中的最小值，参数 v 是子表的某一个数字控件。

例如：计算学生成绩中的最低分。【成绩明细】里面有3个科目，每个科目分数不同，【最低分】显示这三个科目【成绩】最低的分值。

操作步骤：

第一步，设置好【成绩明细】的子表列【科目】【成绩】。

第二步，设置【学生成绩】主表【最低分】控件的小数位为2，并且选择该控件的计算公式。

第三步，设置计算公式为：MIN（成绩明细.成绩）。

⑤ ROUND

语法：ROUND（number, num_digits）

说明：将数字四舍五入到指定的位数，number为要处理的数字，num_digits为指定小数位数。

例如：当数值相除后小数很多时，可以利用ROUND进行四舍五入到指定位数。【均价】四舍五入后保留两位小数。

操作步骤：

第一步，设置【均价】控件的小数位为2，并且选择该控件的计算公式。

第二步，设置计算公式为：ROUND（总价/产品数量，2）。

⑥ AVG

语法：AVG（v）

说明：返回所有参数的平均值，参数v是子表的某一个数字控件。

例如：计算学生成绩的平均分。【成绩明细】里面有3个科目，每个科目分数不同，【平均分】显示这三个科目【成绩】的平均分值。

操作步骤：

第一步，设置好【成绩明细】的子表列【科目】【成绩】。

第二步，设置【学生成绩】主表【平均分】控件的小数位为2，并且选择该控件的计算公式。

第三步，设置计算公式为：AVG（成绩明细.成绩）。

⑦ COUNT

语法：COUNT（v）

说明：统计参数列表中选项值的个数，参数v是子表的某一个控件。

例如：计算【学生成绩】中的科目数，【科目数】显示【成绩明细】中科目的数量。

操作步骤：

第一步，设置好【成绩明细】的子表列【科目】【成绩】。

第二步，选择【学生成绩】主表【科目数】控件的计算公式。

第三步，设置计算公式为：COUNT（成绩明细．科目）。

⑧ COUNTIF

语法：COUNTIF（range，criteria）

说明：统计符合条件的子表参数 v 的个数，参数 range 是子表的某个控件，criteria 是数字、文本或表达式形式的条件，条件可以表示为"68""<68"">68"，或"abc"。

书写格式：COUNTIF（子表．性别，"男"）返回性别男的人数，COUNTIF（子表．年龄，">18"）返回年龄大于 18 的人数，COUNTIF（子表．年龄，18）返回年龄等于 18 的人数。

注：COUNTIF（）函数用于主表字段统计子表个数，用于子表字段计算公式可能不完全适用。

⑨ UPPERMONEY

语法：UPPERMONEY（数值）。

说明：将数值转为中文大写金额。

例如：在和金额相关的系统中，为符合财务标准或防涂改等，采用此函数即可将数值型转为中文大写金额。【金额】输入 100，【大写金额】显示为壹佰元整。

⑩ INT

语法：INT（number）

说明：将数字（number）向下取整为最接近的整数。

例如：当【数字】输入为 1.78 时，【取整】显示为 1；当【数字】输入为 2.3 时，【取整】显示为 2。

操作步骤：

第一步，设置【取整】控件的小数位数为 2，并且选择该控件的计算公式。

第二步，设置计算公式为：INT（数字）。

2）文本函数。文本函数一般用于文本的计算，低代码平台常用的文本函数有 CONTAINS、LEFT、SEARCH、SUBSTITUTE、MID、RIGHT、STARTSWITH、LEN、REPLACE、LOWER、UPPER、TEXT、VALUE、UNION、TRIM 等。

① CONTAINS

语法：CONTAINS（参数1，参数2）

说明：判断参数1是否包含参数2的值，包含则返回 true，不包含则返回 false。CONTAINS 函数在表单里多用于判断单行文本、下拉框、单选框、复选框等文本类型控件，也可在流程设计的条件中使用。

例如：当用章类型不选择时，默认隐藏公用章、合同章控件；选择"公用章"时，显示公用章控件；选择"合同章"时，则显示合同章控件。

操作步骤：

第一步，选择【公用章】控件的隐藏条件。

第二步，设置隐藏条件为：CONTAINS（用章类型，"合同章"），即用章类型选择合同章时，隐藏公用章。

第三步，选择【合同章】控件的隐藏条件。

第四步，设置隐藏条件为：CONTAINS（用章类型，"公用章"），即用章类型选择公用章时，隐藏合同章。

② LEFT

语法：LEFT（text，num_chars）

说明：从文本字符串的第一个字符开始返回指定个数的字符，text 为字符串，num_chars 为指定个数，若不填则取默认值1。

例如：学号设置为 2018003001，2018 表示年级，从学号里面提取年级数。

操作步骤：

第一步，选择【年级】控件的计算公式。

第二步，设置计算公式为：LEFT（学号，4）。

③ SEARCH

语法：SEARCH（find_text，within_text，start_num）

说明：返回文本字符串 find_text 在指定字符串 within_text 中出现的起始位置编号，未找到则返回 0（忽略大小写），其中 start_num 为在 within_text 中第几个位置开始查找。

例如：查找手机号中"34"开始的位置编号，从【手机号】控件中第 1 位开始查找字符为"34"的编号是 3。

操作步骤：

第一步，选择【34 的位置】控件计算公式。

第二步，设置计算公式为：SEARCH（"34"，手机号，1）。

④ SUBSTITUTE

语法：SUBSTITUTE（text，old_text，new_text，instance_num）

说明：将文本字符串中的部分字符替换成新字符串，text 为原文本，old_text 为要替换的文本，new_text 为新的文本，instance_num 为替换次数。

例如：身份证号的生日隐藏，在【身份证号】处输入身份证号，隐藏其中的出生年月日，起到隐藏敏感信息的作用；与 MID 函数结合，详细参照 MID 函数内容。

⑤ MID

语法：MID（text，start_num，num_chars）

说明：返回文本字符串中从指定位置开始的特定数目的字符，text 为文本字符串，start_num 为指定开始位置，num_chars 为特定数目。

例如：在【身份证号】处输入身份证号，隐藏其中的出生年月日，起到隐藏敏感信息的作用。

操作步骤：

第一步，选择【隐藏后】控件的计算公式。

第二步，设置计算公式为：SUBSTITUTE（身份证号，MID（身份证号，7，8），"********"，1）。

第三步，先利用 MID 函数进行提取【身份证号】中从第 7 位开始的 8 个字符，然后再利用 SUBSTITUTE 函数进行 1 次"*******"的替换。

⑥ RIGHT

语法：RIGHT（text，num_chars）

说明：从文本字符串的最后一个字符开始返回指定个数的字符，text 为文本字符串，num_chars 为指定个数，若不填则取默认值 1。

例如：输入手机号后，自动获得指定位数的数字。

操作步骤：

第一步，选择【尾数】控件的计算规则。

第二步，设置计算规则为：RIGHT（手机号，4）。

⑦ STARTSWITH

语法：STARTSWITH（text，startString）

说明：判断字符串（text）是否以特定字符串（startString）开始，是则返回 True，否则返回 False。

例如：当在【产品编码】中输入以"CY"开头时，该产品编码的格式判断为"true"，否则显示"false"。

操作步骤：

第一步，选择【判断结果】控件的计算公式。

第二步，设置计算公式为：STARTSWITH（产品编码，"CY"）。

⑧ LEN

语法：LEN（text）

说明：返回文本字符串 text 中的字符个数。

例如：判断输入的文字个数，计算【内容】里面的字数。

操作步骤：

第一步，选择【字数】控件的计算公式。

第二步，设置计算规则为：LEN（内容）。

⑨ REPLACE

语法：REPLACE（old_text，start_num，num_chars，new_text）

说明：使用其他文本字符串，并根据指定的字符数替换某文本字符串中的部分文本，old_text 为某文本字符串，start_num 为要替换的起始位置编号，num_chars 为要替换的字符个数，new_text 为替换后的字符串。

例如：手机号部分隐藏，在【手机号】处输入号码，【隐藏】显示函数执行后的手机号码。

操作步骤：

第一步，选择【隐藏】控件的计算公式。

第二步，设置计算公式为：REPLACE（手机号，4，4，"****"）。

⑩ LOWER

语法：LOWER（text）

说明：将文本字符串 text 中的所有大写字母转换为小写。

例如：在【大写字母】处输入 ABC 后，【小写字母】会自动转换为小写的 abc。

操作步骤：

第一步，选择【小写字母】控件的计算公式。

第二步，设置计算公式为：LOWER（大写字母）。

⑪ UPPER

语法：UPPER（text）

说明：将文本字符串 text 中的所有小写字母转换为大写。

例如：在【小写字母】处输入"chuanyun"后，【大写字母】会自动转换为"CHUANYUN"。

操作步骤：

第一步，选择【大写字母】控件的计算公式。

第二步，设置计算公式为：UPPER（小写字母）。

⑫ TEXT

语法：TEXT（数字）

说明：将数字转化成文本。

书写格式：TEXT（123）返回"123"

注：参数为字符串或数值皆可。

⑬ VALUE

语法：VALUE（文本）

说明：将文本转化为数字。

书写格式：VALUE（"123"）返回 123

注：参数为非数值的字符串（不是纯 0~9 和正负号组合的字符串），计算结果返回空值。

⑭ UNION

语法：UNION（参数）

说明：合并多个文本数组，参数可以是多个主表控件如 UNION（文本 1，文本 2，文本 3……），也可以是数组如 UNION（子表控件）。

书写格式：UNION（"张三"，"李四"，"王五"，"张三"）返回值为 ["张三"，"李四"，"王五"]

⑮ TRIM

语法：TRIM（text）

说明：去掉文本字符串 text 中的首尾空格。

例如：在输入"企业名称"时，可能会多打空格，则可利用 TRIM 函数自动去除空格。

操作步骤：

第一步，选择【企业名称去空】控件的计算公式。

第二步，将计算公式设置为 TRIM（企业名称）。

3）时间函数。低代码平台常用的时间函数有 TODAY、NOW、ADDDAY、ADDMONTH、ADDYEAR、MINUTES、HOURS、DAYS、YEARS 等。

① TODAY 和 NOW

TODAY

语法：TODAY（）

说明：返回今天的日期，格式为：yyyy-MM-dd。

NOW

语法：NOW（）

说明：返回当前时间，精确到时分秒，格式为 yyyy-MM-dd hh：mm：ss，例如：2018-06-28 15：55：22。

函数 TODAY、NOW——设置当前时间有两种方式，可以用创建时间控件读取表单创建的时间：

方式一："日期"控件＋TODAY 函数。

方式二：单行文本＋NOW 函数。

两种方式的区别如下：

创建时间：系统自动生成的精确到秒的时间，无法在前端页面进行二次修改，适用于后期不再需要更改数据的表单。

"日期"控件＋TODAY 函数：能自动返回当天日期，后期能修改。

单行文本＋NOW 函数：能自动返回当前时间，精确到秒，后期能修改。

② ADDDAY、ADDMONTH 和 ADDYEAR

ADDDAY

语法：ADDDAY（date，days）

说明：将指定日期加/减指定天数，date 为指定日期，days 为指定天数，当为负数时在 date 上减去此天数。

ADDMONTH

语法：ADDMONTH（date，months）

说明：将指定日期加/减指定月数，date 为指定日期，months 为指定月数，当为负数时在此 date 上减去此月数。

ADDYEAR

语法：ADDYEAR（date，years）

说明：将指定日期加/减指定年数，date 为指定日期，years 为指定年数，当为负数时在此 date 上减去此年数。

函数 ADDDAY、ADDMONTH、ADDYEAR——自动计算到期时间有三种不同的函数，适用于三种不同的条件：

条件一：ADDDAY 函数，适用于保质周期短的商品。

条件二：ADDMONTH 函数，适用于保质周期以月为单位的商品。

条件三：ADDYEAR 函数，适用于保质周期长的商品。

三种函数的区别如下：

ADDDAY 函数：适用于保质周期以天数为单位的商品。

ADDMONTH 函数：适用于保质周期以月为单位的商品，较为灵活。

ADDYEAR 函数：适用于保质周期长、以年为单位的商品。

③ MINUTES、HOURS、DAYS、YEARS

MINUTES

语法：MINUTES（end_time，start_time）

说明：返回两个时间之间的分钟数，精确到两位小数。end_time 为结束时间，start_time 为开始时间。

例如：录入【任务开始时间】【任务结束时间】，通过 MINUTES 函数自动填入【耗时】分钟数。

操作步骤：

第一步，设置【耗时】控件的小数位数为 2，并且选择该控件的计算公式。

第二步，设置计算公式为：MINUTES（任务结束时间，任务开始时间）。

HOURS

语法：HOURS（end_time，start_time）

说明：返回两个时间之间的小时数，精确到两位小数。end_time 为结束时间，start_time 为开始时间。

例如：录入【任务开始时间】【任务结束时间】，通过 HOURS 函数自动填入【耗时】小时数。

操作步骤：

第一步，选择【耗时】数字控件的计算公式。

第二步，设置计算公式为：HOURS（任务结束时间，任务开始时间）。

DAYS

语法：DAYS（end_date，start_date）

说明：返回两个日期之间的天数差值，精确到两位小数。end_date 为结束日期，start_date 为开始日期。

例如：录入【生产时间】【到期时间】，通过 DAYS 函数自动填入【有效天数】。

操作步骤：

第一步，选择【有效天数】数字控件的计算公式。

第二步，设置计算公式为：DAYS（到期日期，生产日期）。

YEARS

语法：YEARS（end_date，start_date）

说明：返回两个日期之间的年数差值，精确到两位小数。end_date 为结束日期，start_date 为开始日期。

例如：录入【当前时间】【出生时间】，通过 YEARS 函数自动填入【年龄】。

操作步骤：

第一步，选择【年龄】数字控件的计算公式。

第二步，设置计算公式为：YEARS（当前时间，出生时间）。

4）逻辑函数。逻辑函数一般在需要逻辑判断场景下使用，常用函数有 IF、AND、OR、CASE 等。

① IF

语法：IF（A，B，C）

说明：如果满足条件 A，则返回 B，否则返回 C，支持多层嵌套 IF 函数。

函数 IF——如何根据成绩判断等级？学校都有自己的一套评分标准，不同分数段评分等级不同。若想实现录入成绩便能自动划分等级，需要用到 IF（）函数及其嵌套使用。

场景举例：

学生成绩统计。

实现方法：

取学生成绩，判断分数段，输出对应等级值。

计算公式：

IF（成绩>=90，"优秀"，IF（成绩>=75，"良好"，IF（成绩>=60，"及格"，"不及格"）））。

用到的函数：

IF——条件判断

函数示例：IF（A，B，C）

函数说明：如果满足条件 A，则返回 B，否则执行/返回 C。

IF 的嵌套使用

函数示例：IF（A，B，IF（C，D，E））

函数说明：如果满足 A，则返回 B；如果不满足 A 但满足 C，则返回 D；如果 A、C 均不满足，则返回 E。

备注：IF 也可与 AND、OR 函数结合，详情参照 OR 函数。

② AND

语法：表达式 1 AND 表达式 2

说明：多个用 AND 连接的表达式，当所有表达式均为 true 时，表达式返回 true，否则返回 False。

与 IF、OR 函数结合，详情参照 OR 函数。

③ OR

语法：表达式 1 OR 表达式 2

说明：多个用 OR 连接的表达式，只要有一个表达式为 true，表达式返回 true。

例如：满足特定条件显示对应内容，利用 IF、OR、AND 三个函数进行隐藏条件设置。

当【报修类型】选择"上门"或"维修"时，显示【维修内容】。

当【报修类型】选择"咨询"和"电话"时，显示【详情内容】。

操作步骤：

第一步，选择【维修内容】控件的隐藏条件。

第二步，设置隐藏条件为：IF（报修类型=="上门"OR 报修类型=="维修"，false，true）。

第三步，选择【详情内容】控件的隐藏条件。

第四步，设置隐藏条件为：IF（CONTAINS（报修类型，"电话"）AND CONTAINS（报修类型，"咨询"），false，true）。

④ CASE

语法：CASE（条件表达式1，条件表达式1为true时返回该值，条件表达式2，条件表达式2为true时返回该值）

说明：判断是否满足一个或多个条件，且返回符合第一个TRUE条件的值，CASE可以取代多个IF语句嵌套。

书写格式：CASE（语文成绩>90，"优秀"，语文成绩>80，"良好"，语文成绩>=60，"及格"，语文成绩<60，"不及格"）

5）高级函数。高级函数一般指数据库增、删、改相关数据库语句操作改为可配置化的函数。此类函数操作有些低代码平台也称业务规则。低代码平台常用高级函数有UPSERT、UPDATE、INSERT、DELETE等。

① UPSERT

函数UPSERT——如何插入更新数据？公司资产或者库存发生变动时，经常需要更新库存表，数据的更新插入可以用UPSERT函数实现，通过关联表单实现数据插入。

场景举例：

库存盘点、采购申请等。

场景示例——办公用品管理：

当【签收入库】表单中增加一条入库调整记录，如果【库存查询】中有对应产品，则将其数量进行修改，如果【库存查询】中没有对应产品，则在该表单中新增一条产品库存记录。

实现方法：

在【签收入库】表单设置一条业务规则，利用 UPSERT 函数实现数据联动。

用到的函数：

UPSERT——更新或插入数据。

函数示例：UPSERT（目标表单，过滤条件，目标表单.字段1，列值1，目标表单.字段2，列值2……）

函数说明：向目标表单更新或插入数据。先根据过滤条件查找目标表单中的数据，如果找到符合的数据则进行更新，否则向表单中插入数据。目标表单可为系统中的任意表单（含子表）。

② UPDATE

函数 UPDATE——如何回写数据状态？多张表单联动时，经常会用到 UPDATE 函数对数据进行更新回写，以避免重复录入数据，对数据管理流程进行简化。

场景举例：

办公用品管理、用户信息录入等。

场景示例——办公用品管理：

每当管理员在【签收入库】表单中增加一条产品信息，【采购申请】表单中对应产品的状态将由"未入库"更新为"已入库"。

实现方法：

在【签收入库】设置业务规则，利用 UPDATE 函数过滤条件后，更新相应数据。

计算公式：

UPDATE（采购申请，采购申请.ObjectId==采购申请单号，采购申请.状态，"已入库"）

注：ObjectId 为采购申请在后台表单中的唯一识别码。

用到的函数：

UPDATE——更新数据

函数示例：UPDATE（目标表单，过滤条件，目标表单.字段1，列值1，目标表单.字段2，列值2……）

函数说明：根据过滤条件，更新目标表单中符合条件的数据。目标表单可为系统中的任意表单（含子表），请谨慎执行此函数。

③ INSERT

函数 INSERT——A 子表内容如何插入 B 子表中？在设置表单时，有时会遇到需要在不同的表单子表之间进行数据填充的情况。例如，需要实现如下效果：

表单【员工入职】【员工档案】都包含子表【教育经历】，当新增一条员工入职数据，【员工档案】表单将自动生成一条档案信息，并取【员工入职】表单中的【教育经历】信息进行插入。

用到的函数：

INSERT——插入数据

函数示例：INSERT（目标表单，目标表单.字段1，列值1，目标表单.字段2，列值2……）

函数说明：向目标表单中插入数据，目标表单可为系统中的任意表单（含子表）。

PC 端实现效果：

员工入职表新增"张三"入职信息，员工档案自动插入一条"张三"的【员工档案】和入职信息表的【教育经历】。

实现方法：

通过在【员工入职】表单设置业务规则，使用 INSERT 函数插入数据到【员工档案】。

新建表单【员工入职】【员工档案】，均含子表【教育经历】。

在【员工入职】中设置业务规则，在高级模式下使用 INSERT 函数。

注：设置业务规则时，如在【数据生效】时设置了规则，建议【数据作废】时也编写相应规则，以免原表单作废时，之前规则产生的数据没有一起作废，出现数据混乱情况。

业务规则 – 高级模式 – 使用 insert 函数。当【员工入职】有新数据生效时，向【员工档案】插入一条数据，规则可以参考如下规则。编写两条业务规则，一为主表插主表，二为子表插子表，目的是先在【员工档案】生成一条数据，再将【员工入职】

的子表数据对应插入该表。

④ DELETE

如果遇到需要删除大量数据的情况，手动进行整页数据删除可能会重复多次，十分烦琐，可以借助 DELETE 函数＋业务规则进行一次性批量删除。

用到的函数：

DELETE（目标表单，过滤条件）——删除函数

函数说明：根据过滤条件，删除目标表单中符合条件的数据。目标表单可为系统中的任意表单（含子表），请谨慎执行此函数。

实现方法：

在需要删除数据的表单中找到具有代表性的值。

例如：在测试的表单中，需要删除所有【申请人】为"栗子"的数据，后台看到【申请人】为【拥有者】控件。

步骤一：新建测试删除表。

步骤二：拖入【拥有者】控件。注意：控件类型需要与目标表单的目标数据一致。

步骤三：点击【表单属性】—【业务规则】—【高级模式】。

步骤四：选择【采购申请】为目标表单，添加 DELETE 函数。

步骤五：回到【采购申请】，查看效果。

（五）低代码能力拓展

市场上一些低代码平台在提供零代码应用构建服务的同时，还具有在线代码编辑功能，这使开发人员可以应对复杂的业务。有些情况下零代码无法涵盖所有需求，即可通过在线代码编辑获得开发与运行业务应用程序的所有功能，包括数据库支持、业务定制、工作流程和审批、数据分析、可编程云逻辑、实时部署和实时发布等。此外，这些平台还允许用户构建具有社交和移动特性的应用程序，既能满足拥有编码能力开发人员的需求，又能让用户获得更灵活和强大应用程序构建的能力。

二、开发方案设计

使用低代码开发设计相关业务,首先需要针对不同业务需求和场景,设计一个高效的开发方案。一个好的开发方案需要经过行业背景分析、业务需求分析、应用功能实现等步骤才能快速、高效地构建出高质量的应用程序。在整个过程,需要安排合适的人员和充足的开发资源,同时合理利用低代码开发工具,提高效率、降低成本。

接下来以制造行业的设备管理场景为例展开陈述。

(一)行业背景分析

随着企业内部结构和人员频繁变动,组织设备的调整也变得频繁,传统的管理方式,如 Excel 表格、纸质文件等,存在许多痛点。因此,采用数字化管理平台是管理组织设备的较好选择。数字化管理平台通过应用信息技术,可以将组织设备信息集中管理,提高管理效率,它涵盖从供应链管理到生产计划和控制、质量控制、库存管理、设备维护等制造活动的各个方面。

数字化管理平台与传统方式对比见表 4-4。

表 4-4　　数字化管理平台与传统方式对比

	数字化管理平台	传统方式
设备信息录入	通过电子表格、数据库等方式集中管理设备信息,可以快速录入、修改和查询设备信息	通过纸质记录或手工录入的方式,容易出现错误和遗漏
设备调动流程	可以通过系统化的流程管理实现设备的分配、调动、借用、转让等操作,记录每一步的流程和相关人员的操作	需要依靠人工抄写和传递,容易出现信息丢失、传递延误等问题
资产账务核对	自动记录设备的入账、调出和销账操作,降低人工差错和账物不符的风险,有助于准确统计和分析资产情况	需要依靠手工记录和比对,容易出现账目混乱和资产流失的问题
文案查找	具有快速的文案检索功能,通过关键字搜索等方式,方便用户及时找到相应的设备记录	需要耗费大量时间和精力查找和整理纸质文案,查找效率低
管理效率	提高设备管理的效率,减少人力和时间的投入,提高整体工作效率	操作烦琐,容易出现错误,效率低下
数据安全	通过权限管理、数据备份等手段保障数据的安全性和完整性	容易出现纸质文案丢失、遗漏或泄露的风险

因此，企业需要采用适应新时代要求的设备管理方式，通过数字化手段提供更方便的文案查找方法和管理流程，从而为组织带来更高的生产力和效益。

（二）业务需求分析

设备管理系统是以设备为中心的信息管理系统，可跟踪设备从入库、点检、保养到维修报废这一完整生命周期中发生的各种事件，以数字化方式对设备管理的工作流程进行集成，提高工作效率，节约人力资源，为企业创造价值。设备管理系统设计如图 4-3 所示。

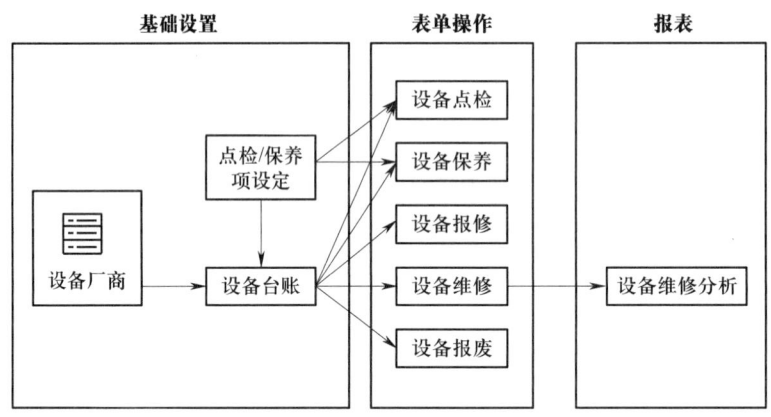

图 4-3　设备管理系统设计

（三）应用功能实现

设备管理应用的主要功能模块可分为三大部分：基础信息、日常管理、统计分析。设备管理工作模块及其主要功能点见表 4-5。

表 4-5　　　　　　　　　设备管理工作模块及其主要功能点

日常工作	设备管理工作模块	主要功能点
基础信息	设备台账	设备档案、状态统一集中管理，方便设备管理员顺利开展工作 每台设备都拥有唯一的二维码
日常管理	设备点检	移动端操作二维码，扫描直接填写，高效便捷，方便查询
	设备保养	移动端操作二维码，扫描直接填写，高效便捷，方便查询 定期提醒相关人员，避免遗漏

续表

日常工作	设备管理工作模块	主要功能点
日常管理	设备维修	移动端操作二维码，扫描直接填写，高效便捷，方便查询 为设备保养项的调整提供切实有效的数据支撑
	设备报废	移动端操作二维码，扫描直接填写，高效便捷，方便查询
统计分析	统计报表	根据日常操作，系统自动按既定模板生成数据分析报表，为设备管理员省去大量数据统计分析的时间

1. 设备台账

在设备管理过程中，要将每台设备的信息都记录到系统的表单档案中。在数字化管理平台系统创建一张表单（可命名为"设备台账"），在表单中录入设备名称、设备状态（分三种：正常、维修、报废，根据后续操作单据变化而变化）、生产日期及厂家等设备基础信息，以及设备点检的周期、部位、标准和方法。通过表单设计，每台设备都能生成并拥有唯一的二维码。

2. 设备点检

通过人的五官（视、听、嗅、味、触）或者借助工具、仪器，按照预先设定的周期和方法，对设备上的规定部位（点）进行是否异常的预防性检查。其目的是早发现、早预防、早处理，消除设备的隐患。

在系统中创建一张表单（可命名为"设备点检"），选择需要点检的设备，查看设备台账中的预设信息，完成与"设备台账"表单的关联。点检表单创建完成后，便可直接用移动端操作二维码，扫描获取设备信息，避免多次重复填写，减少操作人员的工作量。

3. 设备保养

设备寿命在很大程度上取决于设备保养工作的好坏，因此，设备保养的目的是及时检查并处理设备的各种问题，改善运转状况，防患于未然。

在系统中创建一张表单（可命名为"设备保养"），选择需要保养的设备，查看设备台账中的预设信息，完成与"设备台账"表单的关联，并填写本次保养内容和下一次保养时间。保养表单创建完成后，便可直接用移动端操作二维码，扫描获取设备信息，手动填入下一次保养时间，系统便能在设置时间进行自动提醒。

4. 设备报修与维修

设备报修与维修是在设备技术状态劣化或发生故障时，为恢复其功能进行的流程或技术活动，包括各类计划修理和计划外的故障及事故修理。

在系统中创建两张流程表单，一张为设备报修表单，另一张为设备维修表单，统一关联"设备台账"，并填写报修时间和问题描述。审批结束后，设备台账的状态即变为"维修中"。先获取设备信息，再进行维修，维修并审批确认通过后，设备台账状态即变为"正常"。

设备报修流程如图4-4所示。

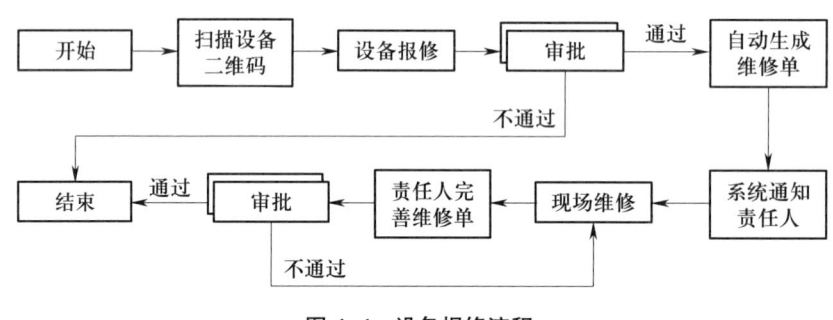

图 4-4 设备报修流程

（1）设备报废。设备报废是指设备在使用超过其自然寿命或自然寿命结束前，因技术落后被淘汰而采取的一种废弃处理方法。在系统中创建一张名为"设备报废"的表单，关联"设备台账"表单。表单生效后，更改设备状态。报废审批确认通过后，设备台账的状态即变为"报废"。

（2）统计报表。根据日常操作，系统自动按既定模板生成数据分析报表，为设备管理员省去大量数据统计分析的时间。在系统中创建企业内部所需的报表，关联数据所在表单，一次性设置好，无须后续维护，报表数据便会直接随表单数据变动。

三、业务应用部署

由于低代码的可视化开发模式，使开发人员在业务应用部署方面获得极大便捷，已经开发的应用可以在架构工作台、企业相关群等地方实现快速部署。

低代码平台可以兼容多种不同的设备和操作系统，从而使数字化展示更加便于在不同的平台和终端部署，如在手机、电脑等多种设备上运行。低代码应用可以实现应用共享和协作，便于团队合作和全员参与。

低代码平台还可以通过丰富的模板、组件和工作流程设计工具，快速打造各种个性化门户。在门户开发过程中，用户需要了解门户需求和规划，按照开发计划进行开发，提高效率，加强质量控制，确保门户功能符合用户需求。

（一）自定义工作台

自定义工作台指在低代码平台，自己创建定制化工作空间，包含自己需要的业务应用和功能模块，方便用户集中处理业务问题。

企业个性化门户为企业内部对外沟通提供了统一的接入方式，是企业信息资源整合的展示平台。通过个性化定制，对内满足企业公示、审批、文化输出等管理需求，对外则为企业客户提供咨询、体验、知识沉淀等服务，满足企业对不同职能、不同对象的不同形态展示需求，实现千人千面。同时，门户也为企业提供了统一的工作桌面，是企业数字化进程中不可或缺的协同工作平台。此处提供一个具有本组织特色数字化门户的场景搭建案例。

1. 场景描述

某教育科技公司是一家集课程研发、赛事服务、教育投资运营于一体的创新型教育服务企业，产业链布局完整，曾承办多场青少年电子创新领域的国际性、全国性大赛，得到许多认可。

近年来，素质教育已经渐渐成为家长和学校的关注重点。传统教育方法和模式已经无法满足现代学生的需求，因此科技创新类教育需求也在持续增长。随着科技的发展，教育行业逐渐开启了数字化、智能化的新时代。

面对素质教育和科技创新类教育需求不断上涨的大趋势，公司需要积极探索新的业务模式，提高业务上限，以应对日益增长的市场需求。通过利用先进的教育技术、跟进科技创新、与教育机构合作及注重品牌建设和市场推广，抓住先机，实现业务增长和市场占有率提升。

2. 痛点分析

以该企业的某青少年电子制作赛事为例,企业与学校合作招募、学习培训、现场比赛、成绩公示、证书颁发等流程均在线下进行,而整个赛事的工作沟通、客户管理沟通却在两个不同的通信软件上,导致工作协同与客户服务信息彼此割裂,制约了服务效能的发挥,造成客户资源的浪费。

在当今移动互联网时代,信息高速流通,传统的业务模式已无法适应当下的教育需求。在数字化转型过程中,该企业在以下几个方面的劣势逐一显现:

(1)信息资源分散。赛事的报名咨询、日程安排、成绩公布、相关公告、沟通交流等分散于不同渠道,难以统一把控。此外,多数家长只有在客服指导下才能完成各类操作,无形中提高了招募门槛。相应地,也就需要一部分员工将时间与精力投入到基础性事务中,提高企业人力成本和资金成本。

(2)家长参与度不高。由于赛事在封闭场馆中举行,家庭成员被限制入内,这可能会让一些家长感到焦虑。如果他们希望能更好地了解比赛情况,只能在现场"扒门缝",这种行为不但会给安保人员增加工作压力,而且会对观众的观赛体验产生影响。

(3)网页形同虚设。主办单位参考以往的赛事承办经验,沿用传统网页的门户模式,将赛事通知、成绩查询、证书领取等流程部署在电脑端,忽略了当下用户以手机端为主的操作习惯,导致网页打开率低,赛事信息难以传达到位。

(4)客户管理混乱。比赛期间,负责客户管理的人员多以群聊方式完成客户聚合,一旦比赛结束,群聊就会解散或废弃。然而比赛结束后,确保客户价值最大化也很重要,参与活动的客户往往有相应的消费需求,通过有效的客户管理和持续运营,可以避免客户价值冗余和资源浪费,同时提高客户的满意度和忠诚度。这将对组织长期发展产生积极影响。

3. 解决方案

企业通过对业务发展需求的全面梳理,打造赛事一体化服务平台,如图4-5所示,该平台能够实现信息资源整合,实现企业内外连接,使门户成为企业内外协同管理的重要枢纽,解决了企业信息碎片化、资源整合效率低的问题。

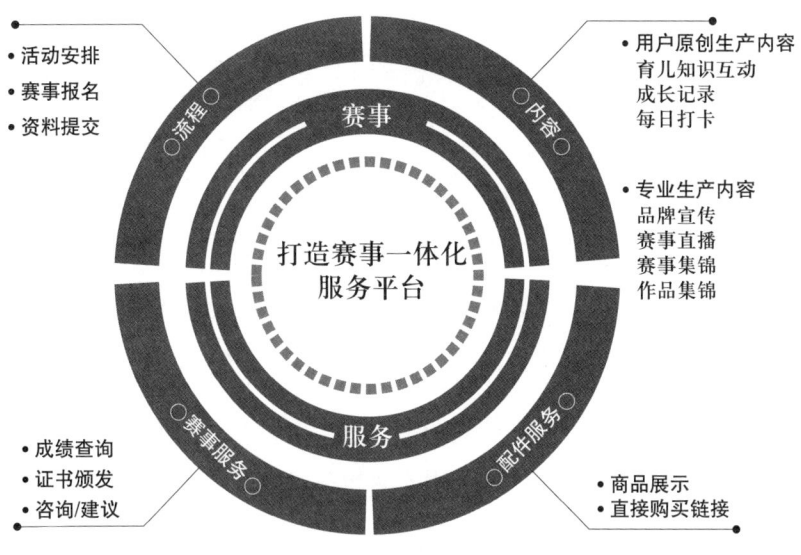

图 4-5　赛事一体化服务平台

（1）统一信息渠道。该企业率先在门户中开设赛事服务模块，通过门户链接功能，为比赛报名、赛事日程、成绩公示等活动设置官方统一入口。用户只需用手机扫码，便可进入企业门户，获取赛事资讯，操作便捷。赛事服务模块将与比赛相关的所有信息整合于统一平台，为家长提供了更加人性化的赛事服务体验，同时避免了无意义的重复劳动，提高了服务效率，降低了人力成本。

（2）提升家长参与度。随着门户使用频率的增加，企业也为门户嵌入了更多的功能模块，如赛事直播、赛事集锦、成长社区、投诉建议等。而且，许多家长在平台自发分享孩子的日常行为，记录他们的成长蜕变，并参与孩子的竞技、成长过程，提升了赛事的交流互动性。

（3）"老网站"嵌入"新平台"。基于门户强大的开放性和包容性，该企业沉淀多年的官方网站也可嵌入赛事服务模块，从而保持"老网站"的积累，更好地发挥经验价值。此外，客户通过手机端便可查询信息、了解流程、领取证书，快捷高效，也为"老网站"注入了新的活力。

（4）智能客户管理。后台运维人员按区域进行部门配置，实现体系化统一管理。客户只需扫码进入门户，便可自行完成报名参赛等流程操作，一键触达，降本增效。同时，个性化门户也针对不同区域的客户，提供当前区域最新赛事资讯，保证信息的时效性、价值性，提高客户满意度。此外，门户中设置公告模块，重要信息一键触达，无须一一通知，便于持续提供服务，延长客户生命周期，释放客户冗余价值。

4. 应用功能实现

个性化门户适用于教育培训、竞技比赛行业的专业平台打造，主要由"赛事服务""互动交流""文化宣传""新闻通知"四大模块构成。"赛事服务"和"互动交流"主要满足客户报名参赛、接受培训的日常需求，"文化宣传"是企业重要活动宣传、赛事预热的重要窗口之一，"新闻通知"则通过"一键转发""一键触达"等功能为客户管理工作减负。在线赛事服务一体化应用界面如图4-6所示。

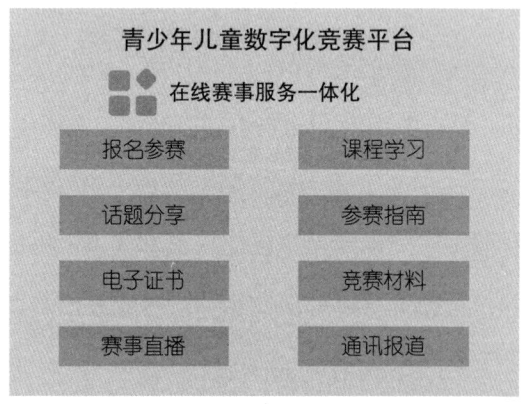

图4-6 在线赛事服务一体化应用界面

（1）"赛事服务"模块。该模块通过"应用列表"实现。在门户管理后台选择"应用列表组件"，拖拽至"banner轮播组件"下方，通过点击图标进入指定在线表单链接。赛事服务模块通常涵盖"报名表单""赛程安排""赛事直播""成绩公示""材料递交""获奖公告"等与比赛紧密相关的功能，满足客户跟比赛相关的日常需求。所有信息均可通过在线表单进行留存、统计，避免员工重复性劳动，降低人力沟通成本。

（2）"互动交流"模块。该模块通过"宫格组件"实现。在门户管理后台选择"宫格组件"，拖拽至"赛事服务模块"下方，"宫格组件"由多个大小不一的图片模块构成，家长可在此处完成打卡记录、每日分享、投诉建议等操作，实现在线实时分享；

赛事相关疑问也可随时咨询，丰富客户体验，提供全面、贴心的服务。

（3）"文化宣传"模块。该模块通过"banner 轮播组件"实现。在门户管理后台选择"banner 轮播组件"拖拽至门户顶部放置，该组件的产品逻辑是点击目标图片跳转至指定链接，可将重要活动招募素材图和报名链接配置在此处，便于用户进入门户后第一时间点击查看，为活动增加曝光、提高报名效率。

（4）"新闻通知"模块。该模块通过"公告组件"实现。在门户管理后台选择"公告组件"，拖拽至"互动交流"模块下方，可通过该组件发布重要通知，并一键触达所有客户，如赛事成绩公示、获奖荣誉公示等。信息公开透明，保证赛事公平公正。

（二）私有化部署

低代码开发平台支持多种不同的部署方案，这样用户可以根据自身需求选择最适合的部署方式。目前，大部分低代码开发平台可以实现应用私有化部署。

1. 企业特征

私有化部署能满足企业个性化定制的需求，需要私有化部署的企业有如下几个特征：

（1）业务多、数据流庞大。这类企业通常有复杂的业务需求，需要大规模处理数据流。私有化部署具有更佳的性能和更强的可扩展性，满足企业业务需求。

（2）对数据安全要求高。有些行业对数据安全性要求非常高，如金融、医疗等。在私有化部署中，企业可以完全控制数据的存储和访问，提供数据安全保障。

（3）内部拥有其他系统应用。企业通常会在其 IT 生态系统中拥有多个应用程序和系统。私有化部署可以帮助企业与现有系统对接，实现数据共享和无缝集成。

（4）有定制化和个性化需求。一些企业可能有特定的业务需求和流程，需要定制化和个性化的解决方案。私有化部署具有更强的定制化能力，满足企业独特需求。

（5）有合规性要求。有些行业还受到特定的法律法规约束，需要确保在合规的同时对数据进行管理。通过私有化部署，企业可以更好地控制数据和符合合规性要求。

2. 私有化部署的优势

（1）数据安全控制。一些对数据敏感的行业，如金融行业，其数据的安全性和隐私保护至关重要。外包数据存储或使用云计算 SaaS 应用程序可能会增加数据泄露和安全风险。通过私有化部署，企业可以在自己的本地环境中管理数据。这样可以降低数据被访问、共享或泄露的风险。

（2）满足定制化需求。私有化部署的低代码开发平台可以为用户提供二次自主开发的能力。用户可以根据自身需求，自由定制和扩展平台的功能，以满足特定的业务需求。这样可以提升系统扩展性，使其更好地适应不同业务场景和变化需求。

（3）延长现有系统寿命。通过私有化部署的低代码开发平台，企业可以利用开放的接口和集成能力，将新的功能和模块无缝集成到已有系统中。这缩短了整体开发的周期，降低了成本，同时也避免了形成僵局的困境。企业可以通过简单配置、可视化界面和少量编码进行系统调整和优化，不需要进行整体重构和开发，从而延长现有系统的寿命。

（4）便于二次开发。私有化部署的低代码开发平台具有较强的拓展性，允许企业进行二次开发和自主升级。企业可以根据自身需求进行定制化开发，添加新的功能或模块，以更好地满足业务需求，提高系统的灵活性和适应性。

第三节　业务平台开发

业务平台是一种提供综合性工具和技术的平台，旨在帮助企业快速开发、部署和管理各种业务应用。它集成了多种功能和组件，包括应用开发框架、工作流程引擎、数据分析和可视化工具等，用以支持企业的业务增长和创新。

一、数字化管理师开发能力要求

数字化管理师主要负责帮助组织实现数字化转型。他们具备深入了解组织业务和流程的能力，也掌握先进的数字技术和工具。

（一）业务开发的能力模型

数字化管理师需要具备多方面的管理能力，主要有以下几项：

1. 数字化技术能力

数字化技术能力指对数字化管理工具、系统和平台的分析和搭建能力，贯穿产品分析、搭建、落地、后期运维的全过程。下面简要介绍数字化系统分析能力和数字化系统搭建能力。

（1）数字化系统分析能力。这是一项综合性较强、涵盖范围较广的逻辑思维分析能力，具体包括企业需求分析、产品功能评估、应用效果分析和数据沉淀分析等能力。企业需求分析和产品功能评估需率先进行，据此选出一款最合适的产品，投入使用后，必须进行应用效果分析和数据沉淀分析，并以这些分析数据反哺前端设计，优化后台搭建，从而通过合理的运维方式，真正实现有效落地。

（2）数字化系统搭建能力。即数字化产品的应用能力、低代码的搭建能力，要求能够自行设计、开发系统，并完成后期运维工作。此外，当市面上的产品暂时无法满足企业现实需求时，中级数字化管理师需进行自定义设计、创新开发，或基于原有产品进行二次开发，或基于组织需求进行全新的系统搭建，使数字化产品得以再度服务于组织。

2. 业务洞察能力

业务洞察能力的关键在于如何分析、规划和选择契合企业战略目标的数字化管理平台，以及如何让其为战略目标服务。这需要数字化管理师做好以下工作：

（1）理解战略目标。旨在理解组织在战略层面的未来发展动向，一般可以从所需时间、覆盖范围、想要达到的数量和质量四个角度切入，对宽泛、抽象的目标进行拆解和细化，全面了解并梳理业务管理和发展的需求。

（2）分析业务现状。关键在于针对当下管理痛点设计解决方案，例如，某轻食餐饮企业想要扩大经营版图，却无法实现销售门店的统一管理，品牌口碑下跌。针对"统一管理""口碑下跌"的管理痛点，数字化管理师可以通过经验萃取的方式打造一个标品，并由此制定一份标准化管理规则，再以数字化方式搭建一个强大的中后台，以便将统一的管理标准辐射到新开的门店。

（3）梳理和绘制流程图。梳理流程图，通过整理从业务分析到平台搭建的总体思路，明晰解决方案的脉络；绘制流程图，通过反推设计节点的合理性和有效性，再度优化细节。

3. 项目管理能力

数字化管理师的工作普遍具有跨部门的特点，80%的工作具有项目特征。数字化管理师能为项目制订明确的计划，对项目的进度和控制有系统的方法论，熟练应用目标管理、任务管理、进度管理、成本管理、风险管理、沟通管理等方法，进行项目管理。

（1）目标管理。具体、清晰的目标是项目得以实施的首要条件，数字化管理师需量化管理目标，明确权、责、利三者关系，实现目标具体化、可视化。

（2）任务管理。将总任务进行拆分和细化并明确分工到人，设定严格执行与监督的期限，有利于后续实施过程中的监督与追责。

（3）进度管理。数字化管理师需为项目确定进度节点，并借助数字化手段，从质和量两个维度进行过程监控，持续跟进项目进展，适时评估项目质量。

（4）成本管理。为使项目成本控制在计划目标内，数字化管理师需要做好成本的预测、计划、估算、控制、调整、分析等工作。

（5）风险管理。通过个人经验和能力，使用专业的风险管理工具，对项目的潜在风险进行评估和判断，并准备相应的风险缓解策略。

（6）沟通管理。复杂的数字化技术与员工素质普遍存在差异，数字化管理师需要与项目成员进行充分的交流沟通。

4. 沟通协调能力

沟通协调能力包含逻辑表达能力和组织协调管理能力。

（1）逻辑表达能力。高效沟通的关键在于说话者的逻辑表达能力，具体来说，数字化管理师需将专业术语转化为通俗易懂的日常语言,并将平台搭建的方案、原因、过程、使用方式等清楚传达给不同的需求人群。一要"上传",即将平台搭建方案等向高层管理决策者阐释清楚;二要"下达",即将使用方法等教授给相关的基层业务人员。

(2)组织协调管理能力。协调管理的关键在于如何实现跨部门协作。数字化管理师进行管理架构搭建时,必然会涉及各部门的配合,这就需要与业务人员进行深入沟通,挖掘实际办公痛点。因此,数字化管理师只有善于对话沟通,才能真正解决业务人员的管理诉求,从而协调企业内部各层次、各部门、各环节的关系,便于数字化管理方案的推行和落地。

5. 企业管理能力

企业管理能力的加强需要充分发挥数字化管理工具的优势,仅依赖工具本身的制约是不够的。数字化管理工具具有监督性和强制性,而不合理的使用方式可能会削弱员工积极性,降低工作效率。

(1)强调人性化管理理念。数字化管理工具只是管理手段,管理的核心仍然是人。因此,必须加强对员工的关心,尊重员工的需求和价值。要营造积极、宽松、自由的工作氛围,激发员工的工作热情和创造力。

(2)打造科学合理的管理架构。数字化管理工具应是管理架构的一部分,而非独立存在的工具。要建立科学合理的管理架构,注重职责明确、权限透明、流程规范和信息共享,实现工作的流畅和高效。

(3)培养基本的管理素养。管理是一项复杂的工作,需要管理者具备基本的管理素养,包括沟通能力、协调能力、决策能力、创新能力等。只有具备这些素养,才能制定科学合理的管理策略,有效应对各种挑战。

(4)加强员工之间的交流。数字化管理工具应是促进员工交流的工具。要在数字化管理工具中加入社交化元素,激发员工之间的交流和互动,打破各部门之间的隔阂,建立良好的合作关系。

(5)实现线上管理系统与线下管理制度的协同互通。数字化管理工具应该与线下管理制度紧密衔接,实现协同互通,确保工作有序和稳定。

（二）与各业务岗位的分工与协作

组织希望通过数字化变革促进管理能力、增强业务竞争优势。数字化管理技术在组织管理中占有越来越重要的地位，数字化管理师不仅要服务于整体组织，而且要服务于各业务部门和职能部门，这使得数字化管理师和各部门之间需要有良好的协作和明确的分工，这样双方才有可能实现共赢，组织才能获得预期效果。

1. 与各部门协作解决问题

数字化管理师需要与销售、营销、财务、人力资源和其他关键管理领域的企业主管们协作。需要站在业务角度思考，真正清楚地了解各部门面临的问题。以下是两个促进协作的方法：

（1）定流程。可以建立一个流程机制，如当业务部门提出需求后，先对需求进行分析与讨论，分析需求的合理性。从需求目的、需求内容、需求提交、数据使用人、需求处理人、开始时间、结束时间、备注八个方面对需求的相关信息进行梳理，并借助工具搭建流程，提高协作能力和效率。

（2）定绩效。使用目标和关键结果框架帮助促进协作和步调一致，从而最终帮助组织变得更加敏捷，并实现组织想要的结果。如数字化管理师的业绩采用与客户体验直接相关的新KPI，以满足侧重于客户满意度的业务需求。当组织商业生态系统相互关联时，组织就能灵活应对不断变化的业务需求和市场需求。

2. 协作中的注意点

（1）以技术为主导。主要考虑技术层面和工具的能力，却忽视业务需求，其结果通常是搭建了管理应用/平台，在管理实践中却用着不顺手。

（2）以业务为主导。业务完全主导数字化建设，按照自身业务需求选择数字化工具，技术人员只负责硬件运维。这样搭建容易忽视上下游、业务链的协同，有可能导致最终数据口径不一致，数据孤岛现象严重。

除了要关注平台架构、数据拉通、跨组织协同及标准化体系，还要关注业务。另外，业务需求、管理内控和相应功能的实现，也要关注技术本身的优劣，才能营造良好的协作氛围，产生良好的开发或运维结果。

3. 与各部门的分工

一个应用的购买、搭建、开发，到上线，再到运维，全程都需要数字化管理师与各部门进行紧密的配合与协同，当彼此之间的职责分工不明确时，不仅影响应用正常运行，而且造成人力资源浪费。

例如，某互联网公司有 100 余名销售，公司花 50 万元购买了专业的客户关系管理系统①，虽然系统功能齐全，但标准化的管理架构过于死板，并不能满足公司个性化的管理诉求。另外，该系统功能多且复杂，员工使用时非常不方便，甚至公司的部分流程不得不按照系统设置好的方式进行，显得冗长且低效。

为此，公司需要重新开发业务流程，其中，数字化管理师与销售部的分工见表 4-6。

表 4-6　　　　　　　　　　数字化管理师与销售部的分工

序号	角色	分工
1	数字化管理师	了解原有系统的框架和原系统在实际业务场景中的优缺点 了解销售部门需要进一步开发的诉求、部门的目标规划和公司相关的战略目标 了解销售部门与其他部门进行业务流转、跨部门协作的需求 梳理公司的组织架构，以及人员的职责和权限 梳理与销售部门相关的所有部门，以及业务关系，并画出业务流程 搭建管理平台，对平台上的操作、管理、查看等设置权限 培训相关维护的管理员
2	销售部	详细说明开发诉求 梳理业务流程，以及相关的跨部门协作需求和权责 配合数字化管理师画出的流程、搭建的管理平台做审核及测试 学习相关的平台操作路径和技巧

二、人力资源管理平台

人力资源管理平台是用于集中管理和整合企业人力资源管理活动的综合性平台。它提供了一系列工具，帮助企业有效地招聘、培养、管理员工。

---

① 客户关系管理系统指利用软件、硬件和网络技术，为企业建立一个客户信息收集、管理、分析和利用的信息系统。

（一）数字化人力资源管理的趋势

人力资源是现代管理科学中有效经营企业最重要的资源，被经济学家称为第一资源。根据企业发展规划在选人、用人、育人、留人四方面进行合理安排，并按员工数量、能力等对企业发展前景和方向进行评估和预测。

数字化人力资源管理将数字化技术融入人力资源管理的各个层面，助力"人"和"事"两方面的管理协调，推动人力资源管理变革和数字化转型。

1. 数字化人力资源管理变革的驱动力

数字化人力资源管理变革的三大驱动力是组织人才发展战略、人事管理效率、员工工作体验，下文从这三方面分析人力资源管理需要变革的原因。

（1）组织人才发展战略。在数字化高速发展的当下，数字化能力成为人力资源管理者的核心竞争优势。提高在员工基础信息画像、员工评价信息画像和组织人才发展规划分析等方面的管理效率，能助益企业长效发展。

员工基础信息画像是员工入职前已有的个体信息内容，包括姓名、年龄、学历、证书、就业经历等，为人力资源管理最根本的"选才"阶段提供了真实可靠的依据。

员工评价信息画像主要包括岗位能力情况评价、工作态度评价、性格特点评价等。从时间前后相继的角度来看，员工评价信息主要指员工入职后在本公司获得的工作能力，在当前工作中体现的工作态度、个人性格特征等。

组织人才发展规划分析是指对组织人才的能力和性格等进行进一步分析，给员工规划个性化培养方向，并按企业未来发展方向对人才的岗位职务安排做出调整。其中，要大力培养重要人才和关键人才，增强高水平人才对企业的认同度，降低离职风险；适当发展可替代人才，必要时做出人才管理决策。

（2）人事管理效率。现代人力资源管理的主要特点在于注重长远性战略布局、高层次战略决策，尤其将员工看作可产生价值增值的资本。两者存在相同之处，如考勤管理、薪酬管理、人员安排等板块。数字化系统能提升工作效率，将人力资源管理者从烦琐的基础人事管理中解放出来。

一是减少人工操作，提升工作效率。数字化办公平台将所有工作流程数字化，如数字化考勤转向线上实时数据更新、一键导出统计等。数字化绩效与薪酬则均可根据后台参数进行系统自动核算，并自动关联、集成，进行统一分析。数字化办公系统的升级与应用，使人力资源管理者可随时随地审批，实现流程线上自流转。同时，智能计算最大限度地避免了核算差错，大大提高了人力资源管理的效率。

二是降低日常工作量，提升决策力。数字化办公系统融入工作流程后，提升整体效率，从而减轻员工在基础性工作中的压力与负担。人力资源管理者得以从复杂烦琐的程式化操作中解放出来，更多聚焦于高层次的工作。

（3）员工工作体验。例如，设置弹性考勤时间和范围，合理调整考勤、绩效等与薪酬之间的关系，以员工体验为出发点，及时激励，让企业考察制度更为人性化。将多种管理模式进行融合和创新，从而提升企业核心竞争力。

一是员工需求数字化。按照马斯洛需求层次理论[①]，员工需求主要分为五大类：生理需求、安全需求、归属和爱的需求、尊重需求、自我实现需求，任何一方面都是不可忽视的。员工需求数字化主要指员工需求的采集、统计方式数字化，数字化程序会自动生成统计结果，也可一键查看统计表，统计结果一目了然。据此落实员工福利方案，能够使相关奖品或奖金更符合员工意愿，也能体现企业以人为本的追求和目标，增强员工对企业的认同感和归属感。

二是员工关怀数字化。企业通过数字化方式进行捕捉和统计，按照员工自身意愿给出相应的物质关怀、资金激励或实施方案，这是体现企业对员工关怀的重要环节。在数字化扁平管理下，员工关怀数字化途径多种多样，例如，通过数字化表单的形式进行统计分析，在企业群组或同事动态分享中看到员工的评价。对反馈进行再分析，并将分析结果运用到下一轮员工关怀中，让制度不断升级优化。全方位分析员工需求，并通过再反馈与再分析的沉淀，才能真正实现对员工需求的深度分析，在加大对员工关怀个性化、定制化力度的同时，让员工关怀落到实处。

三是员工成长规划数字化。可通过数字化统计方式进行采样分析，按照个体特点和需求进行个性化规划，为员工安排相应的学习课程，参加职业技能培训。最后通过

---

① 该理论后扩大为八阶（还包括认知需求、审美需求、超越需求），但此处按照其经典五阶模型进行论述。

数字化线上反馈机制，分析员工对培训课程的满意度，并统计分析，评估是否取得预期效果，进行相应调整。

2. 人力资源数字化转型方法论

人力资源数字化转型包括三个方面：建立智能组织、进行智能管理、为员工提供智能服务。

（1）建立智能组织。以组织内部人才数据和组织外部人才市场数据为基础，进行智能数据分析，能够有效预测未来人才管理可能遇到的问题和挑战，从而制定更科学的人才管理规划。

1）人才规划数字化。人才规划数字化转型是智能组织得以建立的首要条件，数字化人才规划设计有以下四个关键点：

①劳动力分析包括人力资源信息服务、数据建模、调查分析、计划和预测，数字化劳动力分析促进人才多维考察判断，为人力资源管理者的"选才"提供了更科学合理的依据。

②人才盘点注重组织内部人才数量与质量的评估，数字化人才盘点帮助管理者进行人才能力、人才与岗位的匹配度及其未来发展趋势的评估，提供更精确化、个性化的人才任职、管理依据，取得提升绩效、提高员工认同度、降低离职率的效果。由此可见，足够数量和高质量的人才奠定了组织可持续发展的基础。

③任职资格是数字化人才规划中的核心环节，它详细界定了各个岗位所需的专业技能、知识结构和工作经验等要求。通过数字化技术，可以更精确地分析每个岗位的工作特性和职责，从而制定更为科学、合理的任职资格标准。这不仅能为招聘和选拔提供明确方向，而且能为员工的职业发展和培训提供有力支持。同时，任职资格的数字化管理能有效避免人为主观因素的干扰，提高人才选拔的公正性和准确性。

④继任与发展计划是数字化人才规划中的长远规划，它关注组织内部人才的梯队建设和未来领导力的培养。通过数字化技术，可以对员工的能力、潜力和发展方向进行全面评估，为关键岗位制定合适的继任者，确保组织在面临人员变动时能够平稳过渡。同时，继任与发展计划关注员工的个人成长和职业发展，通过提供个性化培训和发展机会，激发员工潜力和创造力，为组织发展储备优秀的人才资源。

2）组织文化数字化。员工是组织的基础，激发员工活力和创造力是组织发展的核心诉求。合理利用数字化手段，充分考虑员工需求，创建丰富多彩的组织文化，能够增强员工对组织的认可度与归属感。

以某互联网公司为例，其拥有独特的企业文化体系。

①场景化展现。将企业文化内容在所有员工能看到、感知到的场合展现，如在洗手间、食堂、楼梯、电梯、走廊等地植入企业文化内容。例如，数字化转型后，公司通过线上线下相结合的方式，在公司纸质内刊中有员工风采展示，员工风采也展现在电梯间、企业群、企业数字化工作平台，以树立企业先进标杆，不断向员工输出企业文化。

②可视化表达。对企业文化进行可视化表达。例如，以往员工的优秀表现无人知晓，优秀成绩的奖励也只有本部门的人知道。数字化转型后，领导在肯定员工的成绩时，可在群内发送专享红包提升该员工的积极性，也从侧面激励其他员工，树立优秀标杆，提高团队的内部自驱力。

③仪式化打造。尤其应当注重企业纪念日，包括但不限于员工入职日、员工生日等。例如，企业分别为入职三年、五年、八年、十年的员工提供不同的纪念品，以表示对员工的感谢。

除了内部匹配度，企业还需注重文化的外部传播，如建立企业官方网站、在媒体上进行企业文化解读宣传等。在企业内部，人力资源管理者可以利用数字化媒介搭建企业文化传播平台，并设计相关模块，如企业要闻、同事社区、工作圈、价值观、问卷投票、匿名讨论等。

（2）进行智能管理。即通过数字化技术的应用，帮助组织进行"选、用、育、留"四大方面的管理，提高团队工作的协同效率与生产力，增强员工对企业和岗位的认同感和使命感，激励员工完成更优绩效与自我发展。最终，通过人力资源数字化的人才管理，打造满足企业发展战略需要的人才供应链。

1）人力资源管理流程自动化。在数字化平台，员工入职只需填写入职申请，程序便会自动流转到上级审批终端设备，上级仅需一键审批。此外，无论是转岗、调动、离职等人事异动，还是考评、薪酬、绩效、社保、合同等程序的填写与审批，相关程序均大大简化，员工只需在数字化平台进行相关操作，后台便会自动流转，并在完成后发送提醒通知。可见，数字化人力资源管理模式使原本散点式的管理流程统一起来，并形成线上自流转，节约各部门间来回跑腿的时间，降低人力成本，实现便捷高效。

2）人力资源管理模块一体化。人力资源管理涉及多个模块，人事异动、考评、薪酬、绩效、社保、合同等，其中大部分模块相互关联，以往这些流程相对独立，最后才汇总起来整体核算，容易出现差错，核算时间成本也高，效率极低。

数字化人力资源管理以大数据为内在驱动力，将所有管理模块整合起来进行一体化考量，即使考勤、考评、绩效等模块的相关数据与转岗、晋升、薪酬等模块的相关数据自动关联，管理者只需设定后台程序，即可在汇总时一键导出，轻松生成最终结果。

（3）为员工提供智能服务。智能服务以人性化为出发点，以员工为核心，将员工视为企业的客户，一切以员工为本，让数字化技术为员工服务。通过人性化的数字平台服务，给员工以人性化、智能化的环境体验，公平公正、公开透明的职业发展体验和有关怀、有温度的文化体验。

1）人性化、智能化的环境体验。原本较难组织的线下会议，可通过网络会议、视频直播、沟通群组等方式轻松实现，免除了会议场地的一系列烦琐安排与审批，无须聚集，只需员工打开电子设备。此外，智能门禁、智能前台、智能会议、智能网络、智能云打印等数字化硬件设备也让员工的考勤打卡、协同办公变得更方便智能。数字化技术与数字化硬件设施相互关联，共同营造出人性化、智能化的办公环境。

2）公平公正、公开透明的职业发展体验。数字化平台的应用，促进了人力资源管理流程自动化和人力资源管理模块一体化，让员工在人事异动、考评、薪酬、绩效、社保、合同等方面都以数字化技术为支撑，每一次转调都自动流转、社保合同中的保障和企业制度奖罚都清楚列出，薪酬准确直观，给员工以公平公正、公开透明的职业发展体验，从而激励员工不断升级赋能，实现自我价值。

3）有关怀、有温度的文化体验。企业给予员工的人性化关怀在很大程度上决定他们对企业的认可度和信任度，有温度的企业文化能降低员工离职率。因此，企业应在人才规划数字化、组织文化数字化的基础上,给员工以有关怀、有温度的文化体验,让员工与企业长期共同成长。

(二)数字化人力资源管理的基本模块

自定义人力资源基本模块如图 4-7 所示。

人力资源的业务模块主要包含组织机构管理、人事档案管理、员工合同管理、人员培训管理、人员考勤管理、人员薪酬管理、人员福利管理和人员招聘管理八大板块。

1. 组织机构管理

组织管理功能是系统的核心板块之一,可根据企业实际情况自由定义企业组织结构、组织单元及其隶属关系,还可有效关联人力资源管理的各大业务模块。系统提供多维度的操作、查询,为组织使用者提供最大便利。

系统可根据预先配置,自动生成组织结构图,便于查看组织的详细信息;还可根据管理需求定制效果展示模板,即通过抽取组织关系,呈现出企业用户所需的组织模型,从而让用户直观地了解人员在组织架构中的位置;全面的个人信息及业务管理,可方便快捷地查询公司内人员的工资、考勤等信息;针对组织中的特殊字段信息,如用户手机号、身份证等私密信息,系统支持扩展对敏感字段的加密策略,确保数据不直接暴露在外,避免数据泄露。

2. 人事档案管理

人事档案是人力资源管理平台的基础模块,是人力资源管理的基础,最核心的工作是对现有人员进行管理及其相应的业务变动。

在人员档案信息中,初始资料可以通过接口、Excel 方式批量导入业务系统,也可以与企业现有的人事管理系统信息集成,实现档案资料的快速初始化。

在人事方案模块,系统可以对公司人员在公司内各部门的岗位调动、升迁、试用、转正等业务进行处理。

3. 员工合同管理

员工合同管理是对合同新签、续签及无固定期限劳动合同签订进行全面管理,并且针对企业众多保密、培训等协议的管理,提供相应的系统方案,支持信息跟踪追溯。

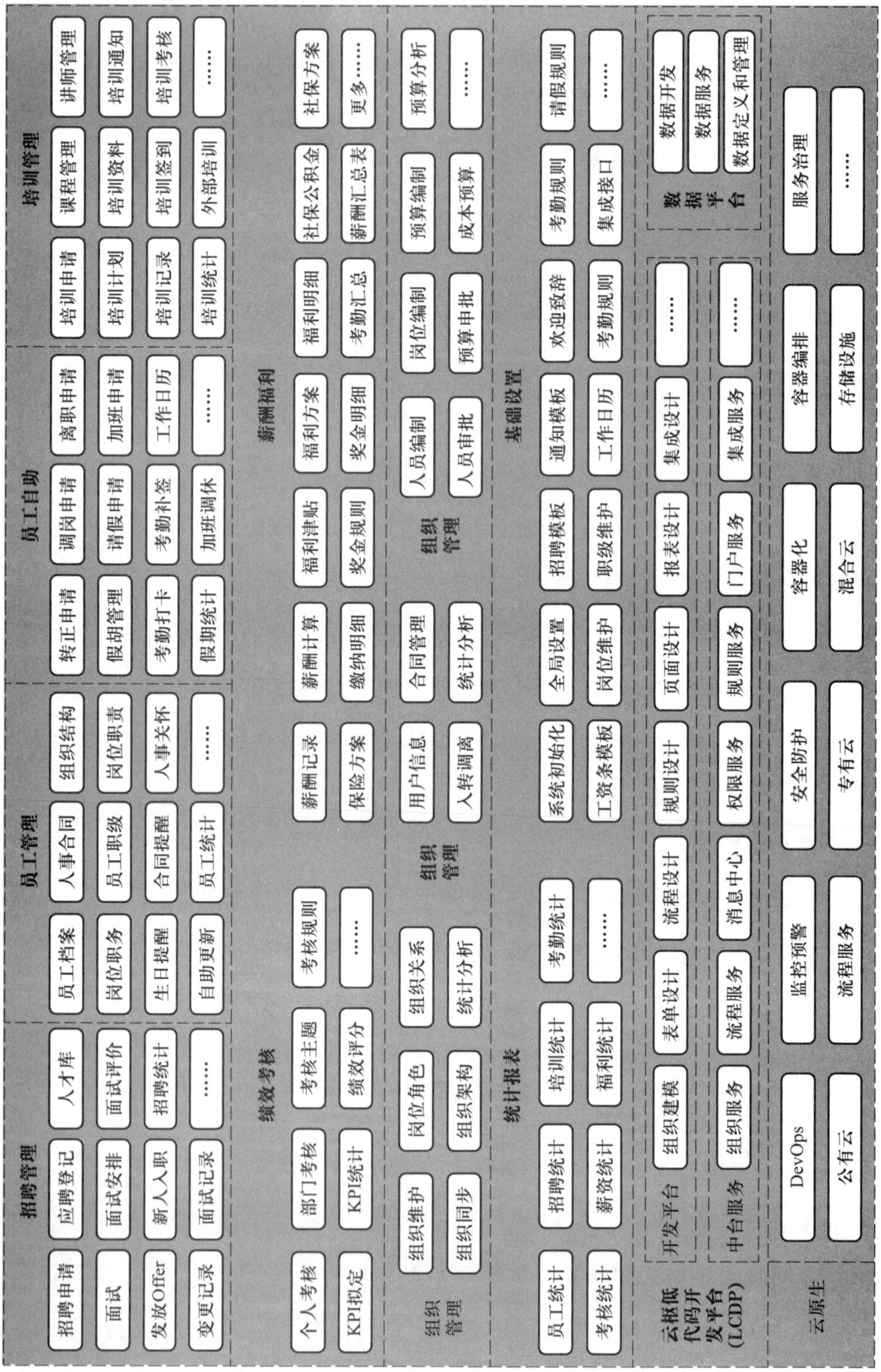

图 4-7 自定义人力资源基本模块

4. 人员培训管理

在培训管理中，可实现培训资源和相关文档管理、从培训需求采集到计划制订、活动展开和结果记录等一系列管理功能，可进行员工培训档案的全面记录和相关统计分析，以实现对员工能力的控制。

5. 人员考勤管理

在人事管理服务中，系统可实现全方位的考勤管理，包括排班和考勤管理等。考勤管理模块如图 4-8 所示。

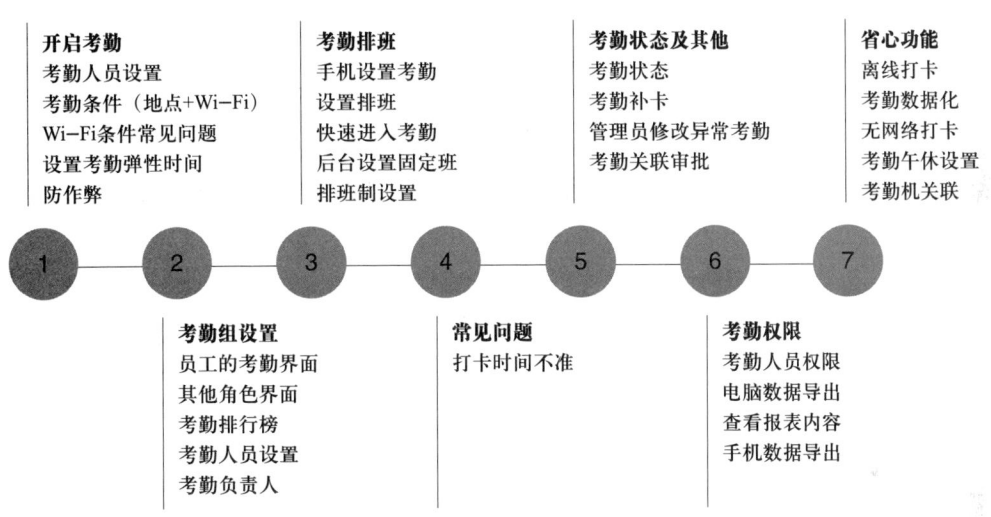

图 4-8　考勤管理模块

6. 人员薪酬管理

快捷的薪资计算和对数据的深层分析为企业建立更合理完善的薪酬架构、体系，提供必要的数据支持。对与薪资相关的众多外部数据，系统提供多种解决方案，不仅适用于集权模式下的薪资管理，而且适用于分权模式下的多组织层级之间的数据采集和上报模式。

7. 人员福利管理

福利是企业重要的人事业务工作之一，设置福利项目、福利方案、福利费用分摊、福利项目档案等个性化类目，帮助企业针对不同层级的人员设定不同类型的福利制度，以保证满足不同类型员工的福利诉求。

8. 人员招聘管理

人员招聘模块主要包括招聘需求的征集和招聘计划审批，招聘网站或企业网站简历的数据导入，招聘简历筛选、招聘人才库、招聘人才的面试、笔试、录用、未录用等多层次流程的管理。通过电子邮件或打印通知单通知应聘人员及常用分析报表等，可实现企业的招聘渠道管理、人才库管理，从招聘需求到招聘计划再到计划执行整个流程的信息管理和文档管理。

（三）数字化人力资源平台搭建的实例

1. 场景描述

深圳某大型科技企业仅用 5 年时间，凭借先进的技术、优质的科技产品快速占领市场，在同行中颇负盛名。企业处于高速发展阶段，现有在职人员过千，虽然高层领导对人才引进、培育高度等非常重视，却并未构建完整的人力资源管理体系，仍采用 Excel 表格＋纸质的传统管理模式，运转低效，人才管理水平低下，缺乏人才培养机制，导致人才流失严重，制约企业升级、转型。

2. 痛点分析

（1）人才引进低效。企业每年引进人才 200 人左右，但由于缺乏系统化管理，招聘需求往往需在人事和业务部门之间反复沟通，时间成本和沟通成本高，影响人才入职效率，无法及时满足企业的人才招聘需求。

（2）人才资源整合难。公司入、转、调、离信息缺乏记录，人员信息分散，信息查询困难，每当合同到期、员工生日、员工转正时，常有处理不及时、审批疏漏等现象，效率低下。不仅耽误进度，而且影响员工的工作热情，长此以往难以留住优秀人才。

（3）数据手动汇总效率低下。企业规模大，员工数量多，且个税、五险一金代扣等计算复杂，纯人工薪资统计工作量大且易出错，薪资拖延、误发情况时有发生，常引起员工怨言，有损企业形象，在一定程度上也造成了人才流失。同时，企业数据处理分析能力弱，难以通过数据分析了解企业人力支出情况，无法依据数据反馈支撑人力管理决策。

（4）培训投入和收益难成正比。企业培训需要占用人力、场地、时间等，内部沟通协调难度大，且缺乏完善的人才培养体系支撑，致使培训质量难以保障，员工的学习掌握情况无从得知；多数培训流于形式。

3. 解决方案

针对以上问题，该企业借助低代码数字化平台，成功搭建一体化 HR 系统，高效打造人力资源数字化平台，实现对个人信息、组织管理、人事档案、合同管理、人员培训的全面在线管理，使信息实时传递、数据高效联动。

（1）招聘高效协同。搭建在线招聘管理系统后，人才简历库得以沉淀，解决了渠道少、简历少的难题。业务部门在线发起招聘需求，HR 根据优先级处理任务，实现线上自流转。同时，整合为面试日历、自动生成每日待办，帮助企业告别混乱的工作节奏。此外，可实时通过智能系统生成统计报表、招聘转化分析等，通过数据反馈和分析，及时找到入职率低的问题并对症下药。

（2）员工的入、转、调、离自流转。人员档案信息等初始资料通过接口、Excel 的方式批量导入系统，也可与现有的人事管理系统信息集成，自动同步员工档案，系统主动提醒合同到期、试用到期预警等；员工的入、转、调、离均可通过系统进行处理，降低人工疏忽造成的违规风险。同时，自动汇总人员结构报表，形成企业人力资源画像，帮助企业制定中长期人力资源规划，甄别优质人才，进行有针对性的培养、调用，减少人才流失。

（3）薪酬核算智能化。系统支持自定义工资计算规则，人员信息导入后由智能数字化工具自动完成薪资核算，原本需要财务部门一周完成的工作，使用智能化工具一天即可完成，减少重复劳动，降低人力成本。汇总后，工资单通过系统发送至员工，员工收到工资单后如有问题可在线反馈，及时修正。

（4）人才培养体系完善。设计培训方案时，可通过数字化智能工具收集员工实际需求，并以此为依据制订培训计划。通过数字化平台在线为受训人员点对点指派培训任务，完成任务后在线考核，实现培训全流程在线管理。此外，系统根据培训数据自动生成培训日程看板、讲师日程看板等，帮助人力部门合理规划培训工作；通过员工的培训评价和培训考核情况等有效量化培训结果，及时优化课程，确保培训为员工带来真实有效的能力提升，进而推动业务升级。

4. 小结

数字化人力资源管理系统根据业务需求，运用低代码平台，以模块化方式满足人才管理需求，实现释放企业人才数据价值，并进行多维度数据分析，形成个性化数据画像。通过人才资源画像，企业管理者能够清晰掌握人才支出占比、各部门人才分布占比、专业人才占比等，帮助企业制定人才培养规划及内部人才资源合理化分配，让专业的人做专业的事，从而推动业务升级。

三、财务管理平台

财务管理平台是现代企业管理中不可或缺的一部分。它提供了一种集中管理和监控财务活动的手段，为企业财务决策和分析提供了重要支持，帮助企业实现财务目标并增强竞争优势。

（一）数字化财务管理的趋势

财务管理软件的研究开发起步较早，已经有了很多可选用的先进软件，但相较自建的数字化财务管理应用，标准化的应用软件依然存在效率不高、控制不严、分析不精、预测不准等问题。作为相对专业性强的后端管理板块，财务管理如何凭借数字化方式解放人力、提高效率、为业务赋能，是企业管理者需要思考的问题。

1. 现代财务管理的常见现状与痛点

很多管理者相关认知薄弱，认为财务就只是算账，不重视财务系统化管理，组织存在制度不完善、环节缺失等问题。组织发展初期，会计核算基础薄弱，造成钱账不分、公私不分等情况；组织规模较小时，这些隐患对组织资金的影响较小；而组织规模越来越大、业务种类越来越丰富时，财务弊病便会不断凸显。

（1）工作烦琐易出错。财务工作涉及大量业务数据、财务数据、银行数据等，票据种类多且杂乱，报表量大烦琐，且存在大量重复、跨系统的业务流程。现阶段仍要依靠人力手工信息录入，即员工线上报销申请、走审批流程，线下仍要走纸质报销流程，不仅效率低、成本高，而且极易出错。财务管理方面涉及整个组织的资金流动、债务、税赋等重要板块，容错率非常低。

（2）对账统计不便

1）组织内各部门对账。财务数据往往有多个来源渠道、多种统计格式，各部门对账麻烦，且不同部门计算口径不统一，如财务收入不含税、销售收入含税等，导致统计常有出入。同时，各部门之间仍采用纸质单据传递，容易遗漏或丢失，也不容易合并或统一整理。

2）银企对账。在传统的对账模式下，同一对账期内要和客户进行多次沟通，包括催收、电子签约、退件处理、客户信息变更等，平均每个对账期要通知近万个客户。对账人员手工进行不仅耗时费力，而且事倍功半，这种对账模式已无法满足如今的业务需求。

（3）数据监管困难。在现阶段财务管理中，监管也是难题之一。组织决策者不一定具备会计知识，报表上的数据无法直观向其反映企业资金、账务等详细状况，且企业整体费用背后的明细不透明、财务报表笼统，根本无法辅助业务决策。产品生产成本核算不清、人工制表粗略、业务数据难以统计等也将导致财务数据难以进行监管，以致错误无法被及时发现。一旦一个表单出错，所有表单都会出错，补漏成本高，且难以追溯。

（4）存在法律隐患。一些组织存在账面混乱、账实严重不符的问题。会计科目不规范，相关人员税赋意识薄弱、税收知识不足，遗漏申报交税和补助，期末损益结转易漏转，导致资产负债表不平。手工记账容易出错，财务报表公式设置复杂导致算错税、交错税。

2. 数字化财务管理的优势

数字化财务管理的优势体现在以下几个方面。

（1）去除人工重复性。数字化财务管理软件能提供标准化的财务报表，并支持在已有软件上设定自定义流程，使重复相似的报表统计等工作得以由系统批量化解决，如可模拟手工记账流程，具有录入、签字、审核、记账，自动开发票、报销、归档，支持发票多维度查询等功能。另外，财务人员可完成报销单据的移动填报、领导移动审批，操作流程不再受时间及地点限制，优化工作流程，业务处理灵活，减少时间、人力耗费，提高整体效率，推动财务职能发挥更高价值。

（2）实现对账自动化。数字化财务管理软件依托大数据、云计算、人工智能等先进技术，具有凭证录入、修改、整理与查询等基础核算功能，查账、对账更轻松高效。同时，通过财务机器人等技术手段，自动登录网银、第三方支付平台、财务NC等系统，对不同来源数据进行对应关联，统一核对数据后调整数据格式。另外，可提供自动出具余额调节表等服务，强化对账制约机制，提高对账风险控制水平。

（3）实现数据可视化。通过智能系统的数据集成、运算和自定义报表分析，数字化财务管理系统可按各分区、各费用单位自动生成多维度、可视化的统计报表，并支持往来单位、部门、项目等多维度辅助核算及辅助报表查询，使经营数据一目了然。

（4）实现税赋申报自动化。数字化财务管理软件具有税务申报等财务板块自动化功能，支持全国申报、全税种管理、申报数据智能分析、申报进度与核查管理等，通过系统OCR[①]对发票进行识别验真，进行税费核算后自动生成纳税申报表，一键申报，完成全过程的自动化。同时，智能财务系统可做到依据多项监控指标，自动核验数据，排查财税风险。

需要注意的是：由于财务管理的专业属性，建议组织使用已有专业财务管理软件，在此专业财务软件基础上，有细小缺陷时才需要数字化管理师发挥作用，进行二次开发。目前，在财务管理方面，数字化应用开发主要涉及应收、应付及较基础的报表。

（二）数字化财务管理平台搭建的实例

1. 场景描述

某工程企业是跨地区、跨行业、集科工贸于一体的大型集团化企业，隶属于中化地质矿山总局，目前业务主要涵盖施工总承包、专业承包、工程勘察、工程测量、岩土工程等。项目推进过程中遇到了许多财务方面的难点。

该企业全职人员一百人左右，但其业务涉及总包和分包，且项目周期较长，一个

---

① OCR（optical character recognition）文字识别指用电子设备（如扫描仪、数码相机等）检查纸上打印的字符，然后用字符识别方法将形状翻译成计算机文字的过程。

项目会积累很多不同类型的合同，每个合同又涉及各项收付款、收发票、成本报销登记等款项财务管理内容。对项目相关费用核算的财务数据，仍在沿用人工制作Excel表格与纸质审批相结合的传统管理模式进行，其运转低效已影响企业自身发展，急需改革。该企业后来借助低代码数字化财务管理平台，成功搭建一体化项目和合同管理系统，打造项目财务数字化平台，最终实现高效财务管理。

2. 痛点分析

在上线系统前，该企业所有业务流程采用传统方式进行，并遇到传统企业大多会遇到的普遍性财务问题。

（1）财务审批纸质流转低效。企业中各项目款项申请、报备等流程的通知流转效率低下，需要层层转告，纸质单据需人员手动提交。如遇到人员出差、更换等情况，审批时间滞后，常造成延误，数据时效性差。

（2）人工统计报表准确率低。项目相关财务报表需要人员手动统计，一般每个月统计一次，通知到各个人员。如果要查看某个时间点的数据情况，还需要让制作报表的人员现场进行调整和汇总，计算量大，极易出错。

（3）财务与项目系统流程割裂。该公司原有财务系统与项目系统没有做数据打通，如需在原来的财务系统中走相关流程，业务人员需要在两个系统中不断切换、重复填写相同的内容，项目整个流程就会割裂、重复，不利于全局性把控。

（4）项目预算整体感知弱。员工发起报销、付款流程时，很难知晓当前项目已使用的预算数据，不容易把控预算整体情况。

（5）发票常需人工复核。容易出现重复开票、一笔费用多次开票、累计开票金额大于实际应收款项、一张发票多次报销等情况，需要投入人力和时间资源重复检验，避免损失。

（6）数据记录回溯困难。数据记录仍采用纸质存档的形式，当需要查找具体历史记录数据时，需线下前往总部档案库，在大量数据资料中人力找寻，费时费力。

3. 解决方案

该企业财务方面存在的主要问题是人工核算效率低、回溯难，因此，该企业通过上线数字化项目收付款系统，推进财务流程自动化，促进财务工作效率大幅提升。

（1）财务流程线上流转。线上发起付款申请流程，系统自动流转至相应审批人一键审批，全程线上自动化，不受固定审批人调换、离岗等意外情况干扰。

（2）报表数据实时展现。财务数据在智能报表中实时同步更新。随时随地进入系统（支持移动端），可自由筛选想要查看的数据，可自定义报表呈现方式，如饼状图、柱状图、甘特图等，便于检查整体项目各类款项进度情况。

（3）项目预算实时更新。发起报销时，选择项目成本类型后，即可关联查看项目预算、当前项目的历史付款、开票情况。相关人员审批时，也能更好地把控项目整体情况。项目预算审核数据如图 4-9 所示。

图 4-9　项目预算审核数据

（4）开票与费用申请相关联。无论是先票后款，还是先款后票，在系统中保证开票记录与付款记录有且仅有一次关联，保证无法进行多次开票，从而杜绝一笔款项多次开票。若有发票丢失重开、款项退款退票等特殊情况，也可以另设流程用于登记。同时，凭票报销的流程采用登记发票号、上传发票截图或电子发票的形式，系统根据发票号可以判断发票是否重复提报，避免出现发票重复提报的问题。

（5）自由筛选查找特定数据。全部财务数据线上归档，若需查找特定的某条审批或其他记录，只需在筛选框中输入关键词，系统即可进行模糊搜索，筛选出相关数据，提高检索效率，方便及时回溯财务问题。自由筛选查找特定数据如图4–10所示。

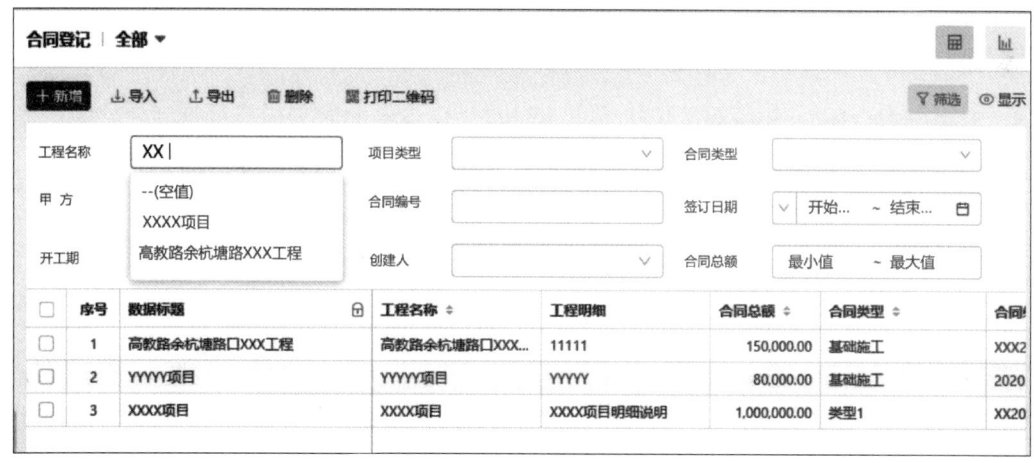

图 4–10　自由筛选查找特定数据

4. 小结

数字化合同收付款系统能有效提高流程审批效率，并充分保障数值的准确性，使企业摆脱繁重的复核工作，实现集团内部各部门、各子公司的财务透明，方便企业解决财务问题，调整财务支出。

四、项目管理平台

在当今竞争激烈的商业环境中，项目管理平台成为许多企业的关键工具。它不仅提供了一种集中管理和协调项目活动的手段，而且为企业的项目决策和执行提供了重要支持。项目管理平台通过整合和优化项目资源、进度和风险等关键要素,帮助企业实现项目目标,并提高项目交付的质量和效率。

(一)数字化项目管理的趋势

1. 项目管理的难点与相关情况

在项目管理中,项目启动后无法落地、派发后没人干活、追责时相互推诿、期限不断拖长、进度完全模糊难以掌控,种种现状并存,而大部分项目的失败又由多个原因引起。项目周期长、员工易怠懒,造成后期进度积压,难以摸清具体状况。因此,需考虑项目中的每一个环节、做好各种问题的备案,利用数字化管理手段,对现有项目管理模式进行优化。

(1)项目管理的难点

1)项目中的沟通管理问题

①沟通不到位。沟通双方传达信息不对称,在未借助数字化项目管理软件的情形下,很多项目参会的人未听懂或者会后就只记得寥寥几点,造成沟通效果差、效率低。由于传达过程不到位,即使分工足够明确,也无法真正落实。

②沟通不及时。派发出去的工作不能及时得到相关员工的回馈,无法及时得知工作进度、是否产生损失、期限是否宽裕,项目很容易失控。同时,项目工作中出现问题下级也不能及时向上级反馈,导致工作停滞、进度拖慢。

③沟通无沉淀。在传统模式下,沟通多体现为口头说明或电话通知,这类沟通难以沉淀,无法追本溯源。

2)项目中的进度管理问题

①目标及计划不明确。不具体的目标与计划对现实工作指导意义不大,项目内的成员根本无法从中提取具体任务。项目难以具体分工和执行,很容易造成进度停滞不前、员工浑水摸鱼的现象。

②过程进度追踪难。管理者一般无法逐一查看每位员工的具体工作及其工作进度,难以对项目进行有效监控,出现问题时难以溯源追责。

3)项目中的团队管理问题

①分工与权责不清晰。易推诿扯皮,同时引发任务分配不均衡、权责不匹配,这

不仅会挫伤部分员工的积极性,而且会造成不公平现象,导致项目工作难以推进,整体效率被拉低,进而不易追责。

②成员间存在协作壁垒。项目中的成员构成相对特殊,通常都是从各职能部门中临时抽调人员,互不熟悉,且目标不一致、利益关系复杂,缺乏凝聚力,很难达成协作关系。

4)项目中的知识管理问题

①项目流程和经验缺乏沉淀。很多传统组织缺乏沉淀的意识及能力,即时创意、约定俗成的步骤及经验教训等隐性知识呈碎片化融入日常工作,在传统模式下很难全面完整储存下来。

②项目资料整理、归档难。对项目资料进行整理、归档需要花费大量时间和精力,还容易出错。同时,纸质资料需要大量储存空间。

(2)借助项目管理软件的情况

现阶段,很多企业已引入了数字化项目管理的相关软件,但投入使用后结果却不尽如人意。显然,软件只是辅助工具,单有工具辅助远远不够。管理者如想借助管理软件优化管理,应先了解项目管理的基础知识和使用方法。

2. 数字化项目管理的优势

数字化项目管理使内部沟通更快捷,有利于进度监控,助益成员间互相协作,同时为项目中知识储备提供了空间和便利。

(1)项目中的沟通管理

1)沟通信息对称。项目主管可以在线上设置会议纪要,重要内容逐点罗列,并在相应的分工内容下直接@相应负责人进行提醒、告知。每个成员都需要当场逐一确认内容,确保沟通内容完整、清晰传达。

2)沟通及时性提高。所有项目成员在架构内关联,项目主管可设置待办,指定每环节期限,成员完成后打钩,使沟通简单高效;项目主管能够及时得知进度和具体情况,并及时进行处理。

3)沟通有沉淀。应用数字化项目管理软件后,每次沟通都会留下完整文本记录,包括具体日期、时间点均清晰保留,多设备同步,方便随时回溯和查找。

（2）项目中的进度管理

1）目标计划明确且可量化。数字化项目管理工具帮助成员进行目标拆分和管理，跟踪和记录目标的全部内容，支持多人在线协作编辑、实时同步、实时共享，并直观、透明地设置和展示到每个层级的目标。当得以随时看到细处拆分的目标，以及同时看到全局整体的目标时，员工可以保证自己的方向不会跑偏。

2）过程进度清晰易追踪。数字化项目管理工具中，环节指标清晰可衡量，线上自动流转与记录，便于管理者随时查询与监控，涉及成员的工作状态、效率与任务的总体进展和细节等，具有更全面和更直接的观察渠道，不需要他人经手，因此很难被误导。

（3）项目中的团队管理

1）分工清晰、权责匹配。项目最初启动时，借助数字化项目管理工具，线上分工在相应任务文本下直接@相关负责人，并由其当场确认待办。同时授予相应权限，数字化架构中权限设置步骤简单，权限明确，保证权责匹配。

2）打破协作壁垒，提升凝聚力。在数字化组织架构管理下，部门隔阂被打破，不同部门和层级间的界限模糊，其便捷性与扁平化特点加强了各部门人员之间的联系，便于协作。

（4）对项目中的知识管理

1）项目流程和经验得以沉淀。项目流程中各环节涉及的沟通过程、经验等隐性知识会通过数字化线上空间直接沉淀留存，不需要占用大量储存空间，且保证了知识经验的完整性和及时性，有利于回溯与复盘。

2）项目资料整理、归档难度降低。线上文件存储在云盘、网络空间等位置，不再受设备限制，安全性更高；线上同步协同保证了文档类型和格式的统一，且数字化工具可一键归档或分类、排序并快捷检索，缩短了周期，降低了人力成本。

（二）数字化项目管理平台的必备模块

数字化项目管理平台的必备模块有三个，分别是任务管理、进度管理和知识管理。

1. 任务管理

项目启动初期，项目主导者首先对项目总任务进行拆分和细化，并根据各成员的领域、适配度进行初步分工和任务指派。任务明确分工到个人，同时保证任务可量化、可检验，并设定期限严格执行与监督，这样项目才算真正落地。

通过数字化项目管理软件，项目管理者借助在线工具在组织内部建立项目，并把项目总目标细化拆分成每阶段的环节和任务，在每个分任务下在线@或设置待办派发到每个具体成员，同时授予所需权限，确保每个任务都顺利开展，并保证全程有专人负责。

2. 进度管理

要确保项目如期、保质保量交付，进度管理也是项目过程中必要的一环。长期项目中若无及时监督，成员常在中后期懈怠，出现虎头蛇尾的现象。所以项目起初任务分派完成后，后面的持续跟进、过程监控也同样重要。

过程监控通常从两个维度来考虑，一是量，二是质。

（1）量。可选用数字化项目管理工具生成甘特图，通过任务列表和时间刻度作为横轴和纵轴，直观地表明任务计划实际进展与计划要求的对比。项目管理者由此得以快捷了解与检验每项任务的具体完成度、剩余量，并随时评估项目工作的整体进度，控制期限。

（2）质。在保证项目工作实际进度与计划相符的同时，各项任务的完成质量也不可忽视。借助数字化工具，对项目细节进行集成和整理，并直观清晰地呈现，便于管理者随时在各节点进行质量抽查，同时项目各板块负责人员可随时沿时间线进行已完成任务的自查与互查。

3. 知识管理

项目完成过程中涉及的沟通记录、知识经验等，为下一个项目或后续其他相关活动提供了宝贵的资源。

（1）沟通记录的留存。通过数字化工具留存的沟通记录，如线上讨论、会议等，随着具体日期、上下语境等一并留存，具有更强的完整性和可参考性。同时，数字化工具中存在项目空间，可即时在线协作、讨论，及时解决问题并记录，这些内容自动留存，便于后期追溯与复盘。

（2）知识经验的沉淀。项目全程涉及和挖掘的知识经验等，会被数字化项目管理平台自动集成整理，放入项目集体的共享知识库，便于项目成员吸取教训和积累经验，避免重复试错。

（三）数字化项目管理平台搭建的实例

1. 场景描述

某工程企业成立于20世纪80年代，公司主营工程地质勘察、测量、测绘等项目，旗下有近10家子公司，工程技术人员超200人，完成工程项目近万个，获得多项勘察奖项。随着企业规模不断扩大，高峰时期同时管理20多个项目，管理层通过纸质的管理模式和邮件汇报的沟通方式无法全面、准确、及时地掌握项目进展，项目管理流程不清晰，导致部门间存在责任推诿现象，管理成本极高，成为制约企业发展的重要因素。

2. 痛点分析

（1）沟通低效且依赖人治。各项目进度通过纸质表单、文件等进行记录，不易保存，且存在人为谎报、漏报的现象；通过邮件方式汇报低效，且汇报结果缺乏时效性，管理层无法通过纸质文件掌握真实全面的项目进展，不利于项目推进，无法满足多项目并行管理需求。

（2）项目流程混乱且权责不清。传统项目管理模式缺乏制度约束，流程混乱，权责模糊，涉及多部门的协作容易出现扯皮、推诿现象，容易造成项目过程管理失控，难以形成稳定的项目管理体系，不利于公司业务升级。

（3）数据难以整合分析。一个项目中有来自各个部门、岗位的数据，极其分散，缺少统一平台进行汇总和分析，依赖纸质的项目进度反馈无法直接赋能管理决策，管理者想要了解全面详细的项目信息需要层层向下发问，无法形成以数据驱动项目管理的高效能模式。

3. 解决方案

针对上述项目管理问题，该企业借助低代码应用开发平台，快速、高效地搭建项目全流程管理系统，如项目施工管理系统、投标管理系统等，实现从获取招标信息到项目实施落地的项目全流程高效在线管理。

（1）升级在线管理机制。企业通过低代码搭建项目施工管理系统、投标管理系统两大项目管理平台，项目过程管理机制清晰，提高项目管理颗粒度，减少人为统计带来的失误和拖延造成的数据滞后。项目看板实时反馈项目进度，在多个项目并行的情况下能够为管理者提供全面的项目进度报告，并为管理者提供决策依据，赋能项目管理提效。

（2）规范项目管理链路。梳理项目管理流程节点，项目招标阶段开启投标管理系统，从招标开始录入信息，实时更新投标进度，并在此基础上延伸开发合同管理系统，一旦项目中标，结算部门便可无缝对接合同管理和收款。招标落地后，开启项目施工管理系统，录入项目信息，实时更新项目进度，各流程节点指定负责人员，明确责任范围，定岗定责。一旦项目发生问题可及时溯源，找到直接负责人，提高解决问题的效率，避免责任落空带来的沟通、管理成本增加，保障项目顺利推进。

（3）搭建可视化数据看板。所有项目过程中的信息、数据自动汇总与分析，形成项目看板，可直观清晰地掌握当前正在进行的项目数量、各项目的完成进度、项目负责人及项目完成质量；对进度缓慢的项目，管理者可以与相关负责人沟通情况，了解原因，及时决策，避免项目拖延造成损失。

4. 小结

项目施工管理系统、投标管理系统展现了低代码在解决企业复杂场景下管理难题的能力，企业根据自身特性和业务需求自主搭建满足企业特定场景的管理应用及系统，无须依赖技术人员，降低外部搭建的时间成本、资金成本和沟通成本，所搭即所需，所见即所得。

低代码灵活便捷的开发能力，让企业能够从项目管理本质出发，紧密贴合项目管理需求，建立贴合自身工作流程和业务逻辑的数字管理机制，全面提升管理质量。项目看板为管理者提供关键的决策依据，以更加丰富、立体的视角展现项目管理全貌，有助于管理者辨识项目管理人才，建立奖惩制度，激发项目人员的创造力，降低管理成本，提升项目完成度。

五、供应链管理平台

在现代复杂的商业环境中，供应链管理平台成为对企业供应链活动进行集中管理和优化的关键工具。它可以为企业提供全面的供应链协作和监控平台，使企业能更好地监控整个供应链网络。

（一）数字化供应链管理的趋势

进入21世纪以来，无论是产品本身还是在运营宣发等方面，企业内部对成本的削减工作已经渐至饱和，因此，越来越多的企业决策者与管理者不得不转换思路，寻求新的方式提高自身竞争力。不同类型、特质、管理体系的企业，情形各不相同，在供应链推行过程中，企业遇到了诸多问题。

1. 传统供应链管理的现状与难点

传统模式下的企业对供应链整体概念的理解不深，重视度有待提高。在众多企业中，现状就是没能形成完整的供应链。供应链链路断层、供应商分散造成的集中管理难度大，是企业进行供应链管理时面临的最主要问题和难点。

（1）供应链断层且供应商分散。链路断层包括各个环节的断层，如采购与库存脱节造成缺货供应不上，或者货多积压成本上升；销售与客户管理脱节，造成客户满意度下降、客户流失等。供应商没有得到集中统一管理，意味着采购的分散化，如前期向几家供应商进行采购，中期换几家，后期向另外几家供应商进行采购，不仅会导致采购数据不易统计、报税困难等，而且意味着企业无法积累长期稳定的上游合作伙伴，难以形成体系化运营模式。同时，分散化的供应商管理难以形成标准化体系，导致供应链前端的损耗控制及产品结构不稳定性、风险较高，成本和质量难以有效控制与保证。

（2）上下游协同难。在现代产业链理论中，上下游产业是相对概念，在商业网络中，每个贸易伙伴既是其客户的供应商，又是其供应商的客户；既向上游贸易伙伴订购产品，又向下游贸易伙伴供应产品。这也就是为什么说供应链上下游供应商、制造企业、销售企业和用户的关系，不是单一链状结构，而是交错链状的网络结构。上下游产业往往各自为政，关联不紧密、链路意识弱，没有形成长期合作，甚至互相竞争与内耗，出现了协同难、购销存常脱节的情况。

（3）流程环节冗杂繁多。供应链管理涉及购、存、销等各个环节，流程多而复杂，且涉及不同企业、不同领域的不同规范，加之各领域人员很多，这些都为管理增加了难度。同时，过程中涉及大量文件签署，如采购招标公告、招标文件、中标通知、合同、订单、对账付款单等需要盖章，在传统方式下，主要依靠人工方式完成打印、盖章，工作量大，工作效率低。

（4）信息共享难。在传统方式下，企业通常依靠邮件、电话、社交软件等方式解决供应链上下游合作交接过程中的各种手续问题，如采购合同的签署、发货通知、对账、付款等。供应链中各节点由于无法共同处于信息共享和即时交流的空间，面临信息碎片化、各方信息不对称、各节点运作不同频的问题，组织内外和上下游协同难。不仅信息传递效率低，而且容易在传递环节中出现错误。

2. 数字化供应链管理的价值

随着云计算、物联网等数字化技术的运用，加强企业与供应商、物流企业、客户等商业伙伴间的互通互联，提高供应链整体执行效率。

（1）整合供应链路一体化。数字化供应链平台可将计划、采购、生产、分销、服务等活动紧密衔接在一起，实现网状结构与全局统筹、产供销和业财税一体化。同时将供应链上游与下游企业涉及的供应商、生产商、分销商，以及组织间的物流、资金流、信息流等形成一体化运作，实现敏捷供应、高效协同、信息共享、互惠互利。

（2）线上流程自动化提升效率。数字化供应链管理工具依然保持一贯迅速编辑的优势，同时保持数据的严谨性与准确性，能够更专业、更快速地完成从前较为复杂、费时费力的工作，如采购统计、库存登记、对账等，解放人力。

（3）信息共享快捷及时。数字化管理中的每个主体都紧密关联、信息共享，原本孤立于不同软件或系统的数据被打通、集成，并进行进一步分析。通过数字化线上运营平台构建企业共同空间，从技术上保证供应链各主体间密切、及时、稳定的信息沟通，实现合作共赢。

（二）数字化供应链管理的基本模块

按照供应链链路节点划分，供应链管理由以下六个基本模块组成。

1. 需求分析

近年来，供应链管理发生转型，从简单、机械化的购销存流程进入需求拉动时代，将更多精力用于市场调研，时刻监测和把握市场及消费者的需求信号，及时记录、统计、分析，并根据数据做出客观精确的预测。

供应链需求管理是以供应链终端的客户需求为出发点，并利用需求分析、预测和管理客户需求，制定生产决策，在既定计划下有效利用各种资源，协调和控制供应链各节点企业的需求，实现供应链上的供需平衡，以实现客户效用最大化的一种活动。

2. 采购管理

原材料采购是产品进入市场流通的第一环节，选择提供货品和服务的供应商，和供应商建立一套定价、配送和付款流程，并创造方法监控和改善管理，包括提货核实货单、转送货物、安排生产、测试、打包和准备送货所需的活动。

3. 生产管理

生产管理是计划、组织、协调、控制生产活动的综合管理活动。内容包括生产计划、生产组织及生产控制。通过合理组织生产过程，有效利用生产资源，经济合理地进行生产活动，以实现预期的生产目标。

4. 库存管理

在供应链中，库存管理是以降低企业库存成本为目的，提高企业自身反应能力，从点到链、从链到面的管理方法，将每个阶段的库存控制在最小限度，削减库存管理成本，减少资源闲置与浪费，使供应链的整体库存成本降至最低，优化整个供应链的库存流转方式。

5. 运输管理

在供应链中，运输管理是产品从生产商到经销商再到消费者手中的管理过程。合理的运输管理需要选择正确的运输方式、路线和恰当的运输时间，以降低运输成本，取得最理想的运输效果。然而，由于供应链上节点企业较多，运输管理过程中存在不确定性。若一家企业存在运输不合理的地方，供应链上其他企业都会受到影响，最终会影响整个供应链的运输管理效率。

6. 客户服务

客户服务是供应链最重要的指标之一。如果客户服务水平低下，达不到客户要求，库存控制做得再好，品质做得再佳，成本降得再低，如果客户不买单，亦是徒劳。通常来讲，供应链管理中的客户服务水平指供应链按承诺满足客户要货需求的能力。

（三）数字化供应链管理平台搭建实例

1. 场景描述

某乳品制造企业是集饲料生产、奶牛养殖、乳品加工、生物发酵工程研发于一体的现代化高新技术企业，全省供应奶站 600 多家，包括直营奶吧、家庭奶站、市场奶站、学生奶站、商超等，是当地乳制品龙头企业。多年以来，企业一直采用某商超系统，本地化部署，通过免费 VPN① 连接总部机房服务器。但是 VPN 拨号不稳定，经常掉线，严重影响日常经营业务，故近两年引入了 ERP 系统②。然而两个系统无法打通，"数据孤岛"现象严重，奶站日常通过电话、短信的形式向总部报量，总部特意安排 2 名员工专门接听报量电话，依旧无法满足报量需求，导致生产量统计不及时、不准确。生产量少了，则不能满足奶站销售所需；生产量多了，则滞留成品库，造成浪费。

2. 痛点分析

（1）固化系统无法适应复杂多变的业务场景。供应链管理链路长、事项多，且涉及大量复杂多变的业务场景和流程。传统的 ERP 系统标准固化严重，缺乏灵活性和适用性，无法覆盖更加精细化的业务场景。如要根据业务修改流程或增加表单，则实施成本非常高，企业无法承担。

（2）流程断点导致生产低效。乳制品生产从原料投料到完工，中间的生产环节超过 10 个，生产链路长且环节之间衔接较弱，造成生产低效、资源浪费等问题。本地系统数据和纸质单据割裂，导致严重的"数据孤岛"问题，数据同步全靠人员手工统计，大量重复、烦琐的劳动也加大员工负担。

（3）销售渠道分散且回溯难度大。线下直销奶吧超 600 个，还包括线上销售渠道

---

① VPN（virtual private network），即虚拟专用网络。
② ERP 英文全称为 enterprise resource planning，ERP 系统，即企业资源计划系统，指在信息技术基础上，以系统化的管理思想为企业决策层及员工提供决策运行手段的管理平台。

及合作商，经销体系复杂、站点分散。产品从原材料供给、生产、加工，到流通、销售、终端等环节的全程管理及溯源难度大，缺乏流程化、系统化管理，难以实现业务升级和业绩突破。

3. 解决方案

面对多样化的销售渠道、多变的业务场景及复杂的生产链路，企业借助低代码应用开发平台搭建从牧场到工厂到门店再到消费者的全链路数字化管理系统，成功实现业务流程优化、效率提高。

（1）业务体系数字化重构。经过对业务的重新梳理，企业运用低代码平台中的表单、流程、报表、自定义代码等能力，结合业务需求，形成对应板块。例如，渠道管控板块涉及产品、销售、门店、库存、财务管理；追溯体系涉及牧场、生产、采购、质量管理；公共模块包含综合管理、数据分析和大屏看板等。利用数字化管理平台作为入口，融合平台强大的应用拓展能力，构建一体化数字管理系统。该系统与传统ERP数据打通，模块化管理清晰、高效、灵活的搭建能力满足企业复杂多变的业务场景，助力企业实现业务突破。

（2）追溯体系数字化。通过流程数字化重构，企业实现了从牧场、生产、采购、质量、销售等各个环节的全链条追溯，过去企业要制作纸质表单用于记录生产过程中的各种数据，现在通过业务流跟追溯流的融合，从生鲜乳交接开始即可在系统中形成批次号，按批次号入库，形成原材料库存，再根据批次先进先出，使所有原料使用情况都可以根据批次号在系统中进行跟踪、计算，节约人工统计成本，让数据在系统中流通，打破"数据孤岛"，实现生产环节之间紧密衔接，提高产品溯源能力，保障产品优质安全。

（3）渠道管理数字化。企业通过系统增加报量环节的控制因素，例如，对奶站预存金额进行控制，避免奶站出现异常报量现象，针对不同渠道、不同区域奶站制定不同价格，促进销量提升；对不同奶品进行库存限制，控制可以报量的奶品种类和数量，根据销量灵活调动，实现渠道精准管控，资源合理化分配，全面提高渠道管理效率，推动业务升级。

4. 小结

供应链数字化管理为企业带来内外协作模式的变革,颠覆了传统管理软件的固化思维,全面实现生产业务计划、工艺、质量、执行、统计、分析全过程的数字化实时管理和控制。同时,可视化数据看板为市场销售部门灵活制定销售政策、刺激业绩增长提供决策依据,促使组织间合理分配原料和成品资源,数据层层关联,实现产品生产过程中的数据实时记录和传递。

第四节　应用软件运维

应用软件运维是确保企业应用系统正常运行和高效运作的重要环节。在现代企业中,应用软件运维面临日益复杂和多样化的挑战,传统的手动运维已经无法满足快速变化的需求。因此,需要借助各种先进的工具和技术提高应用软件运维效率和质量。应用软件运维可以监控、管理和维护企业的应用软件,保证系统稳定性、安全性,还能进行性能优化。

一、应用定制开发

企业通过应用定制开发,能够满足特定需求,提高工作效率;不同部门和系统之间的数据可以进行集成和互通,避免重复的数据录入和数据处理工作;应用定制开发具有灵活性和可扩展性,能够根据企业发展情况进行相应调整,为企业发展带来巨大价值和竞争优势。进行应用定制开发前,需要梳理管理需求并选择合适的供应商,这一步骤是确保项目顺利进行的重要环节。

（一）梳理管理需求

需求梳理主要针对需求的业务Owner[①]、关键参与者代表展开需求调研。调研人员需要充分理解业务需求的应用场景，并认真分析需求在产品落地后的价值。进行需求调研前，应知会流程Owner收集相关的需求材料，如原始表单、现有制度规定、流程图等，以便调研人员更快地理解业务场景，提高效率。调研结束后，调研人员整理需求说明书，并与业务Owner进行沟通，确保双方对需求的理解一致。如有必要应重复这个过程，直到需求得到确认。需求调研流程如图4-11所示。

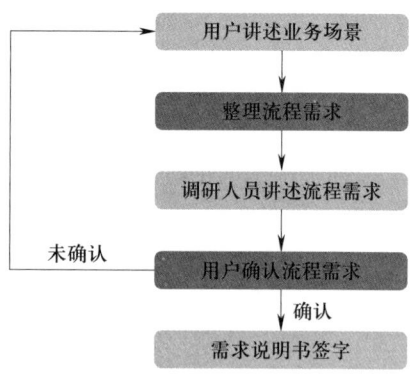

图4-11 需求调研流程

（二）选择合适的供应商

软件供应商的选择至关重要，不同软件供应商的产品支持不同的生产类型，有些仅在某种特定生产类型中有优势。供应商不仅提供软件，而且提供关键实施培训工作、项目支持和质量控制。

企业选择供应商时，应考虑软件的技术先进性、功能齐全性及易用性，同时要确保供应商拥有稳定的技术团队和丰富的经验。供应商最好有同行业客户服务经验和成功实施信息化的案例，这样可以有效降低实施风险，并显著缩短软件编码体系等基础数据准备的实施周期。

（三）建立核心项目小组

建立核心项目小组，该小组成员包括业务部门人员和技术支持部门人员，只有两个部门紧密配合，才能保证项目有序开展。

（四）验收开发项目

当项目范围内的所有工作完成并实现项目目标时，即可进入项目的验收工作。这个阶段的主要工作是撰写验收报告和进行最后的知识转移。

验收完成后，应按照计划有条不紊地进行项目的内部收尾程序，主要包括撰写项

---

① Owner通常指某项目、业务或工作的负责人。

目总结报告、归档工作。

二、系统集成实践

应用软件维护是保持软件系统稳定运行和持续发展的关键过程。随着技术的发展和业务的需求变化，应用软件不断面临挑战和风险。因此，定期进行软件维护对确保应用的可靠性和可用性至关重要。下面是一些系统集成实践案例。

（一）统一办公入口

统一办公入口是通过开发者后台直接将企业系统的链接创建为数字化管理平台上的应用，并发布到数字化管理工作台，实现"快捷"的上平台体验。具体的开发步骤如下。

1. 添加应用

在开发者后台输入需要集成的应用名称，以及应用的链接。如图 4-12 所示，以"合同管理"应用集成为例添加应用。

图 4-12　以"合同管理"应用集成为例添加应用

2. 发布

将应用发布到工作台，并根据需求设置使用、可见等权限，如"全部员工""部分员工""仅限管理员"等。对测试版本，一般会优先选择"仅限管理员"的权限设置。

（二）自有系统免登

自有系统免登是将企业内各个业务系统入口集成在数字化管理工作台内，实现在工作台内点击应用后无须输入数字化管理平台的账号和密码,应用程序自动获取当前用户身份,并实现一键登录系统。这种系统常用于数字化管理平台的三方应用、H5 微应用和数字化管理平台上的自有小程序。一旦接入免登功能,用户打开应用时会直接进入系统页面,无须登录操作,方便快捷。具体开发方式如下。

1. 基础流程

登录开发者后台—在创建的应用中添加基本信息—获取免登授权码—获取用户信息接口—获取用户详情并保存信息。

2. 操作示例

以企业开发 H5 内部应用举例。

步骤一:登录开发者后台,在创建的应用中添加"成员信息读取权限",配置"应用首页地址"。

步骤二:接入 JSAPI 获取免登授权码,使用免登授权码调用服务端接口获取用户详情。

步骤三:服务端获取到免登授权码,使用 AppKey 和 AppSecret 获取企业内部应用 access_token。

步骤四:使用企业内部应用 access_token 和免登授权码,调用获取用户个人信息接口,获取响应结果里面的 userId 字段。

步骤五:使用企业内部应用 access_token、userId 和 language,调用获取用户详情接口,获取用户详情。

步骤六:获得用户详情(userId、姓名、昵称、手机号等)后,可用 cookie/session 标记登录,同时保存个人信息。

步骤七:若企业内部已有权限中台系统或者需要从企业内部花名册中获取更多个人信息,可继续使用手机号或其他字段进行关联提取,并保存个人信息。

(三)内部应用和第三方免登

1. 企业内部应用免登

企业内部应用免登,即企业员工在数字化管理平台内使用企业内部应用时无须输入账号和密码。

（1）开发流程。建议将用户信息保存在前端缓存中或者 cookie 中，避免每次进入应用都调用数字化管理平台上的接口进行登录。

第一步：获取免登授权码。

第二步：获取 AccessToken，调用接口获取 access_token。

第三步：获取 userid，调用接口获取用户的 userid。

第四步：获取用户详情，调用接口获取用户详细信息。

（2）代码示例。

```java
/**
 *
 *   企业内部应用免登
 * @author openapi@Talk
 * 2020-11-3
 */
@RestController
public class LoginController {

    /**
     * 欢迎页面，通过 /welcome 访问，判断后端服务是否启动
     *
     * @return 字符串 welcome
     */
    @GetMapping("/welcome")
    public String welcome() {
        return "welcome";
    }
```

```java
/**
 *
 * @param requestAuthCode
 * @return
 * ServiceResult
 * 2020-11-3
 */
@RequestMapping(value = "/login", method = RequestMethod.GET)
public ServiceResult<Map<String, Object>> login (@RequestParam("code") String requestAuthCode)
{

    // 获取 access_token，注意正式代码要有异常流处理
    String access_token= AccessTokenUtil.getToken();
    // 获取用户信息
    TalkClient client = new DefaultTalkClient("https://oapi.talk.com/user/getuserinfo");
    OapiUserGetuserinfoRequest request = new OapiUserGetuserinfoRequest();
    request.setCode(requestAuthCode);
    request.setHttpMethod("GET");
    OapiUserGetuserinfoResponse response;
    try {
        response = client.execute(request, access_token);
    } catch (ApiException e) {
        // TODO Auto-generated catch block
        e.printStackTrace();
        return null;
```

```
}
// 查询得到当前用户的 userId
// 获得到 userId 之后应用应该处理应用自身的登录会话管理 (session)，避免后续的业务交互（前端到应用服务端）每次都要重新获取用户身份，提升用户体验
String userId = response.getUserid();
Map<String, Object> returnMap = new HashMap<String,Object>();
returnMap.put("userId", userId);
return ServiceResult.success(returnMap);
}
}
```

2. 第三方企业应用免登

第三方企业应用免登，即企业员工在数字化管理平台内使用第三方企业应用时无须输入账号和密码。

（1）开发流程。建议将用户信息保存在前端缓存中或者 cookie 中，避免每次进入应用都调用数字化管理平台接口进行登录。

第一步：获取免登授权码（注：目前 PC 端暂不支持小程序开发，如果要开发 PC 端应用，需使用微应用开发方式）。

第二步：获取 access_token，调用接口获取第三方企业应用的 access_token。

第三步：获取用户 userid，调用接口获取用户的 userid。

第四步：获取用户详情，调用接口获取用户详情信息。

（2）代码示例。

```
/**
 *
 * 第三方企业应用免登
 * @author openapi@Talk
 * 2020-11-3
 */
```

```java
@RestController
public class LoginController {

    /**
     * 欢迎页面，通过 /welcome 访问，判断后端服务是否启动
     *
     * @return 字符串 welcome
     */
    @GetMapping("/welcome")
    public String welcome() {
        return "welcome";
    }

    /**
     *
     * @param requestAuthCode
     * @return
     * ServiceResult
     * 2020-11-3
     */
    @RequestMapping(value = "/login", method = RequestMethod.GET)
    public ServiceResult<Map<String, Object>> login (@RequestParam("code") String requestAuthCode) {

        // 获取 access_token，注意正式代码要有异常流处理
        String access_token= AccessTokenUtil.getToken();
        // 获取用户信息
```

```java
TalkClient client = new DefaultTalkClient("https://oapi.talk.com/user/getuserinfo");
OapiUserGetuserinfoRequest request = new OapiUserGetuserinfoRequest();
request.setCode(requestAuthCode);
request.setHttpMethod("GET");
OapiUserGetuserinfoResponse response;
try {
  response = client.execute(request, access_token);
} catch (ApiException e) {
 // TODO Auto-generated catch block
 e.printStackTrace();
 return null;
}
// 查询得到当前用户的 userId
// 获得到 userId 之后应用应该处理应用自身的登录会话管理（session），避免后续的业务交互（前端到应用服务端）每次都要重新获取用户身份，提升用户体验
String userId = response.getUserid();
Map<String, Object> returnMap = new HashMap<String,Object>();
returnMap.put("userId", userId);
return ServiceResult.success(returnMap);
}
}
```

（四）内网应用穿透

1. 基础知识

数字化管理平台企业应用网关，为企业提供了内网应用在外网安全访问的服务，可以替代传统的 VPN 方案，并且基于云计算的网络加速能力提升应用访问速度。该产品以零信任为理念，提供持续动态的访问准入校验，最大限度地保障企业数字信息安全。

2. 常见的应用场景

（1）内网安全接入。内网应用以安全高效的方式接入数字化管理平台。例如，原先内网部署的 ERP 系统只能内网访问，现在以微应用方式接入数字化管理平台实现移动化办公，并且保证系统访问的安全性。

（2）全球网络加速。多地部署接入节点，使网络具有强大的加速能力。无论客户、员工身处何处，都能享受到最低的访问延迟，从而极大地提高协同工作效率。

（3）分支机构关联组织安全访问。以最小权限原则提供访问权限给客户的分支机构、关联组织和合作方。

3. 开通和配置步骤

步骤一：开通数字化管理平台企业应用网关。

步骤二：配置连接器。管理员在企业网关控制台的菜单栏下，下载连接器启动包，并启用连接器；如果需要创建连接器组，可在网关控制台下，选择创建连接器组菜单，然后创建连接器组，对连接器进行管理；完成连接器的创建后，需要在应用管理下，对内网应用配置连接器。

步骤三：代理配置。管理员在网关控制台、应用管理下找到未配置的应用，单击应用，在应用配置页面，填写配置基本信息，完成应用代理配置。

步骤四：配置准入策略。策略管理由管理员操作，包括注册策略、修改策略、删除策略、停用策略、启用策略、优先级排序等。管理员在应用网关管理后台的策略管理下单击【创建策略】，在创建策略表单界面填写策略信息，完成准入策略的创建。

（五）连接器系统集成

连接器是一种用于连接不同系统之间数据和功能的工具。通过统一协议接入各类应用/系统，提供强安全、高可用、轻量化的连接能力，同时输出覆盖各类业务场景的应用标准数据模型，为数字化管理平台上的业务应用提供标准化的数据输出服务，解决客户应用互联、业务自动化问题。

1. 自建应用连接器开发指南

（1）连接器面向的用户。连接器主要面向 ISV（independent software vendors）厂商、

SaaS（software as a service）厂商及企业开发者。

1）ISV 厂商。将企业内部系统开放的 API 通过连接器接入数字化管理平台，实现组织内部系统与数字化管理平台上应用的数据互通。

2）SaaS 厂商。将开放的 API 通过连接器接入数字化管理平台，实现组织与数字化管理平台上其他应用间的数据互通。

3）企业开发者。将企业内部系统开放的 API 通过连接器接入数字化管理平台，实现企业内部系统与数字化管理平台上应用的数据互通。

（2）链接的入口

1）第三方连接器。第三方连接器主要为数字化管理平台应用市场应用开放的 API 接入成为连接器节点实现数字化管理平台上的应用互通。

2）自建连接器。自建连接器主要为企业内部系统 API 接入成为连接器节点实现数字化管理平台与企业内部系统的互通。

（3）连接器的组成。连接器包括触发事件、执行操作、数据模型。目前连接器主要支持不同应用之间发送和接收数据。例如，当在某数字化销售管理系统中新签订一个客户订单时，可将客户数据、订单数据同步到 BOSS 管账中。

一个连接器至少包含触发事件、执行动作中的一个，也可以有多个触发事件和多个执行动作。

1）触发事件。定义新的事件源，在事件发生时可发送相关数据。以某 CRM 应用向某管账应用发送数据为例，当 CRM 应用中新签订一个客户订单时，发送客户、订单数据则为触发事件。

2）执行动作。执行动作用于承接触发事件，可以接收并处理事件的消息内容。管账应用中新增一个订单合同，接收 CRM 客户、订单数据则为执行动作。

3）数据模型。描述传输数据/信息的格式，建议使用数字化管理平台官方数据模型。CRM 发送的客户和订单数据与管账应用接收的客户和订单数据采用同一套客户数据模型和订单合同数据模型。

2. 自建应用连接器的步骤

（1）申请连接器使用。目前连接器接入平台为邀请制，通过扫码提交申请。

（2）配置连接器。以转账成功后将转账记录同步到企业自建应用为例。

1）创建连接器

步骤一：登录开发者后台，在连接器目录下，选择企业自建连接器，并点击【创建连接器】。

步骤二：填写连接器的基本信息。

步骤三：配置连接器的触发事件。点击【触发事件】，点击添加，为触发事件填写名称和描述，选择触发事件的数据模型。下载 SDK 软件，根据选择的数据模型发送数据。

步骤四：配置连接器的执行动作。根据连接场景的不同，配置的执行动作有所差异，请正确选择连接场景。如果与审批连接，请选择审批场景。

2）添加执行动作

步骤一：选择【开放能力】-【开放平台】创建连接器，取名"应用市场连接器"，点击该连接器链接后进入配置连接器界面。

步骤二：连接流，进入我的连接流页面，点击【连接器】，创建连接器。

步骤三：配置触发事件，单击【创建触发事件】，填写触发事件名称和描述（转账信息同步），选择加入数据主联盟。

步骤四：如图 4-13 所示，从下拉主数据模型中选择【数字化管理平台官方转账模型】，使用拖拽方式配置数据映射关系，点击【保存】。

步骤五：配置执行动作，点击【执行动作】，分别填入执行动作的名称和描述、API 类型请求地址、APISecret 和动作类型、API 入参数据模型、启用入参映射（不改变 API 入参情况不需要更改）。

步骤六：配置相应执行动作入参，选择【从数字化管理平台官方业务主数据模型导入】，用入参映射选择【否】。

步骤七：发布连接器。配置调用成功规范，对 API 出参进行校验，符合规范为成功调用，http 状态码设置 200，其他校验参数可以自行填写，完成后点击【发布】即可。

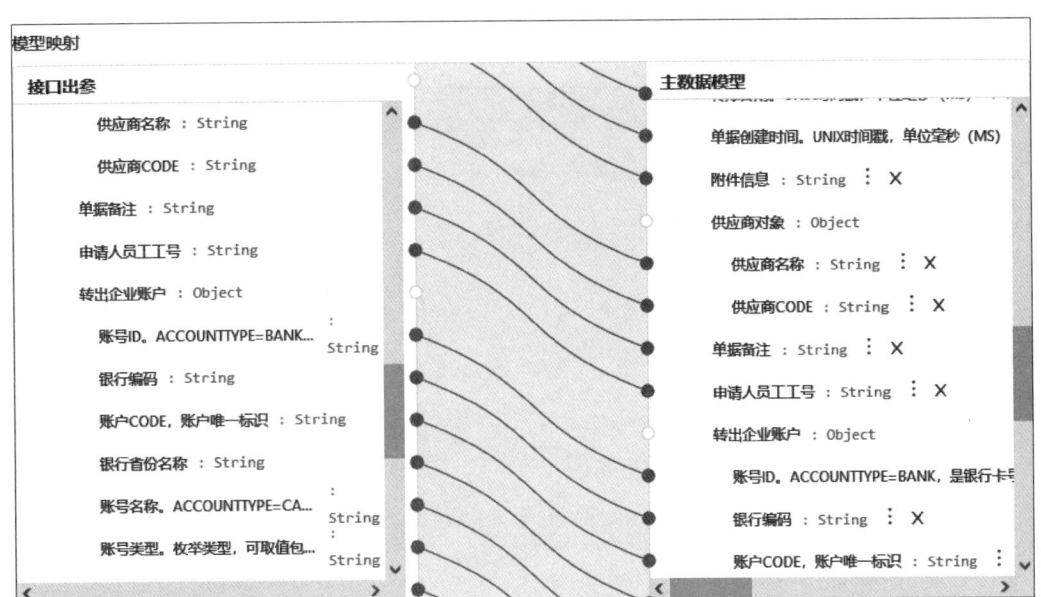

图 4-13 配置数据映射关系

3. 第三方连接器

第三方企业应用可以通过连接器的方式对应用数据进行开放，第三方连接器发布成功后可以让其他组织使用。

（1）接入流程。第三方连接器从创建到上架的流程如图 4-14 所示。

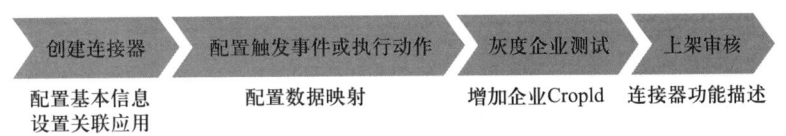

图 4-14 第三方连接器从创建到上架的流程

（2）连接举例。以官方入库审批通过后自动同步数据到某资产管理应用中为例，具体步骤如下：

1）选择【开放能力】-开放平台【创建连接器】，取名"应用市场连接器"，点击该连接器链接后进入配置连接器界面。

2）点击【连接流】，进入我的连接流页面，点击【连接器】，创建连接器。

3）选择需要关联的第三方企业应用，输入连接器名称，确定后创建成功。

4）单击【创建触发事件】，填写名称和描述，"是否加入主数据联盟"选择"否"。

5）在模型配置中，选择导入 json，导入对应的数据格式 json，输出类型选择"默认"。

```
{
"title": " 数字化管理平台官方入库单模型 ",
"type": "object",
"properties": {
    "data": {
        "title": " 数据正文 ",
        "type": "object",
        "properties": {
            "departmentName": {
                "title": " 入库员工的部门名称 ",
                "type": "string"
            },
            "employeeName": {
                "title": " 入库员工姓名 ",
                "type": "string"
            },
            "amount": {
                "title": " 入库金额 ",
                "type": "object",
                "properties": {
                    "amountWithoutTax": {
                        "title": " 报销金额（不含税）",
                        "type": "string"
                    },
                    "totalAmount": {
```

```
                    "title": "入库总金额值（含税）",
                    "type": "string"
                },
                "taxRate": {
                    "title": "税率",
                    "type": "string"
                },
                "exchangeRate": {
                    "title": "汇率，默认为1，表示外币对本币的汇率，例如，1美元=6.4742元人民币，那么这里的汇率值为6.4742",
                    "type": "string"
                },
                "currency": {
                    "title": "币种，默认为CNY",
                    "type": "string"
                },
                "baseAmountWithoutTax": {
                    "title": "本币报销金额（不含税），默认等于AMOUNTWITHOUTTAX",
                    "type": "string"
                },
                "baseAmount": {
                    "title": "本币报销金额（含税），默认等于AMOUNT",
                    "type": "string"
                }
            },
            "required": [
```

```
                    "totalAmount"
                ]
            },
            "code": {
                "asIndex": true,
                "indexType": "pk_index",
                "title": "【主键】唯一 ID",
                "type": "string"
            },
            "storeAt": {
                "title": " 入库时间 ",
                "type": "number"
            },
            "departmentCode": {
                "title": " 入库员工的部门 CODE",
                "type": "string"
            },
            "employeeId": {
                "title": " 入库员工工号 ",
                "type": "string"
            },
            "remark": {
                "title": " 备注 ",
                "type": "string"
            },
            "detailUrl": {
                "title": " 入库单 URL 地址，可以通过该链接直接访问对应的入库单明细 ",
                "type": "string"
```

```
                },
                "supplierCode": {
                    "title": " 供应商编码 ",
                    "type": "string"
                },
                "productList": {
                    "title": " 入库明细 ",
                    "type": "array",
                    "items": {
                        "type": "object",
                        "properties": {
                            "productCategoryCode": {
                                "title": " 明细分类 CODE",
                                "type": "string"
                            },
                            "discountRate": {
                                "title": " 明细折扣率。默认为 1，8 折传值为 0.8",
                                "type": "string"
                            },
                            "amount": {
                                "title": " 价税合计 ",
                                "type": "object",
                                "properties": {
                                    "totalAmount": {
                                        "title": " 总金额值（含税）。QUANTITY*TAXPRICE*DISCOUNTRATE",
```

```
                    "type": "string"
                }
            },
            "required": [
                "totalAmount"
            ]
        },
        "quantity": {
            "title": "数量",
            "type": "number"
        },
        "userDepartmentName": {
            "title": "使用部门名称,一般用于资产类产品入库",
            "type": "string"
        },
        "remark": {
            "title": "产品备注",
            "type": "string"
        },
        "type": {
            "title": "明细类型,如固定资产、耗材",
            "type": "string"
        },
        "userName": {
            "title": "使用员工名称,一般用于资产类产品入库",
```

```
                    "type": "string"
                },
                "detailCode": {
                    "title": " 入库明细 CODE，唯一标识一次入库明细 ",
                    "type": "string"
                },
                "userId": {
                    "title": " 使用员工工号，一般用于资产类产品入库 ",
                    "type": "string"
                },
                "adminName": {
                    "title": " 管理员名称 ",
                    "type": "string"
                },
                "taxRate": {
                    "title": " 税率。默认为 0",
                    "type": "string"
                },
                "productCode": {
                    "title": " 明细对应的产品 CODE",
                    "type": "string"
                },
                "price": {
                    "title": " 单价。原价（不含税不含折扣），PRICE*DISCOUNTRATE 表示不含税的折扣后价格 ",
```

```
                    "type": "string"
                },
                "userDepartmentCode": {
                    "title": " 使用部门 ID，一般用于资产类产品入库 ",
                    "type": "string"
                },
                "unitCode": {
                    "title": " 单位编码 ",
                    "type": "string"
                },
                "name": {
                    "title": " 明细名称 ",
                    "type": "string"
                },
                "adminId": {
                    "title": " 管理员 ID",
                    "type": "string"
                },
                "taxPrice": {
                    "title": " 含税单价。含税价格：TAXPRICE=PRICE*(1+TAXRATE)，最终采购价为：TAXPRICE*DISCOUNTRATE",
                    "type": "string"
                },
                "skuCode": {
                    "title": " 规格编码 ",
                    "type": "string"
```

```
                                }
                            },
                            "required": [
                                "quantity",
                                "detailCode",
                                "unitCode"
                            ]
                        }
                    },
                    "status": {
                        "title": " 入库状态，0：拒绝，1：同意，2：取消 ",
                        "type": "string"
                    }
                },
                "required": [
                    "code"
                ]
            },
            "operateUserId": {
                "title": " 操作者的用户 ID",
                "type": "string"
            }
        },
        "required": [
            "data"
        ]
    }
```

6）配置执行动作，单击【执行动作】，进入执行动作配置页面，输入执行动作的名称和描述、API 类型请求地址、APISecret 和动作类型，配置 API 入参数据模型。

7）启用入参映射，请求选择"数字化管理平台官方业务主数据模型 – 数字化管理平台入库单提醒"，配置相应的字段映射规则。

8）配置调用成功规范，对 API 出参进行校验，符合规范为成功调用，默认设置 http 状态码为 200，完成后点击【发布】完成配置。

第五节 综合实训

经过前面四节的学习，我们已经对企业数字化转型的迫切需求和数字化管理师的职责有一定的了解，并具有一定的低代码开发能力，本节提供一个低代码综合实训案例。

一、实训目的

1. 理解资产管理系统的需求。

2. 分析资产管理系统的流程与功能。

3. 通过低代码创建资产管理系统的相关表单。

4. 掌握低代码中表单组件的公式使用。

5. 掌握低代码中业务关联功能函数/公式使用。

6. 有业务需求出现时，能够进行系统需求分析、系统逻辑梳理、系统设计和表单搭建、表单参数配置、业务关联规则配置，搭建完整业务闭环的系统满足业务需求。

二、实训内容

资产管理是企业管理中常见的应用场景，包括固定资产、办公设备、办公用品等物品的管理，目前某企业的资产管理场景还是依靠人工进行台账管理、出入库登记等，人工登记容易出错，数据统计汇总烦琐、耗时耗力且无法实时同步。

行政部门希望能够通过低代码平台搭建一套系统，对资产实现一体化的管理，实现资产信息快速录入、快速出库、库存数据精确记录，并且能在线查询每个产品的库存数据和仓库信息。

目前该企业资产管理流程为：首先，资产管理员按照统一的资产名称信息进行资产入库，更新登记库存；其次，有出库需求时出库申请人提交出库单，资产管理员及各级主管按照不同资产金额进行相应权限的审批，同时扣减出库库存数量；最后，为保证实时库存的准确性，资产管理员需定期进行库存盘点，最终库存以实际盘点数量为准。

（一）系统流程与功能分析设计

按照现有资产管理工作流程分析，进行资产管理系统的逻辑设计，如图 4-15 所示。

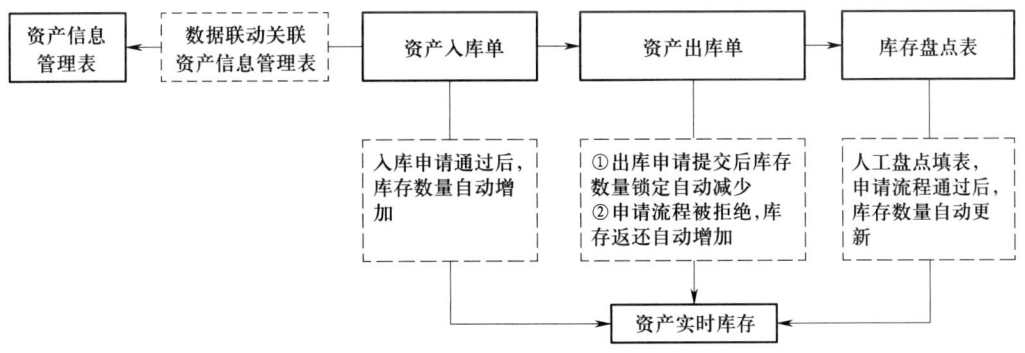

图 4-15 资产管理系统的逻辑设计

资产管理系统设计的核心组成应包含以下板块：资产信息（资产信息录入、资产信息管理、资产实时库存）、资产管理（资产入库、资产出库、库存盘点）。

为有效利用数据，需要搭建数据报表，使用户能够清晰直观查看系统的各种数据。为方便使用，在资产管理系统中搭建一个资产管理首页，使用户能够快捷找到系统所需页面。

(二)创建应用

打开数字化管理软件,在工作台找到低代码软件,点击进入首页,依次点击"创建应用""创建空白应用"创建一个新的应用,命名为"资产管理系统"。按照实际需要更换应用图标、填写应用描述并选择应用主题色。完成以上设置后,点击【确定】按钮,进入应用编辑页面。

(三)创建库存表

第一张表单搭建"库存表",这是一张普通表单,所有的出库和入库动作都在这张表单的基础上进行物品维护和数量加减。

首先,点击【新建普通表单】,选择【从 Excel 新建】,命名为"库存表",并选中一张已经在使用的库存表,点击【导入】,生成一张在线的库存表。库存表的字段可以有物品名称、品类、库存数量、单价等。

然后,点击【数据管理】的【生成数据管理页】,命名为"资产实时库存"。表单页面可以隐藏,只保留数据页,用于查验库存数据。

(四)创建入库申请表

第二张表单搭建"入库表",这也是一张表单,用来阶段性入库一批新的物品,新入库时需要更新原有物品的数量,且有可能有新的物品和类别。

首先,点击【新建表单】,选择【从空白新建】,命名为"入库表"。

然后,点击【表单设置】,配置这张表单,属性区的配置方式和实现效果见表 4-7。

表 4-7　　　　　　属性区的配置方式和实现效果

字段名称	控件类型	配置方式	效果
操作人	成员	属性中的【默认值】改为【公式编辑】,并点选键入"USER()"	自动抓取申请人信息
入库时间	日期	属性中的【默认值】改为【公式编辑】,并点选键入"TIMESTAMP(NOW())"	自动显示当前日期

续表

字段名称	控件类型	配置方式			效果
		字段名称	控件类型	配置方式	效果
入库明细	子表单	查询库存	关联表单	【关联属性】点击关联【库存表】的【物品名称】 打开【数据填充】开关,并设置填充条件 非必填	点击【查询库存】按钮,自动展示"库存表"的"物品名称"列表,并可以点击弹出"库存表"整张表单的信息 选中一个物品后,相关信息自动被填充到后面字段的控件里
		入库品类	单行文本	必填	自动填充,也可以手工填写
		物品名称	单行文本	必填	自动填充,也可以手工填写
		单价	数值	必填	自动填充,也可以手工填写
		入库数量	数值	必填	手工填写数量
		金额小计	数值	公式编辑为"入库明细.入库数量*入库明细.单价"	单行求和
出库总金额	数值	默认值:公式编辑为"SUM(出库明细.金额小计)"			求和
金额大写	单行文本	默认值:公式编辑为"RMBFORMAT(入库总金额)"			显示大写

最后,设置增加库存的规则,通过规则实现当"入库表"在审批节点结束时且审批意见为同意时新增"库存表"数量和品类的效果。设置方式为:点击表单【流程设计】的【全局设置】,点击【节点提交规则】的【添加规则】,规则名称命名为"增加库存",在审批节点结束且审批意见为同意时,执行【关联操作】的"UPSERT"函数,该函数意为校验库存表和入库明细的"品类""物品名称"是否相同,如果相同则更新库存表的"数量""物品名称"等信息,如图 4-16 所示。

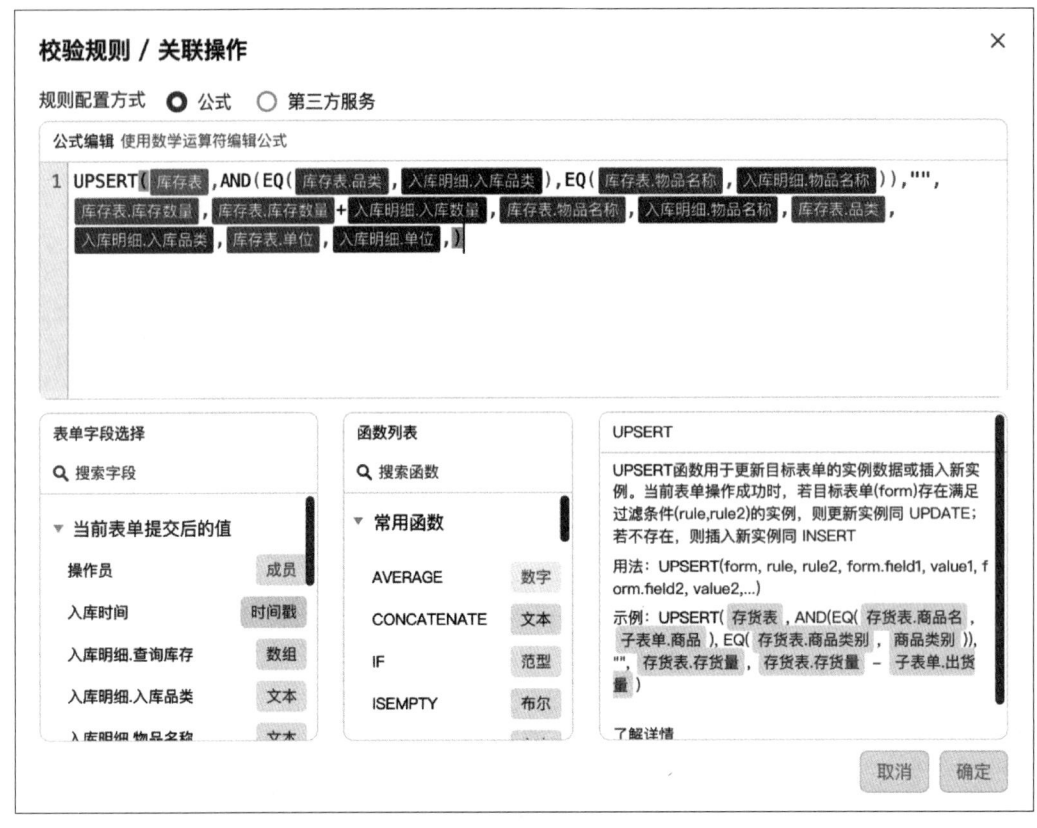

图 4-16 设置增加库存的规则

（五）创建出库表

出库表的表单设置方式与入库表基本一致，需要设置校验库存的规则。出库的扣减规则与入库的新增规则类似，区别是减库存且不需要新增物品。需要注意的是，出库前需要校验库存是否足够，如果库存不足需要阻断该申请，配置方式如下：

首先，点击表单【流程设计】的【全局设置】，点击【节点提交规则】的【添加规则】，规则名称为"出库数量校验"，规则类型为"校验规则"，校验规则公式为"GT（出库明细.数量，出库明细.库存量）"。

然后，配置审批流程，使用高级流程设计器，设定三个分支节点：金额小于等于100元由主管审批、金额小于10 000元且金额大于100元由主管、部门领导依次审批、金额大于等于10 000元由主管、部门领导、总经理依次审批。任何金额审批后都需要抄送行政，最后流程结束。配置审批流程如图4-17所示。

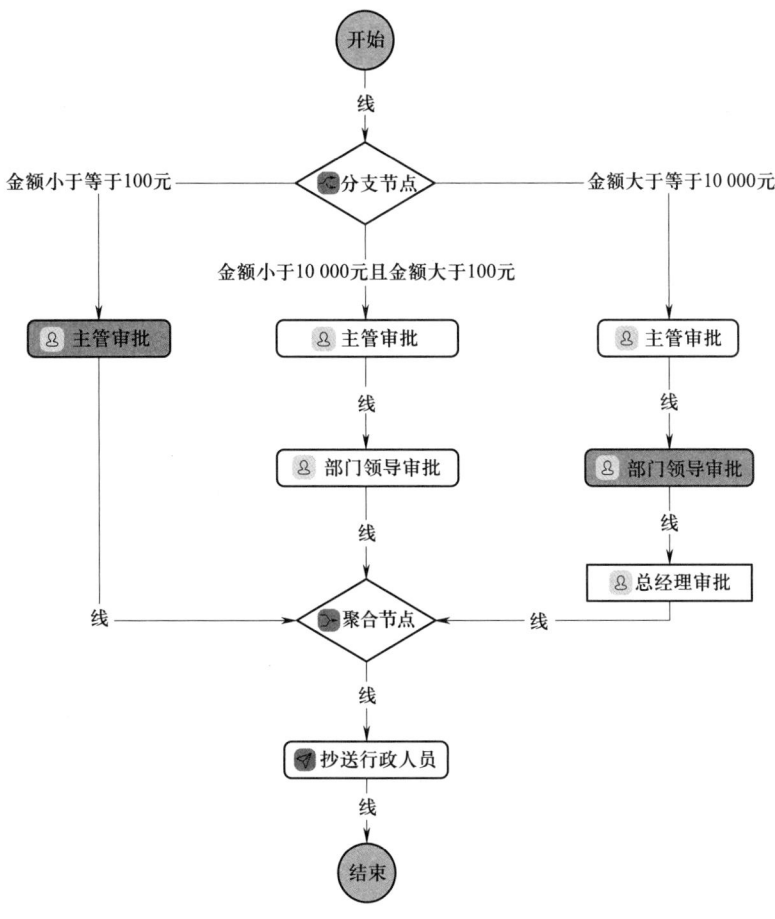

图 4-17 配置审批流程

（六）配置报表

回到"资产管理系统"的应用后台，点击【+】按钮，选择【新建报表】，进入报表编辑页面，更改报表名称为"库存报表"，进行资产类别数量、资产清单、库存类别占比三组数据的展示配置，如图 4-18 所示。

配置"资产类别数量"，如图 4-19 所示。首先拖动一个【基础指标卡】到画布中，然后右侧【数据集】选择"库存情况"表，【指标】添加"家具类""电器类""其他类"三个公式字段，点击每项指标后方编辑按钮，进入指标配置页面。

将基础配置中"字段别名"分别修改为"家具类""电器类""其他类"；聚合方式选择"编辑字段"，并将公式依次配置为【SUM（库存数，资产数="家具"）】【SUM（库存数，资产数="电器"）】【SUM（库存数，资产数="其他"）】。

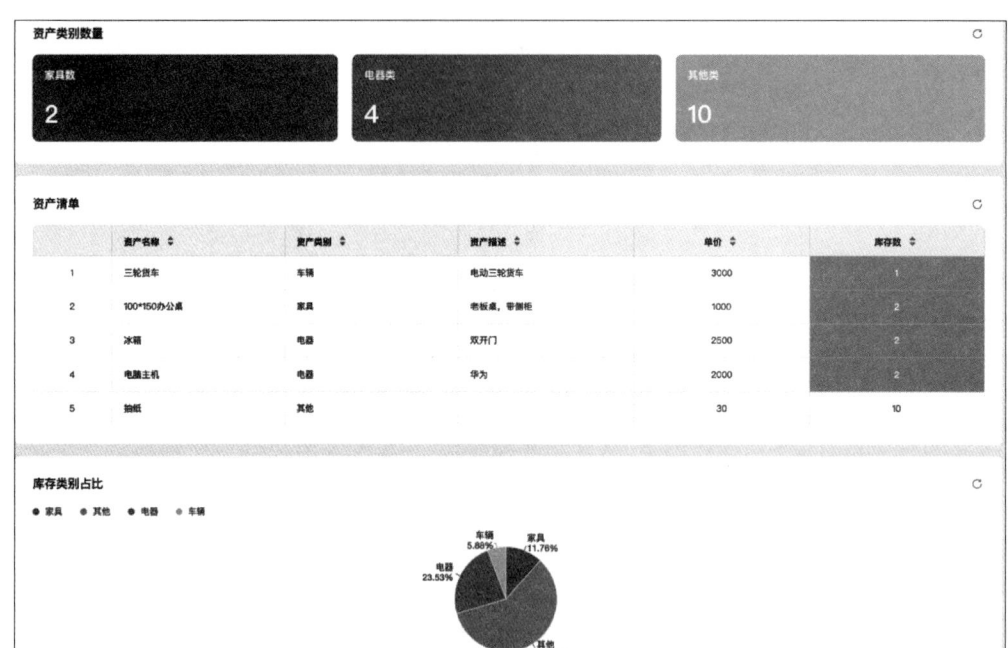

图 4-18 配置报表示意图

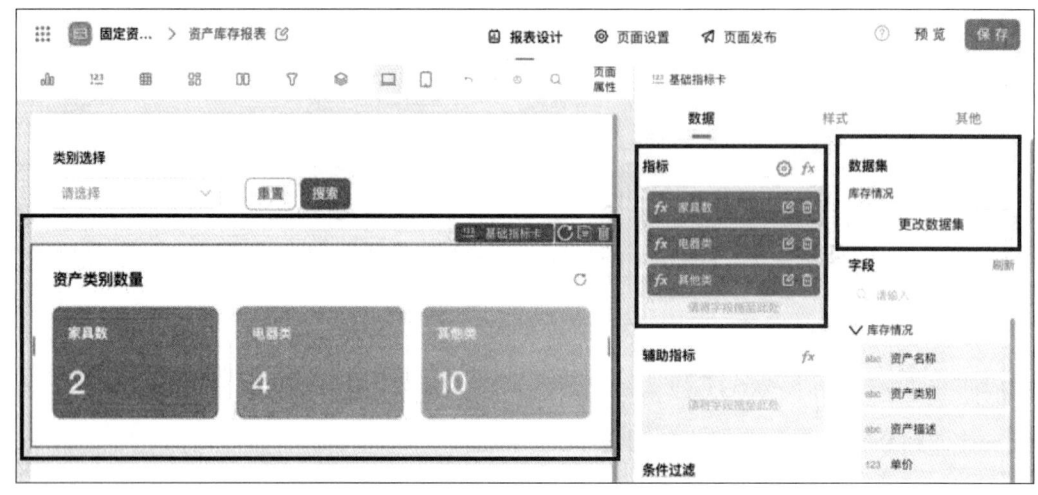

图 4-19 配置"资产类别数量"示意图

配置"资产清单",选择一个【基础表格】。【数据集】选择"库存表",【表格列】添加"资产名称""资产类别""资产描述""单价""库存数""实例 ID"六个字段。

配置"库存类别占比",选择一个【饼图】。【数据集】选择"库存表",【分类字段】选择"资产类别"字段,【数值字段】选择"库存数"字段。

报表配置完成后,点击报表页面右上角的"保存",即可保存和查看报表数据。

(七)搭建首页工作台

回到"资产管理系统"的应用后台,点击【+】按钮,选择"新建自定义页面",选择一个工作台模板,即可进入首页编辑页面,命名为"资产管理工作台",将模板按照资产管理系统进行相应调整,如图4-20所示。

图4-20 搭建首页工作台

分别选中三个模块,依次修改名称为"资产信息""资产管理""资产报表"。然后修改组合图标,删除多余的组合图标(文字+图片+连接块),每个模块中留下适量组合图标,分别修改名称,并在链接块配置中选择需要跳转的内部页面。配置完成后,点击右上角【保存】按钮。

【思考题】

1. 如何进行数字化应用开发的服务需求分析?有哪些具体方法?

2. 如何在数字化应用开发时选择合适的解决方案?有哪些计划节点?

3. 回顾青少年电子制作赛事案例,结合具体实际,分析线下赛事管理普遍存在的管理痛点,给出解决方案。

4. 回顾数字化人力资源管理平台搭建案例,结合具体实际,分析进行数字化应用开发时会遇到的管理痛点,给出解决方案并阐述理由。

5. 阐述自有系统免登的概念及其基础应用流程。

6. 阐述连接器的概念、作用及常见应用场景。

第五章
数据管理

在数字科技引领产业创新升级的时代,数据作为一种新型生产资料,已成为社会和组织发展的核心动力。依托大数据管理系统,数字化管理产生的数据又反哺于数字化管理,实现以数据驱动数字化管理升级,打造数据驱动的智能化组织管理模式。

数据管理是组织数字化管理中的重要一环,良好的数据管理可以帮助组织提早一步发现运行隐患,快人一步抓住发展机遇。现代数据管理已经进入智能大数据时代,通过各类型数据管理工具之间的相互耦合,数据管理不再局限于对组织关键数据的采集,而是自动收集组织在工作全流程中产生的数字信息,打破"数据孤岛",进一步挖掘数据背后的价值。

本章探讨数据管理中的采集、分析和呈现等相关问题,并详细介绍如何利用智能报表和应用开发平台实现数据管理。

- **职业功能：** 管理组织数据,并将数据反哺应用到组织管理中
- **工作内容：** 分析组织管理和业务需求,编写应用开发的需求文档,并设计开发个性化的管理应用;建立个性化组织门户,统一工作台,并运用连接器打造数据互联互通的数字化统一管理平台;结合组织发展需求对搭建好的平台进行维护和迭代

- **专业能力要求：** 能分析数据管理的需求，能采集、清洗、分析数据，并搭建数据可视化看板，能针对人群展现可视化结果
- **相关知识要求：** 数据采集的方法、注意事项，数据分类及清洗知识，数据库管理知识

第一节 数据搜集与管理

随着科技进步,数据搜集已成为现代社会一项重要且普遍的工作步骤。从互联网、传感器、移动设备及各种应用程序中获取的海量数据为各行各业带来了巨大机遇。随着数据搜集的不断扩大,管理这些海量数据变得至关重要。数据管理旨在有效组织和管理数据,以确保其可靠性、准确性和可用性。它涉及数据的存储、处理、分析和保护,以支持决策制定、业务运营和追踪趋势。数据管理不仅关注数据的存储位置和格式,而且关注数据的完整性、一致性和安全性。对数据搜集过度可能导致一系列问题。首先,海量数据可能会导致存储和处理的成本大幅上升。其次,没有良好的数据管理措施,数据可能会变得杂乱无章,难以理解和使用。最后,数据搜集过程可能会引发安全问题,因为未经适当管理和保护的数据可能会被滥用或泄露,所以,随着数据搜集活动的不断增加,数据管理显得尤为重要。

一、数据管理概述

数据管理是利用计算机硬件和信息技术进行信息数据收集、储存、处理和应用的过程,是数字化时代组织管理的重要组成部分之一。区别于组织的其他管理板块,数据管理作为诞生和发展于信息时代的现代管理模式,其变革离不开信息应用技术的不断突破。特别是数据管理技术的突破,直接推动了数据管理模式变革。

从技术迭代视角,数据管理的发展大致可分为以下三个阶段:

（一）人工与文件管理时代

第一台电子多用途计算机诞生于 20 世纪 50 年代。当时的计算硬件只有纸袋和磁带，没有现代意义的磁盘。在软件方面也没有操作系统，更没有专门的管理数据软件。此时的计算机只辅助人们进行数据处理工作，不储存数据，数据管理主要由人工处理。但从 1956 年世界第一台硬盘储存器出现，到 20 世纪 60 年代，计算机的基本功能得到实现。例如，硬件方面的磁盘、软盘和磁鼓等数据存取硬件出现，软件方面出现了文件系统这一基础操作系统。此外，计算机实现了互联，联机处理信息成为可能。此时计算机已经初步具有储存和处理数据的能力。

20 世纪 40 年代到 60 年代，数据管理从计算机辅助的人工管理逐渐向计算机参与的文件管理转变。此时，实现了数据长期保存和文件系统化管理，但硬件和软件的数据共享性和独立性很差。当时的计算机作为体型巨大、造价昂贵的科学仪器，其数据管理对象主要集中于科学研究，将数据管理应用于普通组织管理的距离还很远。

（二）传统数据库管理时代

20 世纪 60 年代后期，随着集成电路和超大规模集成电路的发明，计算机不断向小型化和微型化方向发展，此时计算机开始在商业上应用，并且应用范围越来越广；而原始、单一的文件系统已不能满足应用需求。20 世纪 70 年代后，关系型数据库技术形成并实现产品化，并不断发展和迭代，形成了多种经典可商用化的数据库管理系统。

时至今日，数据库技术依然是信息系统领域的一项核心技术。过去，数据库技术为数据管理的信息收集、储存分析及应用提供了全面且有力的支持。随着信息技术的快速发展，信息系统累积的数据越来越多，数据类型越来越丰富，更重要的是，21 世纪后随着信息产生速度指数级的加快，传统数据库管理系统中的数据储存不下、无法建模、无法及时入库等问题日益凸显，已难以满足如今组织数据管理发展的需求。

（三）智能大数据管理时代

数字化时代面对海量的大数据信息，20 世纪初期，数据管理逐步从以数据库软件为中心转变成以数据为中心的计算平台，如今全球主要互联网企业都已建立自己的大数据管理系统。大数据管理系统不是集成式、标准化的管理软件，而是通过大数据存储系统、非关系型的数据库、大数据计算系统、大数据查询处理引擎等系统相互以耦合的方式进行组装，支持结构化、半结构化、非结构化等多类型数据的组织、存储和管理，如图 5–1 所示，呈现多种数据分析结果，具有大数据查询、分析和类人智能应用等功能。

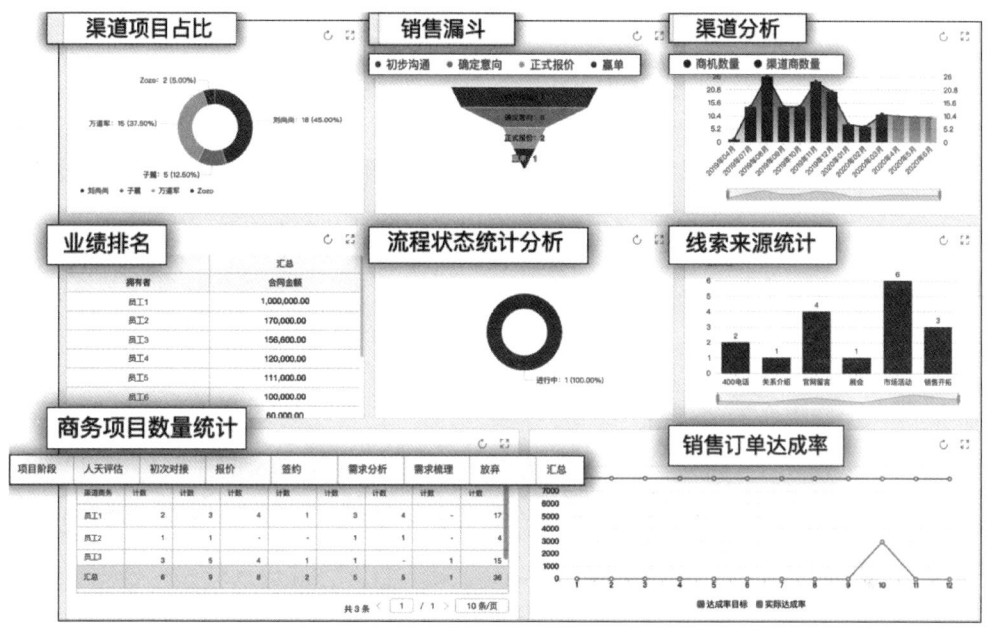

图 5–1　智能大数据管理

如今，人工智能技术、多媒体技术、网络技术都与大数据管理系统相互耦合，数据管理将越来越自主化、实时化和智能化。对组织管理而言，组织每天产生的信息都将被大数据管理系统收集、筛选和分析呈现，其中不仅存在组织管理中的潜在挑战，而且能使大数据管理系统透过层层数据迷雾挖掘出组织的发展机遇。

二、数据库基础

（一）数据库的概念

数据管理离不开数据库，不同的数据库管理方案需要不同类型的数据库技术支持，智能大数据管理主要使用了非关系型数据库。

数据库是以一定方式储存在一起、能与多个用户共享、具有尽可能小的冗余度、与应用程序彼此独立的数据集合。一个数据库中包含多个表空间（table space）。数据库可以看作一个存储结构化数据的仓库，而另一个与此相关的名字"数据库管理系统"，则是为管理数据库设计的计算机软件系统，一般具有存储、截取、安全保障、备份等基础功能。两者均可以读取及存储数据，但也有一些不同点。数据库用来存储数据，具有基本的数据查询及保存等能力；数据库管理系统不仅具有这些功能，而且具有备份与导出数据的功能。

（二）数据库的类型

数据模型是划分数据库类型参照的指标。使用频次较高的数据模型较多，如层次模型、网状模型、关系模型、面向对象模型、半结构化模型等。关系模型曾在较长一段时间内成为主流数据模型，因此业内把数据库分成关系型数据库和非关系型数据库。

1. 关系型数据库

关系型数据库是目前普遍的数据库类型，与此相对的数据存储模型即为关系型模型，数据以表格形式存储，字段关联数据。关系型数据库能够成为主流数据库的一大原因是它的二维表结构概念极贴近逻辑世界，更容易理解。用SQL[①]进行表与表之间的连接查询，十分便捷，但也存在不足。当数据量大时，查询其中一张表会显得十分困难。虽然当前关系型数据库仍然是主流，但在海量数据下，传统关系型数据的效率短板就会被逐渐放大，从而被一些优秀的非关系型数据库代替。

2. 非关系型数据库

非关系型数据库即NoSQL数据库，NoSQL并不是某个具体数据库，而是泛指所有非关系型数据库。非关系型数据库种类较多，这里仅列举其中较为流行的几种。

（1）键值（key-value）存储数据库。键值存储数据库主要通过一个哈希表，表内

---

① SQL（structured query language）是具有数据操纵和数据定义等多种功能的数据库语言，这种语言具有交互性特点。

有一个特定的键及一个指针指向特定数据。key-value 模型键值数据库的优势在于，通过键的 hash 码不仅可以快速查询到 value，而且可以应对高并发。市场上较成熟的产品有 Memcached、Redis、MemcacheDB、BerkeleyDB 等。

（2）列存储（column-oriented）数据库。列存储数据库即面向可扩展性的分布式数据库，它反转了传统的行存储数据库。该数据库以列字段作为表格的行，因此对同一行记录取的即该表中所有记录的某一个列数据集合，为同一类型的数据。行存储如果要取表中某一列的所有数据集合，则会复杂很多，因此在较多场景下，列存储的解析过程对大数据分析更加有利。

（3）面向文档数据库。面向文档数据库是一种非关系数据库，能将半结构化数据存储为文档，其中文档包括以 XML、YAML、JSON、BSON、Office 形式存在，且相互之间不再具有关联关系，如应用 MongoDB、CouchDB 等。

三、数据采集的目的和方法

（一）数据采集的目的

随着数字化转型的加快，组织日常运营中产生的数据量呈指数级增长，且数据种类多，数据量大，数据的应用场景也变得越来越复杂。数字化工具面向终端用户，构建数据中台产品，实现组织管理和业务数据的"采、存、管、用"。数据采集模块是数据中台架构的起点，其目的是把企业各生产业务系统的数据转移到数据中台的数据库中，通过数据计算和分析发挥数据价值。

（二）数据采集的方法

1. 基本方法

根据采集数据的类型和来源，数据采集可划分为不同的方式，主要包括传感器采集、网络爬虫、手工录入、工具导入、API① 接口。

（1）传感器采集。通过传感器（物联网），如通过温度传感器、湿度传感器、气体传感器、视频传感器等外部硬件设备和系统展开通信，把传感器采集到的数据传输

---

① API（application programming interface），即应用编程接口，是软件系统不同组成部分衔接的约定。

至系统内进行储存及使用。

（2）网络爬虫。对新闻资讯类互联网数据，可以通过编写网络爬虫，设置好数据源后，有目标地爬取数据。

（3）手工录入。对已有的本系统外的数据，通过手工输入文字信息、数字信息、上传文件等方式，将其数据自动导入本系统。

（4）工具导入。对已有批量的结构化数据，可研发导入工具，将其数据自动导入本系统。

（5）API 接口。通过调用其他系统中的 API 接口，可以把其他系统中的数据采集至本系统。

2. 大数据技术的数据采集方法

（1）离线采集

工具：ETL[①]

在数据仓库的语境下，ETL 可以被视为数据采集的代表，包括数据提取（extract）、转换（transform）、加载（load）。在转换过程中，需要就具体业务场景对数据进行治理，如对数据展开非法数据检测和过滤、格式转换、数据规范化、数据替换、保证数据完整性等。

（2）实时采集

工具：Flume/Kafka[②]

实时采集大部分用于涉及"流处理"的业务场景，例如，用来记录数据源执行的各种操作活动，如网络监控的流量管理、金融应用的股票记账和 Web 服务器记录的用户访问行为。在流处理场景，数据采集会成为 Kafka 的消费者，类似一个水坝将上游源源不断的数据拦截住，然后根据业务场景做出相应处理（如去重、去噪、中间计算等），最后写入相应的数据存储。该过程与传统的 ETL 类似，不同点在于它是流式的处理方式，而不是定时的批处理。

---

① ETL（extract transform load），是将业务系统的数据经过抽取、清洗转换后加载到数据仓库的过程。
② Flume 是 Cloudera 提供的一个高可用、高可靠、分布式的海量日志采集、聚合和传输的系统，Flume 支持在日志系统中定制各类数据发送方，用于收集数据。Kafka 是由 Apache 软件基金会开发的一个开源流处理平台，是一种高吞吐量的分布式发布订阅消息系统，它可以处理消费者在网站中的所有动作流数据。

（3）互联网采集

工具：Scribe、DPI[①] 等

Scribe 是 Facebook 开发的数据（日志）收集系统，又称网页蜘蛛、网络机器人。它是一种根据一定规则自动获取万维网信息的程序或脚本，支持图片、音频、视频等文件或者附件的采集。通过 DPI 等带宽管理技术可对网络流量进行采集。

（4）其他数据采集方法

企业生产经营中产生的数据或客户数据、财务数据等保密性要求较高的数据，可通过和数据技术服务商合作，通过特定系统接口的方式采集数据。

3. 软件系统的数据采集方法

（1）软件接口方式。通过各软件厂商提供的数据接口实现数据采集。此方式可靠性较强，价值较高，较少存在数据重复的情况。数据通过接口实时传输，满足数据实时性的要求。但一般接口开发费用高，需要协调各个软件厂商，人力成本较高，且扩展性不强。

（2）开放数据库方式。开放数据库是一种最直接的数据采集方式。两个系统分别有各自的数据库，但同类型的数据库能让采集过程更便捷。如果两个数据库在同一个服务器上，只要用户名设置妥当，就可以直接相互访问，只需在 from 后将其数据库名称及表的架构所有者带上即可。如果两个系统的数据库不在一个服务器上，建议采用链接服务器的形式处理，或者使用 Openset 和 Opendatasource[②] 的方式，但这需要对数据库的访问进行外围服务器的配置。而不同类型数据库之间的连接就比较麻烦，需要做很多设置才生效。开放数据库方式可以直接从目标数据库中获取需要的数据，准确性、实时性也能得到保证，是最直接、最便捷的一种方式。但开放数据库方式依然需要协调各个软件厂商的开放数据库，其本身难度大。一个平台如果同时连接多个软件厂商的数据库，并实时获取数据，这对平台性能也是巨大挑战。

（3）基于底层数据交换的数据直接采取方式。数据直接采取是通过获取软件系统

---

① Scribe 基于使用非阻断 C++ 服务器的 thrift 服务实现日志收集，并具备很强的扩展能力，即使在网络故障或服务器节点故障的情况下，也不会对日志收集造成影响。DPI（deep packet inspection）是一种基于数据包的深度检测技术，针对不同的网络应用层载荷（如 HTTP、DNS 等）进行深度检测，通过对报文的有效载荷检测确定其合法性。

② Openset 即开放数据集，如开放应用程序接口。Opendatasource 即开放的数据源，如数据库服务器信息开放出去，或者指定某个数据库的某个账户。

的底层数据交换、软件客户端和数据库之间的网络流量包,基于底层 IO 请求与网络分析等技术,采集目标软件产生的所有数据,将数据转换并重新结构化,输出到新的数据库,供软件系统调用。

对数据量较大的采集任务,实际操作中可以先采集较少部分,检查采集数据的正确性,确定采集数据没问题后再持续优化,形成成熟的采集方案。

四、数据清洗技术

数据清洗(data cleaning)指对数据进行筛选、删除、修改、填充等操作,以保证数据的准确性、完整性和一致性。在数据分析和机器学习过程中,数据清洗是非常重要的一步,因为原始数据往往存在各种问题,如重复数据、缺失数据、异常数据等,如果不进行数据清洗,这些问题会影响数据分析的准确性和可靠性。数据清洗包括以下几个步骤:

(1)删除重复数据。如删除连续重复或者不同地方多次重复的记录。

(2)处理缺失数据。如填充空缺或删除含有缺失值的记录。

(3)处理异常值。如检查错误或不合理的数据。

(4)格式转换。如转换日期、时间数据等。

(5)剔除无用数据。如删除不需要的列或行。

(6)规范化数据。如将不同写法的数据进行统一格式处理。

数据清洗是非常消耗时间和精力的过程,但只有通过数据清洗后的数据才能为后续分析和建模提供有价值的参考。数据清洗通常是数据处理过程中的一个必要步骤,它可以删除错误数据和干扰信息,并提高分析和建模精度,如图 5-2 所示。

常用的数据清洗技术包括以下几种:

(1)数据去重。去除数据集中的重复记录,可以通过比较记录中的唯一标识符或关键字段实现。

(2)缺失值处理。填补数据集中的缺失值,可以使用差值、平均值、中位数、众数等方法进行处理。

(3)异常值处理。检测和处理数据集中的异常值,异常值可以被删除或替换为可接受的值。

（4）数据标准化。将数据标准化为一致的格式，以便处理和分析。如可以将日期格式标准化为 ISO 格式。

（5）数据转换。数据转换实质上是对数据格式进行转换，其目的是便于处理和分析数据。如将文本格式的日期转换为日期格式。

（6）数据验证。确保数据集中数据的准确性和完整性。例如，可以验证邮件地址是否符合标准格式，或验证电话号码是否正确。

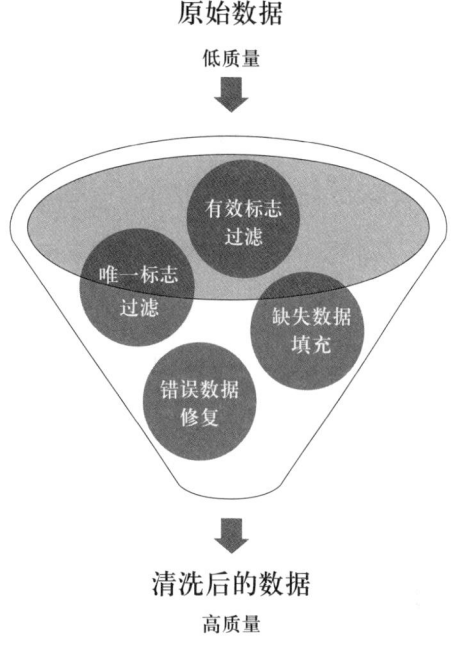

图 5-2　数据清洗

除上述技术，数据清洗中可能会涉及更多的技术和方法，应根据实际需要进行选用。同时，需要在数据清洗过程中保留尽可能多的数据，以免影响后续分析和建模的准确性。

第二节　数据分析与应用

数据分析与应用对企业来说是非常重要的技术和能力，可以帮助企业做出更准确的决策，提供更好的产品和服务，发现新的商机和增长点。

一、数据可视化

数据可视化是数字化管理中的重要工具,它将复杂的数据转化成易于理解和分析的图形化形式。数据可视化利用视觉感知的能力,以图形、表格、图像等形式展示数据,以帮助人们更轻松地解读数据、揭示数据之间的关系和趋势,获得有意义的见解和决策支持。

数据可视化通过选择合适的图形类型、视觉编码方式和交互性设计等手段,将数据中的信息以视觉元素(如颜色、形状、大小等)形式呈现。图表、图形等直观的可视化方式帮助人们快速把握数据要点,发现数据中的规律,并帮助决策者更准确地分析和解读数据。数据可视化有助于提高数据的可理解性和效率,促进信息传递和共享。数据可视化广泛应用于商业分析、市场研究、科学研究、医疗健康、教育等领域。

通过数据可视化,人们可以更容易识别数据中的模式、趋势和关联,从而更好地理解业务运营情况,并做出有效决策。

(一)数据可视化的发展历程

数据可视化的发展历程可以追溯到古代。古代人类通过图形和表格的方式记录和表达数据,如埃及人的墓穴图像、中国的图腾柱等。但是,随着现代计算机科学的发展,数据可视化变得更精细。

20世纪50年代至70年代,大型计算机的出现使数据处理和可视化工具得到了推动,最早的计算机图形始于早期的草图语言,随着计算机硬件和软件的快速发展,数据可视化工具的功能也迅速完善。20世纪80年代和90年代,计算机图形学、可视化算法和用户界面的发展,推动了3D可视化、交互式可视化和漫游。

21世纪以来,随着大数据和人工智能的快速发展,数据量再次爆发式增长,数据可视化扮演着越来越重要的角色,数据可视化软件和库也越来越丰富和强大。此外,新技术和趋势,如虚拟现实、增强现实等也在改变数据可视化的形式。

在过去几十年,随着技术和方法学的改进,数据可视化工具和技术已经发生根本性变化,数据可视化也成为数据科学和决策制定的重要工具之一。随着计算机硬件和大数据处理技术的迅速发展，我们将面临新的问题：如何从海量数据中高效挖掘有价值的信息？数据可视化分析是一种利用人类视觉感知特征、结合数据分析和人机交互技术的方法，通过可视化图表揭示复杂数据中包含的知识和规律。这种技术在数据科学的整个生命周期中起到关键作用，在许多大数据应用和分析场景中取得显著成果。

（二）数据可视化的意义

通过整合散落的各类数据，构建统一的大数据平台系统，可实现企业在经营、商品、流量、店铺、订单、营销等各类场景下的数据分析，通过从整体指标概览到细节指标数据的对比分析，实现数据指导的业务精细化运营，提高企业运营效率和业务绩效。

1. 提供直观的数据呈现

数据可视化通过表格、图形和可视化界面等方式，将抽象的数据转化为直观的视觉形式。这使管理者和决策者能够更直观地理解和解读数据，快速把握数据的关键信息、趋势和模式，从而更好地进行决策和规划。

2. 支持数据探索和分析

数据可视化具有交互式的功能，使用户能够自由探索和分析数据。通过交互操作，用户可以选择感兴趣的数据子集、进行数据过滤和排序、放大细节或修改视图参数等。这种交互性能够帮助管理者更深入地理解数据，发现数据中的变化、异常和关联关系，从而进行更准确的分析和判断。

3. 强调数据驱动决策

数据可视化将数据作为决策基础，使决策过程更客观、科学。通过可视化展示，管理者能更好地理解当前业务状态和发展趋势，快速识别问题，并采取相应行动。数据可视化的实时性和动态性使管理者能随时跟踪数据变化，根据数据反馈进行迭代和优化，从而实现数据驱动的持续改进。

4. 支持跨部门和跨层级的沟通和合作

数据可视化提供了一种共享数据和见解的方式，使不同部门和层级的员工能够基于相同的数据进行沟通和合作。通过可视化展示数据，团队成员能够更清楚地了解业务目标、绩效指标和工作进展，共同拟订工作计划和优化策略。这增强了团队间的沟通和协作，提升了整体业绩。

5. 提高决策的可信度和可解释性

数据可视化在决策过程中提供了可靠性和可解释性。通过清晰的图表，决策者能够看到数据背后的逻辑和推理过程，从而更有信心做出决策。此外，数据可视化结果可以被记录和共享，便于其他人对决策的理解。

（三）基于低代码的数据可视化

基于低代码的数据可视化是一种利用低代码开发平台或工具，快速创建和定制数据可视化应用程序的方法。低代码开发平台提供了可视化的界面和预构建的组件，使用户能够以较小的编码工作量创建数据可视化应用。

在基于低代码的数据可视化中，用户可以通过拖拽和配置组件、图表、数据源等，快速搭建数据可视化界面。这些组件和工具预先集成了常见的图表类型、数据操作功能和交互特性，使用户无须深入编码即可实现数据可视化效果。

基于低代码的数据可视化工具通常提供了可视化的编辑器和设计器，用户可以在界面中配置图表的样式、数据源连接、数据处理等。通过简单操作和设置，用户可以迅速将数据转化为可视化结果，进行数据探索和分析。

1. 低代码数据可视化的优势

（1）快速实现可视化建模。低代码平台通常提供丰富的表格、图形和可视化组件，用户可以根据需求选择并配置，实现各种数据可视化效果。这使用户能以直观方式将数据转化为可理解的表格和图形。

（2）具有自定义灵活性。低代码平台提供了一系列组件和样式选项，用户可以根据自己的需求自定义图表类型、颜色、布局等，满足特定的数据可视化要求。

（3）高度可交互性。低代码的数据可视化应用通常支持交互性功能，如悬停、点击和筛选等。用户可以通过交互操作更深入地探索数据，发现隐藏的模式、趋势。

（4）高效易用。低代码平台提供了直观的界面和交互工具，使不具备编程经验的用户也能轻松创建自定义的数据可视化应用。

（5）具有数据整合能力。低代码平台通常能够与各种数据源和服务集成，如数据库、API、云服务等。这使得用户可以轻松连接和访问数据，实现实时数据分析和更新。

（6）跨平台和响应式设计。低代码平台提供跨平台的支持，用户可以在多个设备和屏幕尺寸上使用数据可视化应用。应用的布局和样式会自动适应不同的屏幕大小和方向。

（7）快速迭代和调整。低代码平台具有快速迭代和调整的能力。用户可以基于反馈和需求快速更新数据可视化应用，实现敏捷开发和响应。

虽然基于低代码的数据可视化提供了简单和快速的开发方式，但在复杂的数据需求和定制化方面还存在一定限制。因此，选择低代码平台时，需要对具体的项目需求和复杂性进行评估。

2. 可视化数据看板

在组织业务系统构建过程中，"数据管理驾驶舱"往往是系统构建的一个重要过程。借助可视化数据看板（见图5-3）可以将系统的数据更形象、直观地展示出来，为企业业务的相关决策提供支撑。可以说，"数据管理驾驶舱"提供的是一个管理过程，能让数据以更加有组织的方式体现。

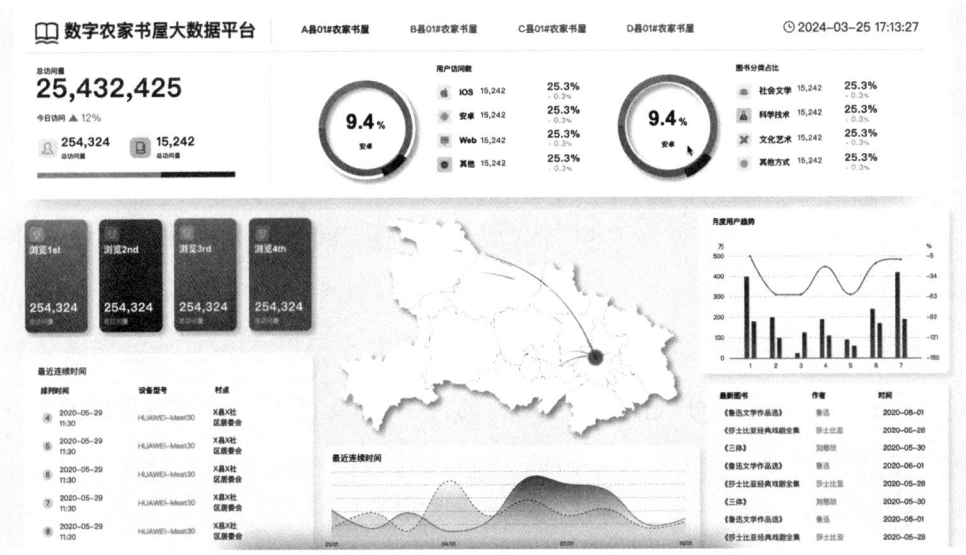

图 5-3 可视化数据看板示意图

可视化数据看板像飞机、汽车的仪表盘一样，通过数据图形化呈现为用户日常工作方向提供指引。对组织而言，可视化数据看板是分层构建的，面向决策者，可以直观看到自企业核心指标数据的情况，了解企业整体运营，实现业务调整，为企业战略提供数据支撑。面向中层管理人员，可以直观看出相关业务模块的运营情况，为后续工作重心及下属工作提供方向。普通员工也可以根据具体业务场景观察相关驾驶舱数据，了解自己当前的工作情况。

可视化数据看板可以拆分，也可以整合并统一，可以实现大量多维度的数据直观可视化呈现，统一展现业务全貌。例如，在对销售数据分析中，需全面涵盖销售业绩数据，如不同客户群体、不同销售人员、不同销售阶段的销售数据等，以多种形式的数据图表体现业务的进展情况。可视化数据看板可根据企业策略调整，灵活变更统计维度及图表样式，具备充分的灵活性，企业系统管理员可以根据内部需求对不同维度的数据进行自定义组合分析，满足不同应用场景的诉求。

可视化数据看板的构建是基于业务应用数据架构开展的，所以构建驾驶舱前，要构建业务应用的数据架构，也就是要梳理清楚企业内部各业务板块的业务需求及其报表诉求，根据这两块诉求构建应用数据架构，再将这些数据通过可视化数据看板的形式呈现出来。

二、数据互联技术

（一）概述

数据互联（data interconnectivity）可以实现不同系统、应用程序、设备或网络之间的数据交流与共享，是当今数字化时代的关键技术，为各个领域带来创新和智能化的机会。

数据互联的目标是实现数据的无缝集成和共享，以支持实时数据流动和交互。不同系统中的数据可以相互传输和驱动，在各个环节中产生更有价值的信息和见解。数据互联可以应用于多个领域，包括物联网、人工智能、大数据、云计算等。

数据互联已成为信息化建设的重要目标。为建立高效、可靠的数据互联网络，整合分散的数据资源，实现数据的全面分析和应用，数据互联、数据集成、数据通信、数据共享、数据交互和数据分析和应用之间相互作用，形成完整的数据闭环，其中的每个环节都不可或缺。数据互联建立在数据通信和数据共享的基础上，数据集成需要数据交换和数据共享实现，而数据分析和应用则是上述环节的终极目标。数据互联将持续推动各行各业的数字化转型，也促进人工智能、机器学习等技术的快速发展。

1. 数据集成

数据互联的首要任务是将分散在多个源系统中的数据进行整合和集成。这意味着从不同的数据源中提取数据，并将其转化为一种适合目标系统的标准格式和结构。数据集成涉及数据清洗、数据转换和数据映射等操作，以确保数据的一致性和可用性。

2. 数据通信

数据互联需要通过适当的通信机制和协议，使数据能在不同系统之间传输和交换。这包括点对点的数据传输、广播式的数据传输、通过网络进行的数据传输。数据通信需要确保传输的安全性、可靠性和高效性。

3. 数据共享

通过数据互联，不同系统中的数据可以实现共享。这意味着授权用户可以在需要时获取其他系统中的数据，并对数据进行分析、决策或执行特定任务。数据共享涉及访问控制、安全性和权限管理，需确保数据的保密性。

4. 数据交互

数据互联使数据能够在不同系统之间进行交互。这意味着数据可以在系统之间进行传递、更新和同步，在不同系统间形成动态的相互作用。数据交互使系统可以共同协作、共享信息，并在需要时进行响应和调整。

5. 数据分析和应用

数据互联可以为数据分析和应用提供更全面、准确的数据基础。通过将数据从不同系统整合在一起，可以进行更深入的洞察、挖掘和分析，以发现数据中的隐藏模式、趋势和关联性。

数据互联是将分散的数据集合整合、连接和共享的过程,通过建立数据之间的关联和通信,以实现数据在不同系统、应用程序和网络之间的无缝流动和交互。数据互联为实现数据的一致性、集成和创新化提供了重要的技术基础。

在数据互联过程中,通常涉及以下几个方面:

(1)数据集成和连接。将来自不同源和格式的数据进行整合和转换,以适应目标系统的需求。包括数据清洗、数据转换、数据映射等操作,以确保数据的一致性和可用性。

(2)数据通信和传输。通过各种通信协议和技术,将数据从一个源点传输到目标系统。传输可以是点对点、广播式或通过网络进行,通常需要确保传输的安全性和可靠性。

(3)数据交换和共享。在不同系统之间建立数据的双向交互关系,使数据能在系统之间无缝流动和共享。这要求统一的数据标准和接口,并确保数据的访问权限和隐私保护。

(4)数据管理和安全性。对数据进行有效管理和保护,包括数据存储、备份、恢复、访问控制、数据安全等方面。数据互联需要综合考虑数据的完整性、可靠性和隐私性。

(5)数据分析和应用。通过对互联数据进行挖掘、分析和应用,发现数据中的隐藏模式、趋势和价值,以进行更好的决策支持和业务创新。

(二)优势

数据互联对个人、组织和社会具有积极影响。以下是数据互联的主要优势:

1. 实时决策和反应能力

数据互联能够使数据以实时或准实时方式进行传输和交互。这使个人和组织能更快速地获取最新的数据信息,并及时做出决策。数据互联提高了业务的敏捷性,强化了竞争优势。

2. 数据共享和合作

数据互联支持跨系统和跨组织的数据共享和合作。通过数据互联,不同部门、团队甚至不同组织之间可以共享数据资源,促进信息共享、流通和协同工作,提高工作效率、协同性和创新能力。

3. 全面视角和洞察力

数据互联整合来自不同系统和来源的数据，使个人和组织获得更全面、准确的数据视角，有助于发现数据中的隐藏模式和趋势，并提供更深入的洞察和见解。全面视角可以帮助决策者做出更明智的决策，制定更有效的战略。

4. 业务优化和创新

数据互联为业务优化和创新提供了基础。通过整合数据、分析数据和应用数据，个人和组织可以发现新的商业机会、改进业务流程和开发新产品，促进业务智能化、创新化和持续发展。

5. 跨行业整合和协同作用

数据互联使不同行业和领域之间的数据能够进行跨行业整合和协同作用，有助于实现跨行业合作、数据的跨行业应用和创造新的业务模式。跨行业整合和协同作用有助于促进产业发展和提高整体效率。

6. 智能化应用和个性化服务

数据互联可以将个人和用户的数据应用于智能化应用和个性化服务。个人数据的交互和整合可以为用户提供更智能、便捷、个性化的产品和服务体验，提升用户满意度和忠诚度。

总之，数据互联的优势包括实时决策能力、数据共享和合作、全面视角和洞察力、业务优化和创新、跨行业整合和协同作用，以及智能化应用和个性化服务等。数据互联为个人、组织和社会带来更高效、智能化、创新化的数据应用和发展机会。

三、数据分析模型

数据分析模型是用于处理和分析数据的算法和模型。它们用于从已收集或生成的数据中提取有意义的信息。

以下是一些常见的数据分析模型：

1. 描述性统计模型

描述性统计模型用于描述数据的基本特征和统计属性，如平均值、中位数、方差、标准差等。这些模型帮助我们了解数据的分布、集中度和离散程度，从而揭示数据中存在的模式和趋势。下面是一些常见的描述性统计模型：

（1）中心趋势的测量。平均值（mean）是一组数据的总和除以观测次数的值，反映了数据的集中程度。中位数（median）是将数据按大小顺序排列，位于中间位置的值，用于描述数据的中间位置。众数（mode）是数据集中出现频率最高的值，可以存在一个或多个众数。

（2）离散程度的测量。范围（range）是数据集的最大值减去最小值，表示数据变化范围。方差（variance）是观测值与平均值之差的平方的均值，衡量数据的离散程度。标准差（standard deviation）是方差的平方根，提供了数据分布的平均偏离程度。百分位数（percentile）是将数据按大小排序后，以某个百分比为分割点，用于描述数据的分布情况。

（3）数据关系的测量。协方差（covariance）是两个变量之间变化趋势的度量。正协方差表示两个变量呈现正相关关系，负协方差表示两个变量呈现负相关关系。相关系数（correlation coefficient）是标准化的协方差，表征两个变量之间线性关系的强度和方向。

（4）分布的拟合。正态分布（normal distribution）是具有钟形曲线的连续概率分布，用于描述许多自然现象的分布情况。偏态分布（skewed distribution）是数据分布不对称的情况，可以是正偏态（右偏）或负偏态（左偏）。峰度（kurtosis）是描述数据分布曲线的陡峭程度和尾部厚度，可以判断数据是否为正态分布。

描述性统计模型可以帮助我们更好地理解和解释数据集中的信息。

2. 预测性模型

预测性模型是利用历史数据和模式建立数学或统计模型，以预测未来事件、结果或趋势。它们通常基于现有数据和观测结果，通过对数据的分析，揭示数据中存在的模式和关系，从而进行预测。

下面是一些常见的预测性模型：

（1）线性回归（linear regression）。通过建立线性关系，预测目标变量与自变量之间的关系。它适用于连续型的目标变量，并假设自变量与目标变量之间线性相关。

（2）时间序列分析（time series analysis）。用于预测随时间变化的数据。它关注数据在时间上的顺序和相关性，常用于经济、股票市场、气候等领域的预测。

（3）决策树（decision tree）。通过对数据的划分和条件判断，建立树状的决策规则，用于预测分类或回归结果。它可以根据不同的特征和条件对数据进行分组，然后通过决策树的分支进行预测。

（4）神经网络（neural network）。这是一种模拟人脑神经系统的计算模型，由多个神经元层组成，并通过不同的权重和激活函数进行计算。神经网络适用于复杂的非线性问题，可以用于预测分类或连续型结果。

这些预测性模型都有各自的优点和适用范围，可以根据具体问题和数据选择合适的模型进行预测。它们在商业、金融、市场、医疗等领域广泛应用，帮助决策者做出准确预测。

3. 聚类模型

聚类模型是一种无监督学习方法，可以将数据分成具有相似特征或属性的群组，以便更好地理解数据的内在结构。聚类模型通常基于数据点之间的相似性，将相似的数据点分配到同一群组中，并且尽量保持不同群组之间的差异。

以下是一些常见的聚类模型：

（1）K均值聚类（K-means clustering）。这是一种迭代的聚类算法，通过将数据点分配到最近的聚类中心，然后更新聚类中心的位置，不断迭代直到收敛为止。该方法需要预先指定聚类数量K。

（2）层次聚类（hierarchical clustering）。这是将数据层次化地划分为不同的聚类。该模型有两种主要方法：凝聚聚类（自底向上）和分裂聚类（自顶向下）。凝聚聚类将每个数据点视为一个聚类，然后逐渐合并最近的聚类。分裂聚类则从一个包含全部数据的聚类开始，然后逐渐分割成更小的聚类。

（3）密度聚类（density-based clustering）。基于数据点周围的密度确定聚类。它将数据点分配到高密度区域，并使用密度可达性和密度相连性定义聚类。

（4）高斯混合模型（Gaussian mixture model，GMM）。这是一种使用参数化的高斯分布函数建模数据的聚类模型。它将数据点视为由多个高斯分布混合而成，每个分布代表一个聚类。

聚类模型在市场分析、图像处理、社交网络分析等有广泛应用，能帮助我们发现数据中的群组、簇或模式，从而洞察数据的结构和特征。

4. 分类模型

分类模型是一种监督学习方法，用于将数据点分为不同的离散类别或标签。分类模型通过学习历史数据的特征和属性，建立决策规则或分类边界，以对新的数据进行分类。以下是一些常见的分类模型：

（1）逻辑回归（logistic regression）。这是一种广义线性模型，用于对二分类问题进行建模，基于输入特征的线性组合，通过一个逻辑函数将其映射到一个概率值，然后根据阈值将数据点分为两个类别。

（2）支持向量机（support vector machine，SVM）。这是一种基于统计学习理论的分类模型，通过将数据点映射到高维空间，找到一个最优超平面，以最大化两个类别之间的间隔，从而将数据点分开。

（3）决策树（decision tree）。基于一系列决策规则，从根节点开始，通过对输入特征的条件判断，逐步分裂数据点，最终将其分配到不同的叶节点上。决策树易于解释和理解，并且可以处理离散型和连续型的数据。

（4）随机森林（random forest）。这是一种集成学习方法，基于多个决策树的集成进行分类，通过对数据进行有放回的采样和特征的随机选择，构建多个决策树进行分类，并根据投票或平均确定最终的预测结果。

分类模型在机器学习和数据挖掘中被广泛应用，用于解决各种问题，如垃圾邮件识别、疾病预测、图像分类等。它们根据不同的特征和数据要求，提供灵活的分类方法，可以根据问题的复杂性和数据的属性进行选择和调整。

5. 关联规则模型

关联规则模型是数据挖掘中的一种经典算法，用于发现数据集中的关联或规律。通过分析数据集中的项集或频繁项集，找出数据中经常同时出现的物品或事件之间的关系。关联规则模型的核心概念如下：

（1）项集（itemset）。指在一个事物或数据记录中出现的物品的集合。例如，在市场篮子分析中,一个项集可以是一组购买的物品。

(2)频繁项集(frequent itemset)。指在给定的数据集中经常出现的项集。通过计算项集在数据集中出现的频率,可以找出频繁项集。通常,频繁项集基于支持度阈值进行定义,若项集的支持度(出现频率)大于或等于设定的阈值,则称其为频繁项集。

(3)支持度(support)。指项集在数据集中出现的频率或概率。它可以通过计算项集在整个数据集中的出现次数或在某个时间段内的占比衡量。支持度用来评估一个项集的重要性,通常设置一个支持度阈值筛选频繁项集。

(4)置信度(confidence)。指在一个规则(X→Y)中,当X出现时,Y也同时出现的概率。它可以通过计算规则的支持度和项集的支持度之比得到。置信度可以用来评估两个项集之间的关联程度,通常设定置信度阈值选择高置信度的关联规则。

基于以上概念,关联规则模型可以通过两个主要步骤构建关联规则:频繁项集的挖掘和关联规则的生成。在频繁项集的挖掘中,通常采用算法发现频繁项集,找出在数据集中经常出现的项集。在关联规则的生成中,通过计算频繁项集的置信度,可以生成满足置信度阈值的关联规则。

关联规则模型在市场篮子分析、推荐系统、广告推荐等领域得到了广泛应用。它可以帮助我们了解物品之间的关联关系,从而进行推荐、商品搭配、市场营销等。

6. 文本分析模型

文本分析模型是用于处理和分析文本数据的算法和技术,旨在从文本中提取有价值的信息。这些模型可以帮助我们理解文本的含义、情感倾向、主题和关键词等。以下是几种常见的文本分析模型:

(1)词袋模型(bag of words model)。这是一种基本的文本表示方法。它将文本看作是由单词构成的无序集合,忽略词语之间的顺序和语法结构。词袋模型通过统计每个单词在文本中的出现次数或使用TF-IDF权重表示文本。它适用于文本分类、情感分析等任务。

(2)情感分析模型(sentiment analysis model)。主要用于自动识别文本中的情感倾向，如积极、消极或中性。这种模型可通过使用机器学习算法（如朴素贝叶斯、支持向量机等）或深度学习模型（如卷积神经网络、循环神经网络等）训练和分类文本情感。

（3）主题模型（topic model）。这是一种用于发现文本中隐藏主题的技术。它使用无监督学习方法，通过识别文本中的共现模式和语义关联聚类相关主题。常用主题模型算法包括潜在语义分析、潜在狄利克雷分配及基于神经网络的变体等。

（4）命名实体识别模型（named entity recognition model）。主要用于在文本中识别和提取命名实体，如人名、地名等。它可以通过规则、统计方法或深度学习模型（如循环神经网络、转换器等）进行实体识别。

（5）文本生成模型（text generation model）。用于自动生成具有一定逻辑和语法结构的文本。这些模型可以基于统计语言模型、循环神经网络或生成对抗网络等进行训练，从而生成符合语义和上下文的连续文本。

文本分析模型的选择与任务的具体需求密切相关。不同模型有不同的优势和适用范围。特定的文本分析任务，可能需要结合多种模型和技术进行分析和处理。同时，随着深度学习技术的发展，使用预训练模型在文本分析任务中变得越来越普遍。

这只是数据分析模型的一小部分，在数据科学和机器学习领域存在众多模型和算法。选择适当的数据分析模型取决于具体问题、数据类型和分析目标。

四、数据管理应用场景

在数字经济时代，如何有效管理数据使其发挥真正价值，是每个组织都需思考的问题。不同类型、不同发展阶段的组织，数据管理的技术能力和核心诉求不尽相同。以下通过实例讲解方式，提供三种满足不同需求的数据管理方案。

场景一：某建筑工程类企业通过数字化管理平台的智能报表，实现数据在组织协同流程中自动核算、数据管理工作轻量化。智能报表适合初创阶段或小微型组织，这类组织不需要过于复杂的数据管理系统，需要模块化拖拉拽的方式实现数据关联且可视化呈现。

场景二：某服务行业众包企业通过快速搭建数据看板，实现数据管理。这种方式适合有搭建个性化业务流程的需求，并需对这些业务及流程管理数据做精细化分析的组织。

场景三：某互联网企业业务种类多，需对巨量且复杂业务数据进行精细化的管理和分析。以上提到的两种方法无法满足这类组织对处理海量数据的需求，所以通过组建专业的数据管理团队，用纯代码的方式自建数据管理系统，满足企业对多类型数据分析的需求。

在以上应用实例中，对搭建难度低、适用性强的智能报表和应用开发平台，将在下文讲解其详细的搭建步骤，而对需要复杂逻辑编程、专业性强的数据管理系统只进行简单介绍。

（一）场景一

1. 场景描述

某建筑工程类企业集家装、公装于一体，主要业务板块是室内装潢、幕墙、园林绿化及智能化等，同时也承接地铁、医院等施工项目。该企业每年都会进行年度汇总，统计各项目工程、材料（如灯具、涂料等）采购与用度等的收付款项与企业实际效益。该企业的材料划分非常精细，将材料列为八大类供客户选择，并以此作为竞争优势之一。但在统计汇总的工作上，该企业遇到了很多问题。通过数字化平台的智能报表、高级审批、数据联动等功能，该企业成功实现数字化转型，以倍数计地提高了数据集成和结果输出的效率和准确率。

2. 痛点分析

该企业的年度汇总会涉及供应商合作关系、材料数量及类型、项目成果等大量数据统计，这些工作均由员工采用Excel等手工计算并制作表格。早在2019年，该建筑企业曾接触利用软件辅助流程，后又尝试应用于财务管理和材料审批等方面，但效果并不理想，无法满足个性化需求，遂弃用。管理过程中的痛点体现在以下几个方面：

（1）人工统计成本高、效率低。该企业材料划分精细，类型繁多，各方面成本和收付款统计工作相当庞杂，纯手工统计不仅耗时长，而且容易出错。建筑工程类项目通常涉及大额款项，为使项目出入账得到及时统计，从而避免损失，该企业只得在每个项目中各设置一个成本会计，时间和人力成本均居高不下。

（2）数据无法共享。建筑工程类项目对款项数据等的透明度要求非常高，数据不准确、不及时都可能会造成高额损失。该企业现采用的财务软件系统无法实现数据共享，透明度低，时效性差，易形成壁垒，同时也不利于企业全局数据的汇总工作。

（3）回款率统计难度大。工程类款项往往不会一笔到账，同时，企业供应商、客户等回款进度各不相同，定尾分批收款时容易出现进度错乱、收付款遗漏，造成违约。长此以往，企业出现许多"糊涂账"，不便于企业精准催收和出入账统计。

3. 解决方案

针对以上问题，可发现该企业各项目中常涉及各类审批，如材料采购及入库审批、收付款项发票审批等，可见提效降本对该企业审批流程的优化至关重要。因此，该企业通过引入数字化平台及智能报表、数据联动等应用方案，搭建线上快捷表单，优化审批流程，集成可视化数据，解决业务审批问题，达到降低成本、提高整体效率的目的。

（1）优化流程实现数据联动。通过高级审批功能，系统自动通过预设好的审批过滤条件进行甄别和筛选，提高效率的同时兼具灵活性，减少传统模式下不必要的时间耗费和行政成本。同时可建立个性化智能表单，在材料出入库等操作时直接关联表单，并自动进行二次核算，实现数据联动。定尾分批收款时，每次收款都可复盘所有历史记录和总金额，避免款项量大繁杂时出现遗漏错乱现象，且表单详尽，系统根据前线录入数据，实时联动更新并自动计算，收款进度百分比显示，便于业务员及时掌握情况、精准催收，还不需要人力统计。

（2）自动抓取审批数据。数字化工具可自动抓取各项目审批数据，集成后自动进行智能核算、生成各维度报表等工作，减轻年度汇总的人工核算压力，同时提升效率和核算准确率。

（3）数据分析可视化。数字化工具提供多类可视化报表呈现形式，如饼状图、甘特图、明细表等，有效提升业务数据分析的时效性、价值性和反馈力度。可以通过智能报表中的可视化报表和智能分析功能，计算各项目、各材料的花费占比情况，筛选合作最频繁、最适合的材料供应商，深入分析并通过数据反馈得出最优选择，提高企业效益等。

4. 核心搭建步骤

数据均来自 OA 审批，采购明细以线上协同制表的方式，由项目负责人、采购员、验收员依据自己的业务范围填写具体数据。

此过程需注意对审批结果的甄别。数字化线上高级审批工具存在几类不同的审批结果显示，如通过、拒绝、撤销等。根据条件过滤审批结果，审批通过后进入正式搭建步骤。

（1）创建数据集。进行智能报表搭建前，需先创建数据集，进行一手数据来源的过渡，收集企业在该方面的具体需求，转换为专业语言，并以此为依据进行表单搭建。

1）确定图表形式。如饼状图、明细表等，应按需选择，保证数据呈现有效性。

2）图表内容填充。此过程需注意表单计算公式的严谨性，避免出现错误，如合同金额重复累计导致出错等。

3）明确报表的名称、类型及查找的维度、内容，如是否需要明细框等。

（2）创建数据源。智能报表搭建，创建数据源，进行数据累积和统计。按照不同群体需求选用不同的呈现形式，如业务专员更倾向于查看数额明细，而高层决策者更注重查看整体上的总金额、总收益等。

5. 小结

由此案例可见，数字化搭建平台的智能报表、高级审批、数据联动等功能应用，得以使企业一改传统模式下人工计算频繁返工且低效的状态，全方位多角度优化企业流程审批、数据整合分析等工作，不仅提高业务运转效率，节约人力，而且为企业带来更高的数据利用率和经济效益转化率，促进其数字化转型与自身成长。

（二）场景二

1. 场景描述

某服务行业众包企业主营外卖平台的即时配送业务，区域下辖多个业务站点，每个月由外卖平台向众包企业支付费用，众包企业为骑手结算费用，剩余金额为利润。看似简单的资金收支过程需要各总部从月底开始向各站点统计支出资金，回收后再进行汇总计算，往往到下个月初甚至月中才能知道上月企业盈利多少，数据滞后严重，由于数据过于分散，人工统计过程中容易出错导致返工，增加财务工作量的同时，也无法满足企业的管理需求。

2. 痛点分析

（1）站点统一管理难。站点以街道、商圈为单位分散在各区域，总部依赖各站点负责人的上报获取数据反馈，约束力较弱，导致工作拖延、政策执行不到位的情况时有发生。企业缺乏有效机制对站点进行统一管理，造成员工懈怠，难以了解各站点的真实营收情况。

（2）人工统计报表低效。营收数据由财务人员每月向各站点负责人发起表格统计。由于站点多、分布广，数据回收缓慢，个别站点业务集中，单月的支出数据可达上千条。所有报表回收后交由财务审核，采用人工汇总计算，经常因为一个数据的计算错误导致全部返工，造成财务人员工作负担重，影响财务分析进度，以致数据滞后、管理低效。

（3）数据处理难以延伸价值。通过财务人工计算仅能得到当月盈余数据，无法形成时间、场景、周期、站点等多维度的数据对比和分析，且大量数据只留存在表格内，无法延伸价值，信息资源浪费严重。没有清晰的数据反馈支撑决策，企业难以实现真正的效益增长。

3. 解决方案

围绕以上痛点，该企业通过低代码应用开发平台搭建收支管理系统，建立数据采集、分类、汇总、计算的标准化流程管理，使数据全程在线集成，自动生成可视化数据看板，支持多维度数据分析和对比，满足企业管理需求。

（1）搭建数字化收支管理系统。借助低代码管理平台搭建的收支管理系统，让企业实现所有站点数据在线统一采集、分析，该系统与企业组织架构打通，数据上报可通过待办任务下发至各站点负责人，并设置截止时间，如未及时完成可通过加强消息的形式一键提醒，确保任务执行落地。通过收支管理系统的搭建，该公司降低财务成本，原本3个财务人员加班一周才能做完的报表，现在1个人一天即可完成所有数据的汇总计算，节约下来的人力成本可以投入到更专业、高效的业务提升中。

（2）在线表单让数据实时更新。通过系统中的在线表单收集数据，全面提高数据采集效率。每当有费用发生时，各站点负责人进入系统选择"支出登记"即可进行数据记录，在线表单中设置"办事处名称""支出类型""金额""支出日期"等选项，站点负责人只需在选项下填写具体信息和金额，3秒钟即可完成一项支出数据的登记。在线表单的实时统计功能避免站点月底数据堆积导致的工作拖延、低效问题，随时发生，随时记录。表单中的精确选项设置也大大提升了数据采集的准确性。

（3）实时数据看板支撑企业决策。所有数据在线后，分析结果可形成数据看板进行多维度展示，帮助企业深入了解当下经营状况。横向可进行月度及年度数据对比，纵向可进行各站点数据对比，两者交叉共同形成企业收支画像，有助于企业了解收入来源与支出走向，为企业提供"开源节流"的数据支撑，从而帮助企业及时发现和解决问题。

4. 核心步骤搭建

（1）数据采集。在系统中分别添加"支出""收入"两个在线表单，每一笔费用发生时都通过在线表单提交，实时更新。

（2）数据计算。收入和支出的数据通过在线表单汇总、计算，当月营收一目了然。

（3）数据看板。所有数据处理完成后，形成可视化数据看板，清晰反馈当月结余外，还可通过时间维度展示月度环比增长、年度环比增长、环比增长率等多维度对比分析结果，通过空间维度展示各站点的结余及环比增长情况。此外，还可根据支出、收入类型的数据分析，通过收支画像进一步了解企业运营情况。

5. 小结

数据于企业管理有至关重要的作用，数据支撑决策是企业数字化转型的重要标志。通过数据分析，能够精准、完整反映企业自身的客观发展情况。借助低代码应用平台，数据在线管理得以普及，使企业能够迅速实现数据的实时查看、智能分析，节省大量人力成本，简化数据反馈链路，使数据采集更快、更准确。低代码搭建应用的数据管理方式，能够满足不同企业、不同场景的数据分析需求，形成专业化、个性化数据看板，支撑企业做出精准决策。

（三）场景三

1. 场景描述

某互联网企业的主营业务是企业管理级 SaaS 产品，其特点是产品种类多、业务个性化需求量大。企业的销售团队每天都会产生大量业绩数据，给企业带来了繁重的数据整理和分析负担。企业重视数据管理工作，曾引入数据可视化工具，希望能借此提高企业数据管理效率。但该企业在运行该工具一段时间后发现，数据管理效率低、准确率低、规范性差等问题依然未能得到解决。

2. 痛点分析

该企业数据管理工作经历了三个阶段。

第一阶段，企业业绩数据的采集、分析和呈现工作都依靠企业商务 OA 审批流程，数据管理工作分担在各个业务部门，并通过普通办公软件制作数据报表。该阶段企业数据管理流程冗长，数据报表参考价值低。

第二阶段，企业引入数据可视化工具，并安排专门人员负责数据管理工作。在该阶段，数据依然分散在各个业务部门，专门人员只负责将收集的数据导入可视化数据工具。虽然提升了数据的可读性，但数据收集和整理过程并没有变化，数据管理效率也并未得到提高。

第三阶段，企业开始着手建立数据管理团队，搭建新的业务管理系统和数据分析工具。最终，企业实现了销售端、运营端和客服端等多端业绩数据互通互联，并通过数据分析工具自动获取和清洗业绩数据，并在可视化工具中实时呈现。

可见，只有通过搭建完整的数据管理系统，使数据采集、分析和呈现三个环节都实现数字化自动管理，才能真正提高企业数据管理工作效率。

3. 解决方案

该企业通过自建业务管理系统和数据分析工具，配合数据可视化工具，实现了数据管理全环节线上化和自动化。

（1）数据获取。企业自建数据管理系统，对销售端、运营端和客服端等销售全环节工作进行数字化链接，并利用系统规范各业务线的数据标准。数据分析工具自动识别并抓取系统内销售数据和关键信息，进行清洗和呈现。

（2）数据清洗。数据分析工具调整数据格式和剔除异常数据，对原始不统一的数据信息格式进行统一，剔除不能使用的数据，转换为标准一致、可被数据库快速准确解读的数据。

（3）数仓分层。将清洗好的数据通过数仓分层的方式存储在数据库中。数据库根据业务需求对数据进行分层储存，可以让数据更加规范、清晰、易用，为数据呈现做好准备。

（4）数据呈现。数据可视化工具接入数据管理系统和数据库，根据业务、客户画像、产品等呈现需求，自动抓取数据库内关键指标数据进行呈现，企业内不同部门、业务和职能的员工都能实时查看对应的可视化数据看板。

（5）数据安全设置。该企业为保证数据安全，在数据产生、获取和呈现各个环节，从企业负责人、管理负责人到普通员工，以制度和技术相结合，通过数字化管理平台完成对全员的权限设置，让每个环节、每个人的权责边际都被清晰界定。

4. 小结

通过建立完整的数据管理系统，该企业实现了数据分析工作全程线上化，为企业管理层提供了实时数据看板，为企业快速发现内部管理隐患、及时调整业务方向和战略目标提供了数据支撑，为企业从职能部门到个体员工的各个环节，提供了从团队维度、产品维度、业绩维度、客户维度等多类型的数据可视化看板，从而提升企业整体的业务能力。

第三节 综合实训

综合实训项目旨在通过实践培养工作者进行数据管理和应用开发的能力。通过该项目，数字化管理师能够深入了解数字化平台的使用，学习如何处理和管理数据，并能将所学应用于实际工作中。

一、实训目的

1. 了解数字化管理平台开放数据目录包含的内容。
2. 掌握自定义仪表盘的基础配置方法。
3. 掌握工作台数据组件的配置方法。

二、实训内容

某公司的日常沟通和业务流程在数字化管理平台上运行，包括各类自建的软件系统，这些应用和系统承载公司各种管理数据、业务数据，但运营管理数据分散，以致组织管理时挑战大、效果差，长期存在"数据孤岛"问题。对企业而言，数字化转型变革不是一蹴而就的，为支持组织运营的数据化，基于dPaaS建立一站式运营参谋平台。通过搭建企业的仪表盘让各部门比拼成果，设置指标预警精准推送给负责人，让数据驱动协同发生，通过工作台呈现关键数据，高效触达员工，让员工比学赶超。

（一）开通数据资产平台权限并查看数据目录

1. 新增开发者权限。主管理员登录数字化管理平台的【管理后台】，找到【权限管理】，修改子管理员的权限，【配置权限】新增"开发者权限"。

2. 授权权限类型。主管理员进入数字化管理平台的开放平台，找到数据资产平台，点击【权限审批管理】的【新建权限】，为子管理员设置【权限类型】为"普通权限"。

3. 在数据资产平台内点击【创建数据服务】，点击【打包数据 API】，查看所有开放的数据项，包括"组织架构""沟通互动""协同办公"等数据域，按业务场景和数据项，如图 5-4 所示。

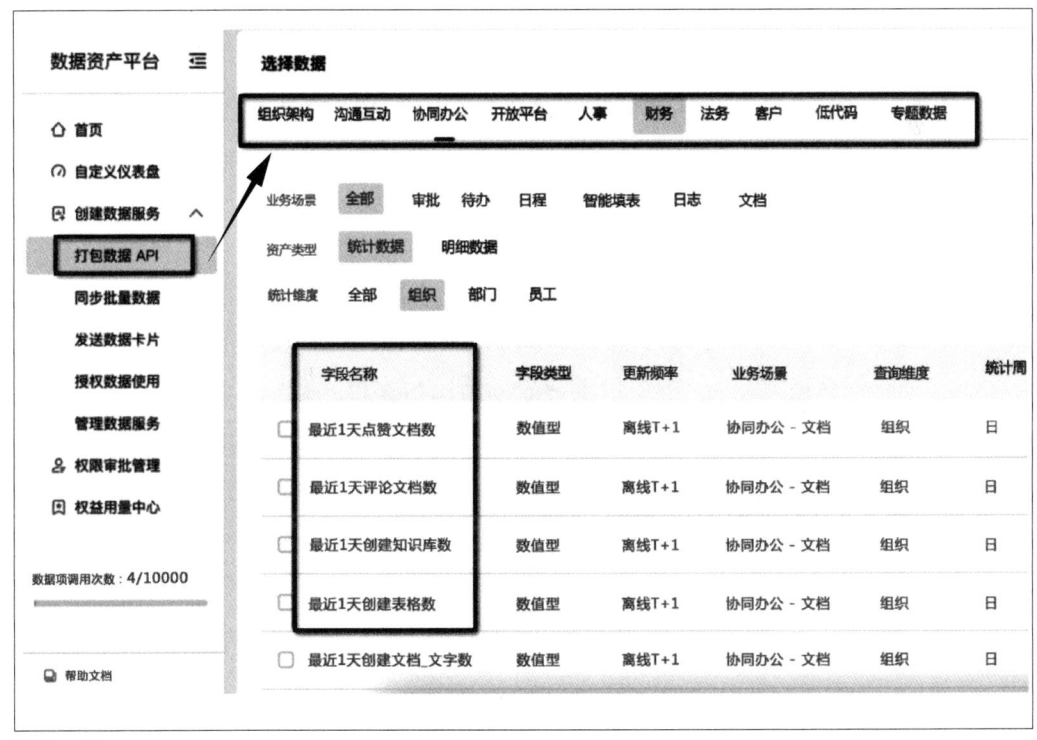

图 5-4　打包数据 API

（二）新建自定义仪表盘

1. 新建仪表盘有两种方式，第一种方式是通过官方模板新建仪表盘，单击【…】复制实现快速创建官方模板仪表盘。创建完成后，即可在下方自定义仪表盘列表中进行查看。第二种方式是通过单击页面下方【新建仪表盘】，创建仪表盘，如图 5-5 所示。

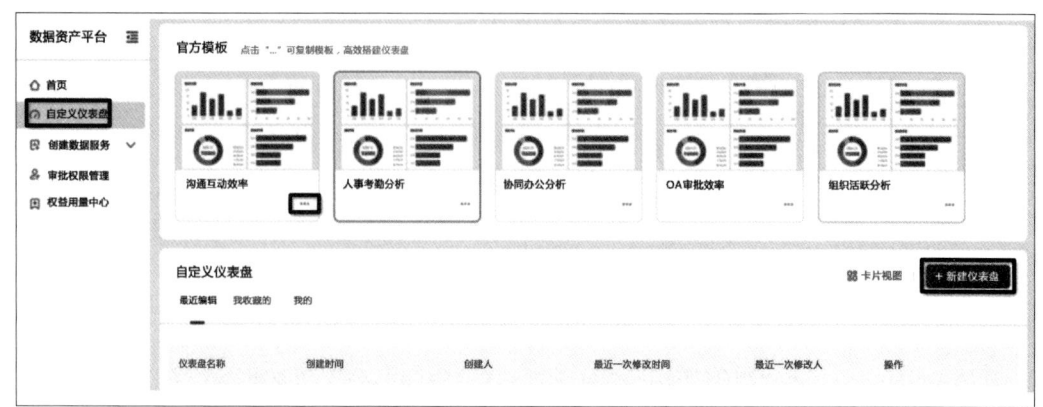

图 5-5 新建仪表盘

2. 创建图表，在仪表盘内通过点击【指标卡】【柱状图】【条形图】等添加相关图表，例如，点击【柱状图】，选择数字化管理平台预置的数据源，可以选择数据域："组织架构"，业务场景："通讯录"，数据表："部门维度的通讯录统计表"的数据源后点击【添加】。

（1）选择平台预置的"维度"，用于分类。

（2）选择平台预置的"指标"，用于统计。

（3）选择"数据时间范围"，可选择时间范围包含近 7 天、近一月、近 3 月、近半年。

（4）（可选）选择"数据过滤"，只保留符合条件的数据。

（5）（可选）推荐设置"图表名称"，方便后续查看对应数据指标。

（6）（可选）选择"订阅"，单击【+ 点击添加】，完成订阅添加。可按照设定条件，发送动态数据卡片给固定人或群。

3. 创建组件，在仪表盘内通过点击【文本】【图片】【过滤器】等添加相关组件，例如，点击【文本】进行创建，【文本】可以用于展示文字、说明、标题或注释等内容的组件或元素。文本通常用于提供对数据、图表或仪表盘的解释、描述和说明，以便用户更好地理解和解释数据的含义和背景。

（1）单击【文本】，在弹出的添加文本页面，填写以下步骤内容。

（2）填写内容，输入文本内容。

（3）选择对齐方式，对齐方式包含左对齐、居中对齐、右对齐。

（4）设置颜色。

按照以上步骤重复操作选择需要的数据源创建对应的图表，完成一个仪表盘的创建。

4. 保存并发布仪表盘后，图表设置的订阅功能生效（生效后按照设置条件推送到人/群）。单击【发布】，可以选择仪表盘的查看人并支持分享链接，如图 5-6 所示。

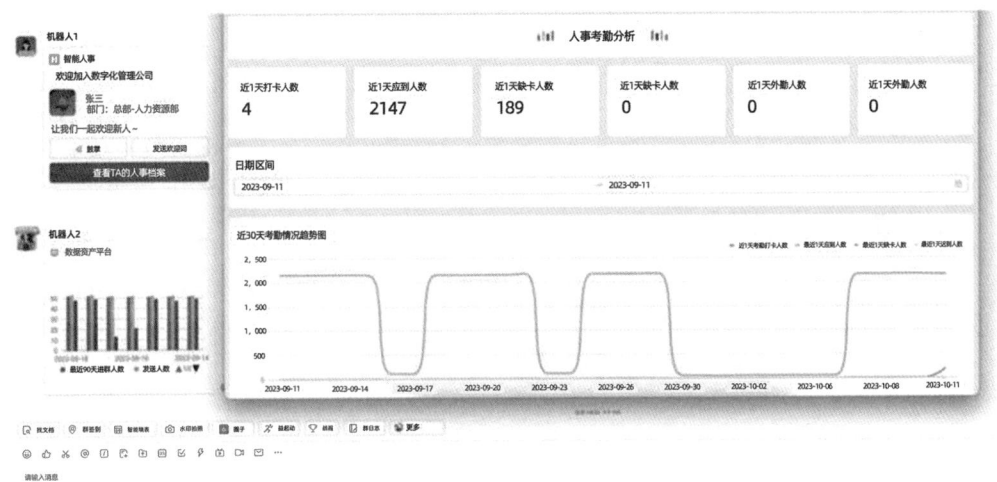

图 5-6 仪表盘呈现

第三方数据对接到数据资产平台后可以通过相同的操作方式进行报表呈现。

（三）新建工作台数据组件

1. 开通数据资产平台后，企业的主管理员/子管理员可以在数字化管理平台的【工作台】上点击【工作台设置】。

2. 创建数据组件：点击【组件设置】，添加"数据指标"后设置"组件名称"，选择"数据源"，添加"数据指标"，选择"使用范围"后，点击"完成"创建成功。为了高效构建企业数字化，让数字化工作方式在全员推行，实现数据驱动同频共振，我们围绕组织和人在线、组织和业务的全面协同，以及全员创新的方向搭建了自定义仪表盘和工作台数据组件，让数据驱动业务决策，提高业务效率，降低企业成本，不断创新业务场景，加速企业数字化转型落地。

【思考题】

1. 什么是数据库？数据库有哪些类型？

2. 数据采集的工具和方法有哪些？请分类并进行具体说明。

3. 数据清洗的具体步骤是什么？

4. 数据分析可由哪些维度切入？何谓可视化数据看板？

5. 不同类型、不同发展阶段的企业有截然不同的数据管理需求。结合本章案例内容及生活实际，分析数据管理的痛点及其解决方案。

参考文献

[1] 陈梓浩,徐辰,钱卫宁,等.面向大数据分析的分布式矩阵计算系统研究进展[J].软件学报,2023,34(3):1236-1258.

[2] 杜小勇,卢卫,张峰.大数据管理系统的历史、现状与未来[J].软件学报,2019,30(1):127-141.

[3] 段圣贤.新编供应链管理[M].北京:电子工业出版社,2021.

[4] 郭爱英,张立峰.薪酬管理[M].杭州:浙江大学出版社,2018.

[5] 李国良,周煊赫.面向AI的数据管理技术综述[J].软件学报,2021,32(1):21-40.

[6] 李燕萍,李乐,胡翔.数字化人力资源管理:整合框架与研究展望[J].科技进步与对策,2021,38(23):151-160.

[7] 刘检华,李坤平,庄存波,等.大数据时代制造企业数字化转型的新内涵与技术体系[J].计算机集成制造系统,2022,28(12):3707-3719.

[8] 刘娜欣.人力资源管理[M].北京:北京理工大学出版社,2018.

[9] 马海刚.HR+数字化——人力资源管理认知升级与系统创新[M].北京:中国人民大学出版社,2021.

[10] 彭剑锋.人力资源管理概论[M].上海:复旦大学出版社,2011.

[11] 王爱敏,王崇良,黄秋钧.人力资源大数据应用实践:模型、技术、应用场景[M].北京:清华大学出版社,2017.

［12］王德敏.企业内控精细化管理全案［M］.北京：人民邮电出版社，2017.

［13］王远炼.供应链管理精益实战手册［M］.北京：人民邮电出版社，2015.

［14］萧鸣政.工作分析的方法与技术［M］.3版.北京：中国人民大学出版社，2010.

［15］哈默，布林.管理的未来［M］.陈劲，译.北京：中信出版社，2012.

［16］罗宾斯，库尔特.管理学［M］.13版.刘刚，程熙镕，梁晗，等译.北京：中国人民大学出版社，2017.

［17］《管理学》编写组.管理学［M］.北京：高等教育出版社，2019.

［18］莱斯.精益数据分析［M］.韩知白，王鹤达，译.北京：人民邮电出版社，2015.

［19］科兹纳.项目管理［M］.杨爱华，等译.北京：电子工业出版社，2018.

［20］肖利华.数智驱动新增长［M］.北京：电子工业出版社，2013.

［21］谢小云，左玉涵，胡琼晶.数字化时代的人力资源管理：基于人与技术交互的视角［J］.管理世界，2021，37（1）：200-216.

后 记

近年来,我国深入实施数字经济发展战略,不断完善数字基础设施,加快培育新业态新模式,推进数字产业化和产业数字化取得积极成效。数字经济为经济社会持续健康发展提供了强大动力。

国务院印发的《"十四五"数字经济发展规划》指出,大力推进产业数字化转型首先就是加快企业数字化转型升级,引导企业强化数字化思维,提升员工数字技能和数据管理能力,全面系统推动企业研发设计、生产加工、经营管理、销售服务等业务数字化转型。支持有条件的大型企业打造一体化数字平台,全面整合企业内部信息系统,强化全流程数据贯通,加快全价值链业务协同,形成数据驱动的智能决策能力,提升企业整体运行效率和产业链上下游协同效率。实施中小企业数字化赋能专项行动,支持中小企业从数字化转型需求迫切的环节入手,加快推进线上营销、远程协作、数字化办公、智能生产线等应用,由点及面向全业务全流程数字化转型延伸拓展。围绕应用层的技术实践、管理场景的转型探索都是数字化管理师发挥社会价值的重要方向。

与此同时,我国数字经济发展也面临一些问题和挑战。关键领域创新能力不足,产业链供应链受制于人的局面尚未根本改变;不同行业、不同区域、不同群体间的数字鸿沟未有效弥合,甚至有进一步扩大趋势;数据资源规模庞大,但价值潜力还没有充分释放;数字经济治理体系需进一步完善。我国没有完整地走过信息化过程,直接进入了数字化时代,在供给侧缺乏足够的软件人才和实践的沉淀,在应用侧缺乏大量具备信息化、数字化理念的人才来推进应用落地和应用迭代。数字化管理师作为一种复合型、应用型的专业技术人才在全社会层面普及和覆盖,将加速各行各业的数字化进程。

以《人力资源社会保障部办公厅 市场监管总局办公厅 统计局办公室关于发布人工智能工程技术人员等职业信息的通知》(人社厅发〔2019〕48号)为依据,在充分考虑科技进步、社会经济发展和产业结构变化对数字化管理师专业要求的基础上,以客观反映数字化管理的发展水平及其对从业人员的专业能力要求为目标,根据《数字化管理师国家职业技术技能标准》(2021版)(以下简称《标准》)对数字化管理师职业功能、工作内容、专业能力要求和相关知识要求的描述,人力资源社会保障部专业技术人员管理司组织有关专家开展了《数字化管理师培训教程》(以下简称教程)的编写工作,用于全国专业技术人员新职业培训。

本教程共分为4册,分别是《数字化管理师基础知识》《数字化管理师(初级)》《数字化管理师(中级)》《数字化管理师(高级)》。在使用本系列教程教材开展培训时,《数字化管理师基础知识》初级、中级、高级都需要掌握;初级、中级和高级培训,按需要选择合适级别的教程。

本教程读者为大学专科学历(或高等职业学校毕业)以上,具有较强的学习能力、计算能力、表达能力及分析、推理和判断能力,参加新职业培训的人员。数字化管理师需要按照《标准》的职业要求参加有关的课程培训,完成规定学时,初级60标准学时,中级90标准学时,高级120标准学时。

本教程编写过程中,得到了人力资源社会保障部相关部门的正确领导,得到了一些大学、科研院所、企业的专家学者的大力帮助和指导。同时参考了多方面的文献,吸取了许多专家学者的研究成果,在此表示由衷感谢。

由于编者水平、经验和时间所限,本书的不足和疏漏之处在所难免,恳请广大读者批评与指正。

本书编委会